77 街 的 神 龛

——美国
自然历史博物馆里
物的灵韵
与人的故事

The
Shrine
on
77ᵗʰ Street

薛茗 著

上海三联书店

序 言

位于纽约上西区的美国自然历史博物馆（American Muse-um of Natural History，简称 AMNH）始建于 19 世纪末，现在也是世界各地游客到纽约打卡的热门景点。大家都知道这里的恐龙化石、动物标本、太空探秘、IMAX 影院，但很少有游客专门去拜访博物馆南侧、靠近 77 街的人类学展厅。更少有人知道，这间博物馆还是美国历史最悠久的人类学博物馆之一，拥有全世界最丰富的民族学收藏——北美西北海岸原住民长达 19 米的独木舟、北京的皮影、西藏的唐卡、巴厘岛神舞的面具、占据整一面墙的阿兹台克太阳石等等。

哪怕到美国自然历史博物馆来考察的很多专家学者也不知道，这里收藏的一些佛像、面具和神衣是有"灵性"的，甚至连研究人员都不敢轻易触碰。然而，它们既不像自然历史博物馆其他展厅中摆放的标本化石，也不完全等同于佛寺庙宇中被人供奉朝拜的神圣之物。那么，它们究竟是什么呢？这些器物是如何进入博物馆的？它们是否和人一样，经历过生命的不同阶段——曾经的神圣之物，如何一度成为商品、艺术品或装饰品，然后辗转进入博物馆成为人类学藏品？在曼哈顿 77 街的这些楼层里，拥有不同文化背景的观众将如何解读这些收藏的意义？博物馆是否又会是这些器物生命的"终点"?

作为在美国自然历史博物馆工作的人类学家,我将通过自己的研究、策展和教学经历向读者打开这间博物馆鲜为人知的一面。认识到"物的生命史",是物质文化研究及现代博物馆实践的思想转折点。一件器物,可以"拒绝"博物馆或人类学家强加在它身上的阐释。物的生命,也可以是流动的,博物馆的展厅也许只是它暂时驻足的场所。围绕着物的"生命史",我将追溯美国自然历史博物馆里一些人类学藏品背后的故事,以及由它们折射出的现代社会物质文化和传统信仰之间复杂而微妙的关系。

当然,人类学博物馆的收藏与展示离不开它背后学科的思想发展。19 世纪末到 20 世纪初,由自然历史博物馆主导的一系列远征,为美国带回了最早的人类学收藏(其中包括西方世界的第一批中国民族学收藏)。一百多年后,这些收藏如同"时间胶囊",既拥有无可取代的历史价值,同时也接受着现代人类学"去殖民化""去西方中心主义"目光的尖刻审视。在讨论藏品的生命史与博物馆策展理念的同时,本书会融合进曾在自然历史博物馆工作过的人类学家的故事,比如,"美国人类学之父"弗朗茨·博厄斯(Franz Boas)、伯特霍尔德·劳弗(Berthold Laufer)、玛格丽特·米德(Margaret Mead)等等。这不是为简单回顾这座博物馆的历史,而是为讲述我们如何在认识"他者"的过程中不断反省谬误、学会更加谦卑地认识自己。

本书的每个章节都由一件藏品或一个展览引出一个有关人类学博物馆的主题。但我无意梳理博物馆或人类学的思想史,也无意涵盖这间博物馆所有的人类学展厅或收藏。本书的五个主要章节涉及了自然历史博物馆来自北美西北海岸、西伯利亚、亚洲、墨西哥及中美洲以及太平洋的人类学收藏。选择这些主题当然与我的兴趣与专长相关，但也有更重要的考虑。比如，我用较大的篇幅讨论了与亚洲相关的人类学收藏——这不仅是我个人研究的范畴，同时也是目前西方博物馆"去殖民化"讨论中常常忽视的议题。另外，我也希望对某一特定文化的讨论能够引发更深刻、更广泛的思考。比如，墨西哥及中美洲展厅的故事会让我进一步去探究博物馆里"看不见的"人与物——如果我们将博物馆视为一个复杂的生态系统，并认识到它与外在社会存在着不可分割的联系，我们可以更好地反思博物馆在现代社会的功能与责任。

所以，这本书不是一份博物馆指南。我更希望它是一份邀请：邀请有兴趣的读者利用博物馆对公众和学者开放的资源，继续探索藏品背后的故事；邀请人类学、民族学、博物馆学、社会学等学科的同行们展开更丰富的对话；邀请艺术家、策展人、设计师、诗人、作家等等以他们的灵感和对自己文化独特的体验为博物馆这个议题带来新的启示。

最重要的是，如果你带着对博物馆或对人类学的好奇翻开了这本书，我希望合上书后，你会更加好奇——让这本书激发你带着更多的问题去参观自然或人文、艺术或科技、物质或非物质文化的展览。纽约 77 街的这座建筑，不是相遇的目的地。它是一个开始，邀请我们每一个人以谦逊与好奇之心，去观察、理解和珍藏我们身边的大千世界。

美国自然历史博物馆建成初期 77 街的外观全景图（水彩，ca. 1891）｜
美国自然历史博物馆图书馆藏 #ptc-2708

CADY • BERG & SEE •
ARCHITECTS • NEW YORK

目 录
Contents

序言
Preface

第一章
萨满的神衣
The Shaman's Robe

001

第二章
无字真经
True Scriptures
without Words

055

第三章
77 街的神龛
The Shrine on
77th Street

105

第四章
亡灵节奇妙夜
Night at the
Museum on the Day
of the Dead

165

第五章
空中行船
Canoeing in the
Air

207

致谢与结语
Acknowledgments
255

尾注
Endnotes
261

参考文献
References
277

萨满的神衣

The Shaman's Robe

1900 年，在西伯利亚的一间帐篷里，人类学家弗拉基米尔·约赫森（Waldemar Jochelson）从一位尤卡吉尔（Yukaghir）萨满手中接过他的神衣。[01]

"在头人的极力劝说下，他把它（神衣）卖给了我，"约赫森这样写道，"交易完成的时候，他（萨满）把钱递给头人，默默离开帐篷。后来有人告诉我，他一直在哭，因为他交出了家里世袭的萨满神衣，那是他法力的主要来源。"

这件神衣，后来由约赫森带回纽约，成为美国自然历史博物馆人类学部的收藏（AMNH 70/8440）。1997 年，博物馆策展人劳瑞·肯德尔教授（Laurel Kendall）和同事们将神衣从库房中取出，准备放置在纪念博物馆北太平洋远征一百周年的展览里。来自尤卡吉尔的语言学家和诗人加夫里尔·库里洛夫（Gavril Kurilov，他爷爷就是那位卖掉神衣的萨满）见了，告诫肯德尔说这件神衣仍带有"危险"的力量，让她不要轻易触碰。[02]

为了筹备展览，一位来自萨哈（Sakha）的萨满也在博物馆里。她从随身携带的手提包中，找到一把采自尤卡吉尔地区的神圣药草，她把圣草送给肯德尔。肯德尔按照萨满的指导，在展览开幕前用这束圣草"净化"神衣。[03]展览顺利开幕，肯德尔和同事们安然无恙。

然而，这件神衣的故事在肯德尔心里总挥之不去。她曾多次询问熟悉尤卡吉尔文化的原住民学者：究竟是什么能够让萨满，一个让人心生敬畏的人物——"人神之间的中介"，[04]放弃自己的神力？其实，卖掉神衣的尤卡吉尔萨满并非特例。当约赫森从萨

尤卡吉尔萨满的神衣 | 美国自然历史博物馆人类学部馆藏#70/8440

满手中接过神衣的时候，在白令海峡的另一端，他的同事、人类学家弗朗茨·博厄斯也刚刚从夸扣特尔人（Kwakiutl，现称Kwakwa̲ka'wakw）那里收来了萨满的手鼓；博厄斯的助手乔治·亨特（George Hunt）购得了大量努哈克人（Nuxalk）仪式的面具、头饰与象征社会地位的雪松颈环。

近一个世纪过去，原住民学者告诉肯德尔，恐怕伤心的萨满在卖掉神衣前就已经很清楚，俄国和美国所代表的西方世界拥有更强大的力量——萨满的神衣、手鼓和面具，也许很快就会成为昨日的幻影。

"一场伟大的远征"

每一场远征的地图上，都潦草地画着一个宏伟的目标。远征者驾驶心中的理想，穿越自己语言与文化的边界，在海洋、沙漠、丛林或荒原的另一端与未知相遇。有的人带回了部落头人馈赠的礼物、一道刀疤或断腿，他们在火炉旁讲述令人神往的故事；有的人永远留在地图上某个模糊的位置——他的家人往往不确定要怎么念那个岛的名字。

不同于现在的田野研究，19世纪至20世纪初的那些人类学远征往往没有足够的"参考资料"——远征者可能不知道自己将要目睹什么。他们带回来泛黄的笔记本、银盐照片或蜡桶录音，也许是某个仪式或某种信仰最早的记录资料。[05] 然而，也不同于寻求刺激的冒险家或好奇的游客，这些远征者并不钟情于书写自己的奇异境遇或死里逃生。他们仔细分辨原住民语言中不同的软腭音，探究氏族社会的继承制度，在观看"成人礼"之后又耐心地等待分别在冬季和夏季举行的祭祀仪式。世纪之交，约赫森和博厄斯参与的杰瑟普北太平洋远征（Jesup North Pacific Expedition，1897—1902）便是其中一例。

顾名思义，这场远征的目的地是白令海峡两岸的原住民聚居地。远征的赞助人莫里斯·杰瑟普（Morris K. Jesup，1830—1908）是美国自然历史博物馆的第三任馆长。出生在康涅狄格州的杰瑟普 7 岁便失去了父亲。随母亲搬到纽约后，杰瑟普 12 岁开始四处打工。通过在铁路和银行界的一番摸爬滚打，杰瑟普在美国的商界混得风生水起，很快就成为纽约最富有的人之一。杰瑟普对美国自然历史博物馆钟爱有加，他做博物馆董事时，不仅多次慷慨捐资，还认真研究过博物馆的收藏与展览陈设。[06] 杰瑟普认为自然历史博物馆的收藏出类拔萃，但博物馆的经营理念有问题，展览不够亲民。50 岁出头的杰瑟普退出商圈后，干脆接手了自然历史博物馆，全心全意当起了馆长。杰瑟普喜欢前沿科学，喜欢在博物馆搞出些"动静"吸引观众。北太平洋的这场远征，便是他任期内的一场壮举。

但这场远征的"大脑"不是杰瑟普。策划和执行北太平洋远征的人，是后来被誉为"美国现代人类学之父"的博厄斯。

弗朗茨·博厄斯（1858—1942）出生在一个拥有犹太血统的

博厄斯手绘的北太平洋沿岸原住民族群地图（ca. 1896）｜美国自然历史博物馆人类学部馆藏#Z/171

德国家庭，25 岁便从德国基尔大学（Kiel University）取得物理学博士学位，但博厄斯始终对地理学抱有浓厚的兴趣。1883 年，他凑来些钱，坐船跑去加拿大北部的巴芬岛（Baffin Island）待了15 个月，探究自然环境对因纽特人生活与迁移的影响。巴芬岛之后，博厄斯在柏林的皇家民族学博物馆得到一份临时工作。博物馆里阿拉斯加和不列颠哥伦比亚的原住民收藏让博厄斯对北美西北海岸的原住民越来越感兴趣。那时，德国的反犹情绪日渐高涨，加上博厄斯的未婚妻玛丽·克拉克维泽（Marie Krackowizer，1861—1929）住在纽约，他决定到美国找工作——1880 年到1900 年间，有超过 180 万德国人涌入美国，博厄斯成为了德国移民大潮中的一员。[07]

博厄斯在美国的求职之路和他初到美国的英语一样磕磕绊绊。他曾在《科学》杂志给编辑当助理（那时的《科学》杂志不但没什么名气，还欠了一屁股债），短暂在马萨诸塞州的克拉克大学（Clark University）任教，之后又被哈佛考古学家弗雷德里克·普特南（Frederic W. Putnam，1839—1915）聘到芝加哥协助他筹备 1893 年开幕的哥伦布纪念博览会（World's Columbian Exposition）。博厄斯本以为凭借自己在博览会中的出色表现，一定能在芝加哥新建的菲尔德自然历史博物馆（Field Museum of Natural History，博厄斯那个时代称"哥伦布博物馆"）当上人类学系主任。但菲尔德博物馆却将橄榄枝抛给了美国民族学局（Bureau of American Ethnology）的威廉·霍姆斯（William H. Holmes）。博厄斯大为恼火，从此对菲尔德博物馆看不顺眼。幸运的是，普特南欣赏博厄斯的才华。1894 年，普特南被聘为纽约自然历史博物馆的人类学系主任，他不失时机地在杰瑟普面前极力推荐博厄斯。

普特南知道，想让杰瑟普接受博厄斯，就必须搞出个由博厄斯牵头的大"动静"来打动精明的馆长。杰瑟普那时对北太平洋沿岸原住民的兴趣，部分来自他听闻的一个假说，即北美的原住民很有可能来自亚洲——西伯利亚的亚洲人通过某种方式穿越白令海峡，在新大陆定居、迁移、繁衍后代。普特南和博厄斯向馆长杰瑟普提议，由自然历史博物馆发起一次大规模远征，在北太平洋东西两个海岸的原住民聚居地同时进行体质人类学和民族学考察，以探究北美原住民起源的问题。杰瑟普听了非常兴奋，心甘情愿自己掏腰包支持考察，并同意由博厄斯负责组织此次远征。[08]

1897 年 3 月，杰瑟普向媒体记者宣布远征启动的消息。各大报刊称其为"一场伟大的远征"。

人之镜，镜中人

虽然此次远征由博厄斯牵头，但他对北美原住民起源的问题并不那么热衷。一方面可能是博厄斯觉得北美原住民的亚洲起源已经不算是什么假说。[09] 另一方面，博厄斯更关心的是从体质和文化角度去探究不同部落之间的复杂关系，以及探索不同社会中影响技术与文化发展的普遍机制。

这个问题，其实博厄斯在巴芬岛考察的时候就已经开始思考，而此后他参与的学术研究以及博物馆收藏展览的工作，让博厄斯愈发质疑当时学界和大众都普遍接受的"社会进化论"。社会进化论（Social Evolution），也称社会达尔文主义（Social Darwinism），指的是由当时欧美知名学者，比如赫伯特·斯宾塞（Herbert Spencer）、爱德华·泰勒（Edward B. Tylor）、路易斯·摩根（Lewis H. Morgan）以及美国民族学局局长约翰·鲍威尔（John W. Powell）等人主导的社会发展理论。他们认为，人类社会都是沿着单一的路径，由简单到复杂、由低级向高级线性发展。[10]虽然社会进化论看似是把达尔文进化论延伸到人类社会，但社会进化论完全不考虑达尔文学说里关键的自然选择(natural selection)，不仅忽视特定群体所处的生活环境，还武断地选择一些生理或文化特征来决定人种的高低贵贱。[11]然而，由于社会进化论的广泛影响，包括自然历史博物馆馆长杰瑟普在内的大部分美国人都相信，人类社会是由母系社会向父系社会进化，而德国人或美国人代表的"文明"比依靠狩猎为生的因纽特人或夸扣特尔人更加高级。对于杰瑟普和那些盛赞"伟大远征"的媒体来说，博厄斯即将从北太平洋沿岸带回纽约的原住民收藏，代表的是"人类早期阶段"的文明形式。[12]

在博厄斯看来，社会进化论不仅在理论上存在各种问题，更关键的是，社会进化论没有实践证据支持。无论是斯宾塞还是摩根，都没有收集过第一手人类学、考古学或心理学资料去支持自己的论述。相反，他们的理论通常是基于对前人（包括达尔文）文本的概括和哲学层面的阐发。而亲自到过巴芬岛、和因纽特人生活在一起的博厄斯看到的"文化"与这些纸上谈兵的看法相去甚远。

在巴芬岛冬季零下 40 多度的冰天雪地里，博厄斯学到，唯一能够避免面部冻伤的办法，就是让同行的另一个人随时看着你的鼻子——当皮肤的颜色开始出现异常时，及时发出警告。和博厄斯一起乘狗拉雪橇出行的因纽特向导西格纳（Signa），便是博厄斯的"人肉镜子"[13]；同样，博厄斯也是西格纳的"镜子"，随时替他注意脸上的冻疮。在如此严酷的环境中，只有两人相互"观照"，才能安全地到达目的地。

"我经常问自己，我们的'优质社会'究竟比那些'野蛮人'好在哪儿？我越是了解他们的习俗，越是觉得我们真的没有权利蔑视他们。"博厄斯在巴芬岛上给玛丽写信时这样说。[14]

在巴芬岛上，博厄斯总是迷路，因为四处都是白茫茫一片。因纽特人一次又一次为他指路，并教他如何利用特定的地形找回自己的营地。面对感染白喉的因纽特儿童，博厄斯不能像萨满一样为孩子解除病痛，自己随身携带的退烧药也不管用，博厄斯无能为力地看着孩子死去。相反，因为有太多的因纽特人感染了白喉，博厄斯反而需要萨满出来向大家证明，病魔和死亡不是这个倒霉的德国人带来的，他可以继续留在因纽特人的营地进行考察。在营地，博厄斯常常会与西格纳彻夜长谈。他不仅跟西格纳学习因纽特词汇和狩猎知识，还一点点了解了西格纳自己的历史：他小的时候从海峡的另一边来，年轻时学会了如何猎鹿，每次和德国探险家出海后，他看似温和的妻子都会勒令他带回来海豹肉和膏脂——那语气就像明登（Minden，博厄斯的出生地）的家庭主妇要求自己丈夫回家前从屠夫那里搞点肉回来一样。

在巴芬岛，博厄斯学会了以因纽特人这面"镜子"反观自己——一个受过高等教育、取得博士学位的德国人，一个在校园里敢于跳出来拿剑和别人决斗的骄傲青年，[15] 一个在《柏林日报》（*Berliner Tageblatt*）编辑面前信誓旦旦说自己能写出精彩报道的探险家，[16] 在这片白雪皑皑的荒原上愚笨迟钝，一无是处。因纽特人的大脑不见得比博厄斯更发达，但因为他们世世代代生活在极寒环境里，他们发展出了一套应对自然环境的生存方式，从小就掌握了博厄斯从未听说过的技能。同样的道理，日耳曼人或不列颠人不见得比因纽特人更聪明，他们身处的"文明"社会，很大程度上是一个被构建的概念，而非人类社会发展的必然。

和那些拥有非凡自传的探险家或哲学家一样，像西格纳一样的原住民都拥有属于自己独特的历史。这些个人的历史结合在一起，塑造了一个族群或一种文化发展的轨迹。在博厄斯正式出版《原始人的心智》（*The Mind of Primitive Man*，1911）并把自己的想法归结为"文化相对论"（cultural relativism）之前，他就已经认识到，如果脱离个体所处的自然环境与社会历史，草率主观地给"文化"排序，那么所谓的研究早已背离科学的宗旨，成了塑造意识形态的工具。在因纽特的一年多时间，博厄斯重新领会了自然地理学家亚历山大·冯·洪堡（Alexander von Humboldt, 1769—1859）和其他哲学家提到的一个德语概念，*Herzensbildung*，即"心学"[17]。当博厄斯以自己在巴芬岛的经验去翻译这个词时，他看到的是自己所受教育的"相对性"（relativity），他领会到人性的内涵是将心比心。

当在巴芬岛的经验还在博厄斯的脑中发酵时，他参与芝加哥哥伦布纪念博览会的经历，加剧了他对社会进化论的批判。博厄斯移民到美国的时期，恰恰也是人类学在新大陆的起步阶段。"Anthropology"——在博物馆幽暗的大厅或觥筹交错的晚宴上，当人们轻快地在齿间滑动舌头，将两个拉丁语词根串在一起念出这个时髦的单词时，它既传达了美国人对异域浪漫的想象、远行的勇气、超乎常人的意志力，也毫不掩饰地投射出这个新兴殖民主义国家的自负与傲慢："我们"有资本和能力踏足未被发掘的"处女地"；有时间去学习"原始"的语言；站在工业文明的顶端，"我们"愿意端详展厅里陈列的印第安器物并回望那些"未开化"的过往。

1893 年在芝加哥举办的哥伦布纪念博览会，也是这样一个场合。当普特南接下布置博览会人类学展厅的任务时，他就意识到政府不仅想靠各种奇异的土著文化吸引观众，更是想借展览来宣传印第安人是如何在白人的"帮助"下走上"文明之路"——毕竟，这个博览会本身就是为了纪念哥伦布发现新大陆四百周年而举办的。对于以鲍威尔为首的社会进化论学派来说，人种外貌上的区别（比如肤色、发色、身高等等）也代表了他们心智和社会发展程度的区别。那时流行的人体测量学（anthropometry）数据，就是用来区分人种或文化类别重要的证据之一——比如，社会进化论学派认为通过测量头围可以推测大脑发育的程度，进而推断某个人种的心智发展水平或社会行为。当时美国的各大博物馆，包括纽约的自然历史博物馆和华盛顿的史密森学会（Smithsonian Institution）博物馆，都是依循这个思路，把来自不同文化的器物、习俗和人种特征，按照"进化"的顺序依次摆放在博物馆里。这些展览的尾声，往往都以歌颂西方医疗卫生、宗教慈善和现代教育为文明"升华"并画上圆满的句号。

凭借其对北太平洋沿岸原住民的了解，博厄斯被普特南找去布置芝加哥博览会的人类学展厅。博厄斯不负重托，不仅从北美西北海岸找来大量的原住民器物，塞满了普特南的两层大楼，甚至还把真的"土著"带到芝加哥，向观众展示他们的"真实生活"。除此以外，博厄斯还在普特南的大楼里辟出 8 个房间，现场开展人体测量学实验。为期 5 个月的芝加哥博览会，吸引了来自世界各地超过 2000 万的观众。[18] 对于博厄斯来说，这可是采集数据的大好机会。他邀请好奇的观众坐下来，拿皮尺小心地测量他们的身高、头围等特征——为了进行科普，博厄斯还在一旁摆放了大猩猩、澳洲土著、秘鲁人和雅典人等头骨的标本。

今天有些学者会以"杂乱无章"来描述芝加哥博览会的人类学展厅：五花八门的图腾、兽皮帐篷、上百只草编的篮筐、动物的骨架和标本，还有不知道在干些什么的"印第安土著"。[19] 不过，博厄斯对布展设计和展览效果并不那么在意。此时，他手中的人体测量学数据更加"杂乱无章"：黑人和白人所生的混血后代和"纯种"白人的身高没什么显著差异；来自不同部落的"印第安人"留下的指纹看不出任何区别；虽然都是巴伐利亚人，但他们的头部特征却相差很远，这个差异往往要大于巴伐利亚人和其他族裔之间的差异。[20]换句话说，无论是基于之前的田野考察，还是芝加哥博览会的现场实验，博厄斯都没能从生理特征上找到人种差异的确凿证据，更不用说心智上的差异了。如果没有证据，那么社会进化论学派的观点就是立不住脚的。

芝加哥博览会后，博厄斯对人类学博物馆的观念也产生了巨大的变化。博厄斯明确反对鲍威尔及史密森学会策展人奥蒂斯·梅森（Otis T. Mason）等人结论先行的布展和公众教育方式。博厄斯认为博物馆应该向公众展示的是最前沿的科学研究，哪怕研究结果"杂乱无章"，也不能武断地下结论或选择性地展示研究结果，贩卖给公众一个貌似有理的伪科学故事。既然西北海岸的原住民部落之间没有显著的体质人类学差异，就不能按照"进化"的顺序来展示他们的文化。这也是为什么后来博厄斯在纽约的自然历史博物馆坚持以地域，而非"进化"阶段，来展示不同部落的物质文化。

除此以外，博厄斯对博物馆或博览会讨好公众的做法十分排斥。博厄斯认为博物馆是为科学服务的场所，不是招揽观光客的游乐场。在芝加哥，博厄斯发现大部分来逛博览会的观众只是为了赶潮流、附庸风雅，没什么人把他精心布置的人类学展厅放在心上，更没什么人愿意真正了解"土著"文化。当博厄斯找来的一位夸扣特尔人在博览会上表演和"食人"习俗相关的放血仪式时，一位观众惊呼："停下！停下！这里是基督教国家！"博厄斯彻底失望。博览会结束后，博厄斯给妻子玛丽写信抱怨说，自己再也不会去当"马戏团经理"了。[21]

和博厄斯一样，普特南也为博览会费了不少心血。博览会结束后，他还找来巨额捐款并说服政府在芝加哥新建一座自然历史博物馆来装他为博览会收来的大量人类学器物。可等博物馆建好之后，董事会成员并不待见普特南，非但没让他当馆长，连董事会也没有他的名额。[22]芝加哥的冷遇让普特南和博厄斯在纽约成了"战友"——这两位学识渊博、骄傲且好斗的人类学家立志要在纽约大干一番来打压芝加哥的气焰。1897年启动的杰瑟普北太平洋远征，更是让美国自然历史博物馆和菲尔德自然历史博物馆之间的竞争白热化。[23]菲尔德博物馆时任人类学部主任乔治·多尔西（George Dorsey，1868—1931，霍姆斯的接班人）绝非等闲之辈。[24]和他纽约的竞争对手一样，多尔西的背后不乏芝加哥金主雄厚的资本为他撑腰。多尔西十分明确地表示："目前，他们纽约（美国自然历史博物馆）至少有27根图腾柱，我们芝加哥（菲尔德博物馆）只有23根。我不喜欢对我们不利的数字差异。"[25]

尽管菲尔德博物馆来势汹汹，但博厄斯、普特南以及馆长杰瑟普的组合——用美国自然历史博物馆老人类学部主任斯坦利·弗里德（Stanley Freed，1927—2019）的话说，这支"无与伦比"的团队——注定让世纪之交的这场远征成为美国人类学史上的传奇。

博厄斯的夸富宴

电影或小说里的远征，通常是让两个远方碰撞在一起的催化剂——码头驶来的陌生船只，扬起沙尘的马车，由远及近的雪橇，打破原本宁静的部落或乡村生活。就像《百年孤独》里，吉卜赛人带来的磁铁、冰块和望远镜，让年轻的何塞·阿尔卡蒂奥·布恩迪亚魂不守舍，忍不住带上马孔多的族人一路向北，去探索通往文明世界的道路。然而，在博厄斯和他的团队于 1897 年 6 月到达加拿大的斯宾塞斯·布里奇（Spences Bridge）[26] 正式开启远征的田野考察之前，生活在北美西北海岸的原住民早就对和博厄斯一样的"异乡人"见怪不怪了。他们定期和做三文鱼或水獭皮生意的英国商人碰面，在街上兜售手编的篮筐和毯子，跟在古董经销商后面企图说服他买下自己"祖传的面具"。虽然不少原住民对拿着笔记本或相机的白人仍保持警惕，但他们面对人类学家的各种提问并不那么惊讶，有些人甚至喜欢在"异乡人"面前侃侃而谈，以便换来几支香烟或一杯酒水。

做过田野研究的人都知道，若想考察富有成效，必定离不开"本地人"（informant，人类学里也称"报道人"）的鼎力相助。贪图小利又极不靠谱的多瓦悠（Dowayo）报道人曾让英国人类学家奈杰尔·巴利（Nigel Barley）差点在喀麦隆崩溃发疯。[27] 相反，维克多·特纳（Victor Turner）的恩登布（Ndembu）助手"大黄蜂"（the Hornet），以及玛格丽特·米德那会说五种语言的巴厘报道人马德·卡莱尔（Madé Kalér），不仅帮助"天真的人类学家"克服了语言和文化上的障碍，还在很大程度上影响了他们的学术思想，成就了民族志的经典。[28] 对于博厄斯来说，他在北美西北海岸的田野助手乔治·亨特（George Hunt，1854—1933）和詹姆斯·泰特（James Teit，1864—1922）就是这样两位可遇不可求的"本地人"。

亨特的父亲罗伯特·亨特（Robert Hunt）是一位英国的毛皮商，1830 年左右来到加拿大，后来加入了哈德逊湾公司（Hudson's Bay Company）继续进行毛皮交易。当时，罗伯特响应公司的号召，和特林吉特（Tlingit）一位酋长的女儿安斯纳克（Ansnaq，婚后改名为 Mary Ebbetts Hunt）结了婚。婚后，夫妇二人买下了公司在鲁珀特港（Fort Rupert）的分部并在那里生下了乔治·亨特。亨特从小就在文化的交融地带成长：他不仅从母亲那里学会了特林吉特语，随父亲学习英文读写，还跟当地的夸扣特尔人学习他们的语言和文化，甚至从夸扣特尔人地位最高的部落取得了萨满的头衔。[29] 和许多原住民一样，年轻的亨特主要的生计是捕鱼和制作罐头。但凭借其语言能力，亨特从 1877 年开始便时常给到访鲁珀特港的英国人或美国人当翻译和向导。赚取外快的同时，亨特也赢得了当地白人圈子的信任。[30]

亨特也是这样认识博厄斯的。1888 年左右，博厄斯在不列颠哥伦比亚进行短暂考察时发现了亨特的特殊背景，他马上认定这个说着流利英语的"本地人"是不可多得的田野助手。在准备1893 年的芝加哥博览会时，博厄斯就通过亨特购买到大量的原住民器物，并在亨特的翻译和指导下为这些物件编目。同时，博

博厄斯为亨特拍摄的肖像 | 美国自然历史博物馆图书馆藏#11853

厄斯还教会亨特如何转录夸扣特尔语——亨特对夸扣特尔神话传说、物质文化和社会生活的文字记录，成为博厄斯在撰写夸扣特尔民族志时使用的关键材料。虽然在他们合作的初期，博厄斯忍不住抱怨亨特"很难相处"或"懒于思考"，但到杰瑟普远征时，博厄斯已经完全离不开亨特了。仅凭他一人，亨特就为美国自然历史博物馆收藏到来自夸扣特尔、努哈克、努查努阿特（Nuu-chah-nulth，原称 Nootka）和海尔楚克（Haíɫzaqv 或 Heiltsuk）等部落将近1500件器物。[31]博厄斯和亨特的合作与友谊一直持续了45年，直到亨特去世。

　　另一位田野助手泰特，是博厄斯在1894年途经斯宾塞斯·布里奇时认识的。这个一头红发的苏格兰男人谈吐不俗，让博厄斯印象深刻。当泰特向博厄斯介绍自己的汤普逊（Thompson，现称 Nlaka'pamux）妻子和家人后，博厄斯激动地给玛丽写信说自己发现了"宝藏"！[32]泰特出生在苏格兰，中学毕业后跑到斯宾塞斯·布里奇去和舅舅一起生活。泰特是个随和的人，但不乏冒险精神，同时他对驯马、打猎、经营农场样样在行。因为妻子的关系，泰特逐渐熟悉了汤普逊原住民的生活，和四周打成一片。和亨特不同，泰特在认识博厄斯之前就已经上了人类学的道儿——他带着"外来人"的眼光仔细观察周围的一切，好奇地向家人提出各种问题，学会了原住民的好几种方言以便更好地和他们交流。初次和泰特相遇后，博厄斯不仅马上指导泰特如何收集田野资料并撰写民族志，还给他寄去书籍和学术期刊，就像指导自己的研究生一样。虽然亨特对博厄斯的研究和博物馆的收藏有着不可替代的重要性，但亨特从未撰写过民族志，也没有独立的学术发表。泰特则为杰瑟普远征论文集贡献了四本专著[33]——泰特是这四本书的独立作者，博厄斯仅仅作为编辑列在他的名字后面。

哪怕放到今天，博厄斯的运气也足以让人类学家眼红不已，因为不是所有人都能在田野里碰到自己的"贵人"。博物馆的老人类学部主任弗里德曾半开玩笑说，假如博厄斯没有碰到亨特或泰特，他可能会和倒霉的利文斯顿·法兰德（Livingston Farrand）一样，在不列颠哥伦比亚晃悠了几个星期也找不到原住民说话，更别提给他们测量身高或头围了。[34]

虽然亨特和泰特是不可多得的人才，但他们的个人经历也折射出西北海岸原住民当时的处境。19世纪末，新建的铁路将大批劳工、商人和传教士带往北美的西部。他们在这些"未开化"的地带挖矿、筑路、修建房屋、通商贸易——就像亨特的父亲和他的雇主哈德逊湾公司一样——打算趁着西部开发的热潮大捞一笔。亨特和泰特参与的北太平洋远征，恰恰用的也是杰瑟普早年靠修铁路发家积累的资本。涌向西部的外来人不断占据原住民的领地，很大程度上改变了原住民的生活方式。有的部落不再进行狩猎，改为英国人的工厂制造织毯；有的部落反而花更多的时间狩猎，以满足毛皮商人或罐头公司源源不断的订单。跟随这些异乡人来到西北海岸的，还有天花、肺结核、流感等疾病——在病毒的侵蚀下，一些部落不复存在。此外，初到西北海岸的传教士显然被这里的"奇风异俗"给吓坏了。目睹了原住民的夸富宴之后，教会认定这些风俗是反基督教的，强烈抗议并要求政府出面禁止。为了更好地进行宗教同化，1884 年，加拿大政府颁布了取缔原住民夸富宴的条令。[35]

　　夸富宴（potlatch）是指在夸扣特尔、特林吉特、努查努阿特、努哈克、萨利什（Salish）等多个西北海岸的原住民部落举行的大型赠礼仪式。尽管有关夸富宴的起源或社会功能说法不一，但发起夸富宴的东道主一般会邀请整个部落以及邻近部落的成员聚到一起。主人会在夸富宴上为客人提供可口的食物，向大家分发油脂、干肉、兽皮或织毯等礼物。有时，食物和礼品的数量太多，主人会把它们倒进河里，看着它们被"浪费"。这也许是为什么中文把它译为"夸富"——挥霍财物恰恰是为了炫耀主人慷慨富有，并巩固其社会地位。夸富宴通常还会伴随其他仪式，比如成人礼、婚礼、葬礼、祖先祭祀等等。夸富宴上跳起的祭祀舞蹈、吟诵的歌谣与传说，是增强文化凝聚力的重要活动。有的夸富宴还会将奴隶作为礼物进行馈赠，有些部落甚至会分食奴隶——正是这"食人"的习俗，把白人传教士吓得魂飞魄散，甚至不敢相信自己和如此血腥的"野蛮人"生活在同一片大陆上。

　　显然，传教士和政府仅看到了夸富宴"血腥"和"浪费"的一面。他们看不到夸富宴是确立或重申部落内部以及部落之间权力关系的重要场合。他们也不理解夸富宴可以促进部落间的物品交换与资源分配，更难以体会族群记忆与文化传统都需要通过这些仪式来传承。尽管政府明令禁止，有不少部落仍在悄悄地举办夸富宴。一向主张"文化相对论"的博厄斯自然对政府的禁令颇为不满。1897 年春天，博厄斯以一场夸富宴打开了杰瑟普北太平洋远征的序幕。博厄斯不但出钱买了食物和礼物（当然，这里面不包括奴隶），还委托亨特把他撰写的演讲词翻译成夸扣特尔语在夸富宴上朗诵：

> "朋友们：我，博厄斯先生，在跟你们说话。我是那个被你们称为'沉默的人'[36]……你们可能很难向维多利亚的白人证明你们的聚会和夸富宴是好的……我试着去做对的事情。我试着向他们证明你们的方式并没有错……
>
> "朋友们，看到你们的孩子不再遵循传统的法则，（看到）他们像白人一样走路，我很难过……你们的故事不该被遗忘。你们的传统和故事应该被保存在一个盒子里。我的朋友，乔治·亨特，将会带去我用来保存你们故事的盒子。那是两年前我写的有关你们的一本书……乔治·亨特，会继续成为保存你们传统和故事的盒子。我会马上见到他，也会马上见到你们……
>
> "现在，欢迎你们来到我的盛宴！吃吧，Guetela！吃吧，Qomoyue！吃吧，Qoakutis! Walas Kwakiutl，来吃我为你们准备的东西！[37] 欢腾起来！这就是我要说的。"[38]

这篇演讲词虽然是模仿夸扣特尔人的语气写的，但博厄斯的措辞仍颇具戏剧性，甚至有些夸张。不过，这倒是符合博厄斯在田野里的一贯风格。博厄斯想用这场夸富宴和政府划清界限，向

夸扣特尔人的夸富宴（ca. 1897—1902）｜美国自然历史博物馆图书馆藏#411785

原住民表明自己对他们文化的尊重和认同，并为接下来的远征考察做铺垫。值得注意的是，夸富宴本身就是在塑造一种权力关系。这种关系里面，成功举办盛宴的东道主虽然获得了崇高的社会地位，但他也需要承担相应的社会责任——调解族群内部或族群之间的纠纷，在重大事务上发表自己的意见并保护自己族群的利益。和亨特或泰特不同，博厄斯虽然有个夸扣特尔人的名字，但他很少会认为自己是夸扣特尔人或属于某个特定的族群。博厄斯一直是站在族群边缘、观察和记录原住民生活的人类学家——一个"外人"。作为外人，当博厄斯按照原住民的规矩宴请四方宾客，他是否意识到，自己正在和原住民之间确立一种新的权力关系？这种关系，既不同于哈德逊湾公司和原住民劳工之间的雇佣关系，也不同于加拿大政府或基督教会不由分说要消灭原住民文化信仰的武断，甚至，和博物学家跑到野外遵循"不干涉"原则安静地观察周围的花鸟鱼虫也不一样。[39] 博厄斯在原住民族群中，究竟享有何种特权，又理应承担何种责任？也许，那时的他并不清楚。博厄斯的夸富宴，将他自己置于人类学矛盾的核心——这个不算"外人"的外人，始终在自己的雇主、科学理念、社会伦理，以及研究对象的道德准则之间矛盾徘徊。[40]

尽管博厄斯和他研究的族群一直保持着适当的"距离"，但当人类学家太过"入乡随俗"，自然会引来他自己社会的道德争议。1897 年 10 月，《纽约先驱报》(New York Herald) 发表了一篇有关博厄斯远征考察的文章，题目叫《如博厄斯博士所见，凶残的夸扣特尔人在北美进行食人仪式》[41]。这篇文章的内容，来自《先驱报》记者对博厄斯的一次采访。显然，为了吸引眼球并图个好销量，记者不仅给文章加了个耸人听闻的标题，行文也混淆时间概念，故意把博厄斯讲述的部分历史当作重口味的新闻猛料爆给读者。纽约的读者一片哗然。博厄斯一开始不屑一顾，认为这是媒体一贯使用的低级伎俩。但这份报纸很快传到了夸扣特尔人手中，酋长读过之后大发雷霆，认为博厄斯在故意泼原住民的脏水，一度禁止亨特在自己的部落进行收藏活动和研究访谈。博厄斯连忙给酋长写了信，并让亨特把自己写的夸扣特尔民族志带给酋长看。为了向酋长和族人证明自己的立场，博厄斯再次通过一场夸富宴平息了这次风波。

也许博厄斯的美国身份与声望可以让他游走在加拿大法律的灰色地带，但亨特则不一样。加拿大政府和教会早就对博厄斯他们看不顺眼，既然得罪不起博厄斯，那么他们便伺机拿亨特开刀。1900 年 3 月，亨特在加拿大阿勒特湾（Alert Bay）给博厄斯写信，说自己因为参加了那里的一场夸富宴，被传教士和警察抓起来扔进了监狱。博厄斯立刻给加拿大的同事写信，请他联系亨特的律师并解释亨特所做的一切都是为了"科学研究"。[42] 据亨特说，他被捕的主要原因是那次夸富宴上有"食人"仪式。但亨特说，他们吃的并不是真人——政府出台夸富宴的禁令后，很少有部落会像以前一样去啃食真的奴隶，他们现在会用假人来摆摆样子以便仪式继续进行。[43] 况且，亨特辩解说，自己只是在一旁观察，什么都没碰，更没有"吃人"。一个月后，在律师的协调下，亨特被保释出狱。

夸富宴可能不是博厄斯在西北海岸碰到的唯一麻烦。博厄斯对骨骼，尤其是颅骨数据的执着，让他的考察团队屡屡在西北海岸惹祸上身。[44] 比如，博厄斯交给考古学家哈兰·史密斯（Harlan I. Smith, 1872—1940）的任务就是去挖人家原住民遗弃的坟墓，搜集尽可能多的完整头骨。虽然史密斯、亨特和泰特都通过博厄斯从加拿大政府那里获得了考古挖掘的许可，但在实际田野工作中，哪些地方埋过人，哪些坟墓无人认领，哪些地方不能触碰，实难分辨。哪怕亨特是原住民的"自己人"，他在挖掘的时候，常常被人不由分说地赶跑（比如担心亨特乱挖，触怒了某个先灵）。同时，亨特还要时刻警惕那些故意找茬儿的传教士，他们巴不得再找个理由把亨特丢回监狱。也是因为类似的行径，"人类学家"在很多原住民眼里几乎变成了"盗墓者"的同义词，在此后将近一个世纪里都无法摆脱这个污点。[45]

博厄斯为什么非要去挖人家祖坟？现在大多数人类学家对此迷惑不解。有些学者猜测，博厄斯之所以痴迷颅骨数据，可能是鉴于当时的科学发展水平，让他觉得颅骨是探究原住民起源和迁移最有力的证据。[46] 之前说过，博厄斯认为北美原住民的亚洲起源基本是板上钉钉的事，但为了配合杰瑟普和美国大众的兴趣，博厄斯投其所好，将对比北太平洋两岸原住民的颅骨特征列为研究计划里重要的一项。博厄斯自己更感兴趣的，其实是北美原住民的各个部落迁移、融合或分化的过程。比如，博厄斯把萨利什的各个族群分为两种人，一种长颅（long-headed），一种宽颅（broad-headed）。博厄斯认为，如果想要证明萨利什人是从不列颠哥伦比亚向西北沿海地区迁移的，就需要找到萨利什宽颅人逐渐取代长颅人的证据。

这个假说听起来漏洞百出，事实也的确是这样。且不说颅骨特征和部落迁移之间是否有必然联系，哪怕在博厄斯找到的萨利什人颅骨样本里，也很难归纳颅骨的特征。经过仔细的观察和测量，史密斯跟博厄斯说自己很难判断某个颅骨究竟属于哪个类型，因为有太多既不算长也不算宽的过渡类型。此外，所谓的"长颅"，很有可能是婴幼儿时期人为因素造成的颅骨变形，跟自然环境或部落迁移没有任何关系。博物馆老人类学部主任弗里德引用了一个他在田野里遇到的例子来"嘲笑"博厄斯。弗里德在50年代曾拜访过一位原住民奶奶，虽然老人没出过远门，但她完全赞同北美原住民的亚洲起源。这位阅遍大量婴孩的老人跟弗里德说，"印第安"婴儿和中国或日本婴儿没什么区别，他们脊梁骨附近都有蒙古斑（Mongolian spot），显然北美"印第安人"是从亚洲来的。[47] 虽然是则轶事，但也说明博厄斯其实不必大动干戈，说不定观察外部生理特征比研究颅骨更有用。去挖人家祖坟，和原住民的关系频频搞僵，博厄斯这一出可谓得不偿失。

当然，博厄斯和他的团队没有把所有时间都花在"掘墓"上。北美一侧的远征最耀眼的两个成就，就是为博物馆收集来超过8000件原住民器物与丰富的民族志材料。也许是因为看到了举办夸富宴的人被关进监狱，祭祀的舞蹈与吟诵被禁止，原住民的孩子"像白人一样走路"，博厄斯感到西北海岸的原住民部落正在以飞快的速度被白人同化。博厄斯指导他的团队要对每个部落进行"全面收藏"（holistic collection），让这些器物像"时间胶囊"一样，把一个个正在迅速消失的"传统"保留下来。跟古董经销商或旅客不同，博厄斯他们不仅对漂亮的面具或图腾感兴趣，他们把原住民日常生活中使用的器物（大到独木舟或帐篷，小到勺子或鱼骨做的针）、狩猎捕鱼的工具、仪式祭祀的物品都收了个遍，并记录下这些器物的民族学信息。一百多年后的今天，多位原住民艺人参考自然历史博物馆收来的草编篮筐破译出本已失传的古老编织技术。一位参与了 2022 年西北海岸馆（Northwest Coast Hall）翻修的努查努阿特策展人说，他希望自己的下一代都能到这个博物馆来看看，他们族群有超过一半的历史被保留在纽约的这间博物馆里。

此外，博厄斯和考察团队对各个文化也进行了全面的记录，包括语言文字、社会结构、自然知识、风俗信仰、艺术手工艺等。和当时大多数民族学研究不同的是，在西北海岸远征的田野笔记和考察报告中，有相当一部分的文字资料是以原住民自己的语言书写的（尽管转译方式和方言可能和现在有出入）。这大概要归功于像亨特和泰特这样的"本地人"参与了民族志的翻译和书写。1898 年到 1930 年间，由博厄斯负责主编、美国自然历史博物馆出版的 11 卷杰瑟普远征考察论文集，成为今天研究西北海岸原住民的宝贵历史资料。当然，为了反驳社会进化论学派，博厄斯也没忘记他的人体测量学研究。在北美一侧，博厄斯和他的团队一共收集了超过 12 000 位原住民的人体测量学数据。[48] 这些数据不仅包括身高和头围，还细致到肩宽、臂展、指长、鼻长等十几个测量项目，以及发色、肤色、眼睛颜色、耳形等描述性特征。[49]按照人类学家理查德·扬茨（Richard Jantz）的估计，如果测量一个人平均需要 20 分钟，那么仅仅收集人体测量学数据，博厄斯他们就需要 4000 多个小时的工作量。和在芝加哥博览会得到的结论一样，博厄斯发现部落内部生理特征的差异比部落间的差异更大，而且这些差异和部落的语言或习俗没有必然的联系。

　　树大招风，当杰瑟普和博厄斯风风火火搞北太平洋远征的时候，其他的人类学博物馆也蠢蠢欲动，想弄出个石破天惊的发现盖过美国自然历史博物馆的风头。芝加哥菲尔德博物馆就是美国自然历史博物馆最强劲的对手。菲尔德博物馆的策展人多尔西派了不少人手到西北海岸去收藏原住民的器物，这些人走动的范围基本和博厄斯的团队是重合的。博厄斯觉得自己十多年前就开始在西北海岸的原住民聚居地做研究了，多尔西这么做摆明了是要抢他的"地盘"。当然，让博厄斯气愤的远不止这个。多尔西曾私底下联系过史密斯，想让史密斯改替菲尔德博物馆干活。最后博厄斯忍不住破口大骂多尔西"卑鄙"，是在多尔西数次给亨特写信之后。博厄斯发现多尔西试图挑拨他和亨特的关系，把博厄斯的这个得力助手挖走。[50]

　　不过，多尔西和博厄斯的视野很不一样。多尔西全盘接受了杰瑟普对北太平洋远征的定义，所以菲尔德博物馆当时在西北海岸做的研究和收藏，都是奔着北美原住民的起源这个问题去的。另外，多尔西的想象力和能力也有限。哪怕他想要证实北美原住民是从亚洲来的，多尔西只能组织北美一侧的远征考察，对白令海峡的另一边他无计可施。不光是多尔西，当时其他的博物馆或研究机构，都没有能力在太平洋两岸同时进行考察。博厄斯在西伯利亚组织的收藏与研究，也许是杰瑟普远征无法被复制的另一个重要原因。

萨满的神衣

杰瑟普北太平洋远征在西伯利亚一侧的考察，比北美晚一年启动。这主要是由于考察是在俄国境内，招募研究人员和为他们取得签证、研究许可等等繁冗的手续耽误了不少时间。

负责在西伯利亚阿穆尔河（Amur）流域和萨哈林岛进行考察的，是一位年轻的德国人，叫伯特霍尔德·劳弗（1874—1934）。[51] 劳弗出生在科隆一个富有的商人家庭，从小父母就为他提供了优越的教育条件，并培养他对戏剧和音乐的爱好。和现在很多父母一个路数，劳弗家里希望把孩子培养成律师或医生（劳弗的哥哥就是医生），但劳弗一直想当考古学家。他在柏林大学读书时开始接触东方语言，从此对亚洲十分向往。1897 年，23 岁的劳弗从莱比锡大学取得了博士学位，博士论文做的是有关藏语经文的研究。[52] 当博厄斯为西伯利亚的考察寻觅人才时，他在德国的同事向博厄斯推荐了会说十余种亚洲语言和一点俄语的劳弗。究竟是什么打动了劳弗，我们不得而知，但劳弗听说杰瑟普远征的计划后，他非常兴奋，几次向博厄斯表达自己想要参加远征的意愿。博厄斯很喜欢这个天赋异禀又受过良好教育的年轻人。虽然劳弗对西伯利亚或体质人类学所知甚少，但博厄斯最终还是说服杰瑟普，以每年 500 美元的薪酬在 1897 年 5 月正式聘用了劳弗。[53]

经历了一番签证风波之后，[54] 劳弗于 1898 年 6 月抵达符拉迪沃斯托克，正式开启了西伯利亚一侧的远征。劳弗此行的目的是研究吉利亚克人（Gilyak，现称 Nivkh）、通古斯人（Tungus，主要是俄国境内的埃文基人）、阿伊努人（Ainu）和戈尔德人（Goldi 或 Gold，现称 Nanai）。[55] 作为一个"优等生"，初来乍到的劳弗严格按照博厄斯的要求对这些部落的文化进行"全面收藏"。不过，劳弗自己对原住民的图案及其象征意义尤其感兴趣——他后来为杰瑟普远征贡献的唯一一本专著研究的就是《阿穆尔河流域的原住民艺术》(*The Decorative Art of the Amur Tribes*，1902)。从他跟博厄斯的通信中我们能看出，虽然劳弗和所有初到田野的人类学家一样，体验过自然环境的艰苦，以及语言和文化的差异带来的不适，但劳弗似乎没有让这些不适干扰自己的工作。劳弗的工作效率极高，每到一个新的田野，他就去拜访能找到的博物馆、历史学家和民族学家，用他流利的日语、不太流利的俄语，以及刚刚学来的某个部落的词汇跟当地人交流，把从原住民那里收来的器物一箱一箱寄给博厄斯，并附上详细的备注。[56]

劳弗的吃苦耐劳，甚至远超跟他搭档的美国考古学家杰拉德·福克（Gerard Fowke，1855—1933）。这个自诩经验丰富、热爱冒险的考古学家被西伯利亚的沼泽地和"云层般"的蚊虫彻底击败。[57] 福克不但给博厄斯去信抱怨条件太差、考古无法进行，还抱怨劳弗这个黄毛小子什么都不懂却对他的工作指手画脚。[58] 博厄斯显然很清楚谁更适合待在田野。福克在西伯利亚只待了一季，博厄斯便停了他的工资，把他召回了纽约。与此同时，劳弗马不停蹄地游历于各个部落之间。1899 年初，当他坐着狗拉雪橇穿越结冰的河流时，冰面突然开裂，劳弗连人带车全部掉进冰窟窿里。如果不是走在前面的向导回头看了一眼，劳弗恐怕早就葬身在吉利亚克的冰河里了。三个月后，劳弗沿阿穆尔河向南行至戈尔德人的聚居地。当他估算了一下在当地进行收藏的成本后，劳弗跟博厄斯说："这里没有一样东西免费，只有死亡是廉价的。"[59] 也许，西伯利亚的远征让博厄斯从劳弗身上看到了他坚韧的个性与严谨的治学态度。劳弗 1899 年秋季结束了西伯利亚的考察，[60] 他回到纽约后没多久便被博厄斯派到中国，为美国自然历史博物馆进行首次亚洲远征——劳弗在中国的故事，本书第二章会仔细讲。

除了劳弗，博厄斯还通过圣彼得堡民族学博物馆的威尔赫姆·拉德洛夫（Wilhelm Radloff, 1837—1918）找到另外的人手负责西伯利亚北部的考察——约赫森夫妇和博戈拉兹夫妇。和劳弗或福克的画风不同，约赫森和博戈拉兹在西伯利亚考察的经验相当丰富。当福克向博厄斯抱怨成群结队的蚊虫或湍急的河流时，约赫森和博戈拉兹对这些早就司空见惯，懒得在田野笔记或通信里费一滴笔墨。和劳弗也不同，约赫森和博戈拉兹并不是为了"科学"主动前往西伯利亚的——他们是被沙皇流放到西伯利亚的政治犯。[61]

博戈拉兹拍摄的楚科奇人和雪橇（1901）｜美国自然历史博物馆图书馆藏#2408

　　弗拉基米尔·约赫森（1855—1937）和弗拉基米尔·博戈拉兹（Waldemar Bogoras, 1865—1936）年轻时都信奉平民主义（populism），因为参加了反对沙皇独裁统治的革命活动被捕入狱，19世纪80年代被驱逐到西伯利亚最北边的蛮荒之地，在那儿生活了十余年。[62] 在西伯利亚，约赫森接触过尤卡吉尔人、雅库特人（Yakut, 现称 Sakha）和科里亚克人（Koryak），博戈拉兹则主要跟楚克奇人（Chukchi, 旧作 Chukchee）生活在一起。他们利用流放的时间，跟着原住民学习他们的语言，记录他们的社会生活和风俗信仰，博戈拉兹甚至还以化名出版了楚克奇的民间传说与诗歌。他们在西伯利亚从事的民族学研究，引起了俄帝国地理学会的注意。通过政府的特殊许可，约赫森与博戈拉兹参加了由俄地理学会组织的远征（1894—1897），旨在记录西伯利亚正在消逝的原住民语言和文化。

恰好尤卡吉尔、楚克奇和科里亚克等部落也是博厄斯感兴趣的族群。当拉德洛夫向博厄斯推荐这两位民族学"行家"后，博厄斯如获至宝。但约赫森和博戈拉兹的政治犯身份，让沙俄政府态度变得暧昧，尤其是邀请他们参加远征考察的是美国的一间博物馆，政府怕节外生枝，迟迟不批研究许可。另外，约赫森和博戈拉兹的资历远高于劳弗，他们要求的工资自然也比劳弗高得多。博厄斯在沙俄政府和自然历史博物馆两边不断周旋，同时还要跟约赫森及博戈拉兹"讨价还价"。最终，沙皇点头同意给美国"行个方便"，杰瑟普随后向约赫森与博戈拉兹发出正式聘书，由博物馆承担他们每月 100 美元的工资。[63]

不过，这 100 美元的月工资只是约赫森和博戈拉兹个人的收入。虽然他们的妻子也是考察的主力并全程参与远征，但精打细算的杰瑟普表示"妻子"的工资要从"丈夫"那里扣，博物馆不会另付薪酬。[64] 那个时候，"人类学家的妻子"往往都扮演着"贤内助"的角色——像博厄斯的妻子玛丽，一直留在纽约照顾家庭和孩子；极少数女性会像索菲亚·博戈拉兹（Sofia Bogoras, ca. 1870—1921）和迪娜·约赫森 - 布罗德斯卡亚（Dina Jochelson-Brodskaya, ca. 1863—1941）那样跟随丈夫一起参加远征。也

因为长期生活在西伯利亚，索菲亚和迪娜磨练出超出常人的意志
力，且能够胜任多项民族学考察和田野工作。当博戈拉兹带着助
手和车队穿行于西伯利亚东北部的大片荒原时，索菲亚也在哥萨
克（Cossack）向导的陪同下到阿纳德尔河（Anadyr）流域进行
民族学收藏——现在自然历史博物馆的大部分楚克奇收藏，都是
由索菲亚带回来的。当然，女性在田野中会面对更多的危险。博
戈拉兹曾在信中向博厄斯描述，他和索菲亚到达阿纳德尔河的马
林斯基（Mariinsky），在那里打算用烟草、茶砖和黑麦饼干跟原
住民换他们的器物：

> "……大概来了 40 多位原住民，坐在这儿喝茶……
> 他们都把自己当客人，当然也希望我把他们当客人一样
> 款待。他们每个人都带了些没什么价值的东西，却又不
> 愿意跟我的两个哥萨克助手说话，想直接跟我讨价还
> 价。有些人甚至偷偷跟我说，想要（拿破毯子）换我妻
> 子……" [65]

和索菲亚比起来，迪娜更知名一些，因为迪娜在远征后去了
苏黎世大学读书，后来成了一名医学家。在西伯利亚，迪娜如同
约赫森的"秘书"，甚至比秘书做的工作要多得多——她全权负责
收集原住民的人体测量学数据（大约测量了 900 位原住民），访
谈原住民女性，帮助约赫森为收藏编目，整理信件，拍摄了几千
张玻板银盐照片。自然条件允许时——也就是气温不至于低到把

显影液全冻住的时候，迪娜将一间帐篷改成暗室，就地为底片显影。在苏黎世大学，迪娜用从西伯利亚收集来的人体测量学数据撰写了自己的博士论文（1906），后来还用俄语发表过一篇有关西伯利亚东北部原住民女性的论文。

约赫森对自己的妻子充满敬意。在给博厄斯的信中，约赫森通常会详细罗列迪娜对远征做出的贡献[66]——尽管杰瑟普从未承认迪娜也是远征团队的正式成员。约赫森的做法在当时的男性人类学家中并不多见。比如，博戈拉兹就很少在通信或著作中提及索菲亚。后来的学者发现，博戈拉兹出版的楚克奇民间传说其实大部分出自索菲亚之手。[67] 有关索菲亚的个人信息就更少，我们甚至不清楚她的出生年月和去世的具体时间。美国自然历史博物馆保留了一张索菲亚和博戈拉兹在阿纳德尔河营地的合影。照片中，索菲亚穿着白色的粗布衣裙，双手叉在身前，皱着眉头望向镜头的另一侧。她的面孔有些模糊——正如同大多数"人类学家的妻子"一样，她就像一个影子，留在男性人类学家自传的背后。

当然，博戈拉兹和约赫森也没闲着。凭借自己多年积累的经验，他们以"惊人的速度"[68]游走在西伯利亚的荒原上。然而，这趟远征并非故地重游。那些他们曾经拜访过的部落，在不到十年的时间内又发生了巨大的变化。1900 年夏天，约赫森和助手按计划到达西伯利亚东南沿海地区库什卡（Kushka）和吉日加（Gizhiga）——科里亚克养鹿人（Reindeer Koryak）的夏季聚居地，他们发现这里一个养鹿人都没有。当地人告诉约赫森，当年早些时候可怕的麻疹病毒席卷了这个地区。从吉日加一个小镇教

索菲亚·博戈拉兹（前排）、弗拉基米尔·博戈拉兹（右一）及田野助手们在阿纳德尔河（1901）｜
美国自然历史博物馆图书馆藏#1380

堂的注册簿上约赫森看到，仅 1900 年头 3 个月，这个人口不到 500 的镇子一下就死掉了 179 人。[69] 麻疹过后，流感接踵而至。科里亚克的猎民们连忙带着驯鹿逃到远处的山区去躲避瘟疫，早已不见踪影。既然找不到科里亚克养鹿人，约赫森便转去追随沿海科里亚克人（Maritime Koryak），这些人居住在距离吉日加 100 多英里以外的品仁纳湾（Penzhina Bay）。可当约赫森在吉日加寻找马匹的时候，他发现整个镇子的 65 匹马全被一个来自美国的工程师和他的淘金队给带走了。途经吉日加的美国海军和捕鲸船也不愿意让约赫森搭"顺风车"。无可奈何的约赫森借着美国自然历史博物馆的名义给地方官员施压，最后到处凑来 20 匹马才踏上了征程。虽然这是一个简短的插曲，[70] 但约赫森在吉日加的见闻简直像一部浓缩的地方史——肆虐的瘟疫，四处逃窜的原住民，土地被淘金者挖开，来自鄂霍次克海的鲸油照亮了太平洋另一侧的夜晚，这个贫瘠的镇子唯一没有躺在病床上的恐怕只剩下腐败与官僚。

世纪之交，西伯利亚的原住民和北美西北海岸的原住民差不多面临同样的困境。为了延伸并巩固俄国在北方的势力，沙皇自 17 世纪末便向西伯利亚和阿拉斯加派遣大批的传教士，将福音与赞歌翻译成原住民的语言，并对愿意皈依东正教的部落首领予以奖励。经过将近两个世纪的同化，约赫森和博戈拉兹所拜访的绝大多数地区都有教会深刻的痕迹。这也许是让那位伤心的尤卡吉尔萨满同意卖掉自己神衣的主要原因——年轻人习惯到教堂去做礼拜，按照教会的要求斋戒，病人会去教会的医院问诊，逝者静静地躺在棺木中由黄土覆盖紧闭的双眼，而不是在萨满和驯鹿的陪伴下将肉身交给一望无际的冰原。

当然，和西北海岸偷偷举办夸富宴的北美原住民一样，西伯利亚的很多民间信仰并没有完全消失，萨满教和东正教混搭在一起构造出一种奇特的文化生态。约赫森夫妇发现，卡门斯科耶（Kamenskoye）的科里亚克人思想更"自由"一些：他们对动物祭和萨满基本都没什么兴趣，所以约赫森夫妇从他们那里换来了很多家传的手鼓与祭祀用品，但他们很反感迪娜拿皮尺给他们量头围，老人们也不允许年轻人对着约赫森的蜡筒留声机唱歌，因为那玩意儿"会夺去你的声音和性命"。[71] 相反，无论约赫森出多高的价，库埃尔（Kuel）的科里亚克人也不肯卖掉祖传的神像或手鼓，但他们欣然坐在约赫森夫妇面前，任由科学家把石膏敷在自己脸上做面孔塑像或半身像。[72] 在西伯利亚的南部，劳弗也遇到相似的情境：哈巴罗夫斯克（Khabarovsk）的戈尔德人在教会规定的斋期不敢工作，生怕触怒上帝，但他们若是碰上不走运的事或者生了怪病，还是会乖乖地请萨满作法。[73]

也许从现代人类学的角度看，西伯利亚或北美西北海岸的文化和信仰有许多值得深究的地方，但博厄斯和他的团队当时最强烈的感受恐怕只有原住民文化迅速地消亡。没错，基督教会和东正教会的确希望看到原住民被他们同化。但在夸富宴或萨满信仰真正消失之前，人类学家却已经为它们判了"死刑"。远征者迫切地想要以博物馆收藏、摄影、录音和民族学研究来留住原住民文化的"最后一刻"。这也是 19 世纪末到 20 世纪初"抢救人类学"（salvage anthropology）的潜在逻辑。[74] 在人类学家自圆其说的故事里，收藏原住民遗弃的手鼓和劝说萨满交出自己的神衣这两者之间的界限往往极其模糊。尤卡吉尔萨满的泪水混合着两种悲伤——预知萨满的法力无法阻止自己部落在未来走向衰落的绝望，以及在他有生之年就不得不放弃神力的切肤之痛。

当时，谁也没有过问萨满在交出自己的神衣之前是否特意进行过仪式去掉神衣所承载的力量。尽管博物馆看似给了神衣一次"生命"，但那不是萨满或神衣自己承认的"生命"。直到一百多年后在纽约，老人的后代与来自其他部落的萨满发出警告，我们才知道，萨满的神力与陪同他一起静默的神灵，一直隐藏在人类学家"预言"的背后，在博物馆展柜的阴影中冷冷地注视着我们的一举一动。

虽然我在不停地使用"人类学家"这个词来指代博厄斯和他远征的同事，但"人类学家"就像"原住民"一样，好像告诉了你一些什么，却又好像过于笼统，难以捕捉其中的复杂含义。比如，"原住民"可以让你联想到狩猎、捕捞或游牧的生活方式，但这个词不能告诉你夸扣特尔人和楚克奇人的具体区别，就像"人类学家"不能告诉你博厄斯和博戈拉兹之间的本质差异。

在1904年到1910年间，博戈拉兹一共出版了4本有关楚克奇物质文化、宗教、社会结构和神话传说的专著。[75] 但博戈拉兹处理民族志材料的风格与博厄斯十分不同。博厄斯一向重视"量"，在他眼里，博戈拉兹和索菲亚的成就是以一连串数字定义的——他们带回来将近5000件来自楚克奇、科里亚克、尤皮克（Yupik，旧称 Eskimo）等原住民部落的器物、150 份以原住民语言撰写的文本、超过 80 份蜡筒录音、860 位原住民的人体测量学数据，最后出版了 4 本总共 900 多页的民族志。但博戈拉兹没有像博厄斯一样"量化"或"物化"他的研究对象。如果说博厄斯的作品中总是充满了"我，博厄斯先生，在跟你们说话"的语气，那么博戈拉兹在民族志中很注意保留原住民自己的声音。比如，在讨论俄国、美国与原住民之间的关系时，博戈拉兹没有着急给出自己的结论，而是引用了一位居住在西伯利亚最东端（Indian Point）的尤皮克人的话：

> "神灵似乎很小心，不想让这片土地上的人太多。在过去，战争会限制人口增加。此后，即便我们的猎物充足，饥荒也还是会发生，把盈余都消耗掉。现在，哪怕我们有大量来自美国的食物，疾病还是会像以前一样把多余的人带走。"[76]

这样的对话，大概是所有在田野中的人类学家所珍视的"灵光一现"的时刻。因为仅仅记录下一个部落的语言、习俗或社会结构，很难捕捉到处于一个剧变时代的个体会如何处理自己的传说、信仰或亲属关系。博戈拉兹的作品读起来更接近于现在的民族志，与之相比，博厄斯的作品则很少会出现这一层敏感性。无论是博戈拉兹还是博厄斯，可能对自己书写民族志的风格都没有自觉，早期人类学也很少关注"人类学家"这只酒桶是如何把干涩的田野经验发酵成醇熟的民族志作品。[77] 就像之前所说，博戈拉兹跟博厄斯最大的区别在于博戈拉兹（以及约赫森）在成为人类学家之前就已经生活在西伯利亚的荒原上了。流亡的革命家，原住民的白人丈夫和混血后代，还有女性，这些社会的"边缘人"成为人类学家，是巧合，还是必然？

可以肯定的是，这些因为各种机缘巧合成为人类学家的"边

迪娜·约赫森-布罗德斯卡亚（左）和弗拉基米尔·约赫森在营地，桌上摆着拍照用的玻璃底片（1900）| 美国自然历史博物馆图书馆藏 #2A13549

缘人"和博厄斯或劳弗这样科班出身的学者十分不同。博戈拉兹和约赫森被流放到西伯利亚正是因为他们一直信奉平民主义，反对贵族和特权阶级，关注普通人的困境与诉求。和原住民生活在一起的日子里，博戈拉兹和约赫森加深了这种"共情"，这也许是他们民族志作品中敏感性的主要来源。对于他们来说，民族学研究——记录原住民语言、习俗和萨满信仰——是实践他们政治理想的一部分。尽管博厄斯从到巴芬岛起，就一直在用原住民这面"镜子"反观自己，但博厄斯的领悟和反思都是以"科学"为目的。他的夸富宴更像是一种公关手段，而非承认自己有义务或责任为某一特定族群谋求福祉。虽然博厄斯后期的研究生涯一直在与种族偏见作激烈的斗争，但在杰瑟普远征时，他的"敌人"或"战友"都不是某个特殊的社会阶层。

所以，当政治运动耽误了博厄斯的科学研究，他变得异常焦虑。从西伯利亚归来，博戈拉兹在纽约短暂停留了一段时间，1904年秋天回到圣彼得堡。正当他准备埋头写考察报告时，一系列反对尼古拉二世统治的罢工、农民起义和暴动在俄国爆发。博戈拉兹和约赫森显然很兴奋，认为自己期待已久的社会革新即将到来。博厄斯则忧心忡忡，几次去信给博戈拉兹和约赫森督促他们要专心学术，这时候应该赶快撰写考察论文。1905年，博戈拉兹给博厄斯回信说，虽然自己对耽误科学研究感到内疚，但像这样的社会变革"几个世纪才会发生一次"，自己有义务参与其中。[78]博厄斯立刻激动地回信反驳道："这样的革命也许一个世纪才会发生一次，但博戈拉兹先生的楚克奇考察空前绝后，你欠科学一个研究成果。"[79]

　　放下博厄斯的信，博戈拉兹还是义无反顾地投身了社会运动，半年多杳无音信。直到当年 11 月，博厄斯收到博戈拉兹的电报，知道他在莫斯科被捕入狱。博厄斯暂时忘记了他的科学，想尽办法把这位同事、也是好友从监狱里保释出来，之后又和约赫森一起帮助博戈拉兹逃往芬兰。[80]

　　十月革命后，博戈拉兹将注意力从社会运动重新转回了学术研究。他在圣彼得堡大学教授民族学，并成立了北方族群研究所（Institute of the Peoples of the North），一直关注西伯利亚原住民的教育和发展问题。[81] 约赫森继杰瑟普远征后，又参与了俄罗斯地理学会的一次远征（1909—1911），并在俄国科学学会的民族学博物馆担任策展人。约赫森于 1922 年搬到美国，在美国自然历史博物馆和华盛顿卡耐基研究所继续西伯利亚的民族学和考古学研究，直到去世。[82]

时 间 的 巫 术

　　尤卡吉尔萨满的神力并不是隐藏在自然历史博物馆里唯一的"影子"。杰瑟普远征的团队还带回来了其他的"影子"——3000 多张在北太平洋两岸原住民部落拍摄的黑白照片。

　　苏珊·桑塔格在《论摄影》的开篇就指出，"人类无可救药地留在柏拉图的洞穴里"——我们习惯将真实投射在洞壁中的影子当作真实本身，陶醉于被火光放大的幻象，并拒绝摘下为我们带来安全感的镣铐。然而和绘画不同，摄影术的出现，或按桑塔格的话，"摄影之眼的贪婪"，改变了禁锢我们的洞穴。尽管每一张照片的边缘都粗暴地切割掉一个更广泛的真实，但自1839年以来我们所拥有的摄影图像的数量，丰富的题材，以及一些摄影师离经叛道的视角，或许为我们离开柏拉图的洞穴另辟蹊径。"照片是一种观看的语法，更重要的，是一种观看的伦理。"桑塔格说。[83]

对于博厄斯那个时代的人类学家来说，摄影术不仅仅是另一种观看的方式，它更是将"远方"带回城市的重要媒介。除了像泰特、史密斯和迪娜这些本身就擅长摄影的考察者，博厄斯还聘来专业摄影师跟着考察的队伍。他们扛着沉重的摄影器材，小心翼翼地搬运一箱又一箱作为底片的玻璃板，在特定的场合支起三脚架并将头埋入遮光布进行拍摄。由于技术的限制（比如，相机体积庞大、快门速度慢），那时拍摄很难抓住田野里的动态。尽管博戈拉兹曾坐在狗拉雪橇上试图拍摄雪橇行进的样子，但这些照片极易失焦；同理，在夸富宴上突然移动的舞者也会在照片上变成白色的一团。

不过博厄斯并不是很在意摄影师能否在考察时捕捉到精彩的田野瞬间。他指导自己的团队拍摄的大部分照片都是静态的人物肖像——正面、侧面和侧身45度角的半身像。博厄斯将原住民的肖像照作为记录一个族群生理特征的基本资料，和身高、头围这些"科学指标"一起保存到博物馆的数据库中。除此以外，博厄斯他们还会摆拍某个特定场景——比如，正在占卜的萨满，处理鹿皮的女人，冬季狩猎归来的科里亚克人。这些照片不仅为博物馆日后制作微缩模型或壁画提供了蓝本，还"妥善"保存下已经消逝或正在消逝的传统生活方式——这也是博厄斯"抢救人类学"的一项重要任务。

当尤卡吉尔的牧民第一次看到照相机时，他们管它叫"能把人影画在石头上的三条腿的机器"。这也启发了自然历史博物馆策展人芭芭拉·马瑟（Barbara Mathé）和托马斯·米勒（Thomas Miller）在一个世纪后，将北太平洋远征摄影图片展命名为"石上画影"（Drawing Shadows to Stone, 1997）。在马瑟和米勒看来，这些照片保留的并非"记忆"，而更像是"梦境"。[84] 因为记忆是有语境、有次序的，不同的事件依循一个可探的逻辑逐步发展。而北太平洋远征的这些照片，是一个个凌乱的片段。自发的，人为的，自然的，刻意的，全部混杂在一起，被时间的巫术发酵成难以破译的梦境。[85] 虽然在摄影术刚刚发明的时候，人们普遍认为相机拥有"让时间停止"的魔力，但我们现在更清楚，这不过是在真正了解观看的"语法"和"伦理"以前，人们自欺欺人的想象。

摄影本身也是一种暴力——在取景框中瞄准拍摄对象并在"决定性瞬间"[86] 按下快门，这个动作本身就和枪击有着极其相似的特质——一种征服的快感。[87] 当相机快门咔嚓闭合的一刻，镜头对面的图像被凝固在底片上，图像中的人物或某个祭祀之舞从此被抽离出他所存在的历史，由摄影师、人类学家、策展人或出版社赋予另一个被阐释的生命。哪怕是为了科学研究而拍摄的"客观"的肖像照，也是人类学家、摄影师，甚至还包括原住民自己"共谋"出的选择性的真实。拍摄者脑中通常已经有一个"理想标本"的形象——楚克奇人、吉利亚克人、夸扣特尔人、努哈克人等等，所以远征途中拍下的许多照片，以及此后以影像为蓝本制作的模型或展览，都有可能是对那个形象的确认与再现。现在看来，这些肖像照并没有博厄斯所估量的科学研究价值。肖像中的人物听由摄影师摆布，定格在一些极不自然的瞬间。他们的眼神带着迷惑和犹豫，目光尽量避开摄影师咄咄逼人的凝视。难怪肯德尔教授把这些半身像称作"一个年轻学科的傲慢遗留下来的令人不安的物件"。[88]

　　然而，摄影术就像萨满神衣尚未褪去的法力，哪怕是经过精心设计"摆拍"出来的照片，也还是有事实的"幽灵"躲在历史的角落，等待后人发掘。读过米兰·昆德拉《笑忘录》的人，一定对一顶皮帽印象深刻。当哥特瓦尔德光秃着脑袋、顶着大雪在露天阳台上向民众发表演说时，站在他身边的克莱门蒂斯脱下自己的皮帽，关怀备至地戴在领导人头上。哥特瓦尔德和同志们站在一起发表演说的照片，后来被宣传部门作为里程碑事件四处传印，妇孺皆知。几年后，克莱门蒂斯因叛国罪被绞死，宣传部门又忙不迭地让他从这张演说的照片中"消失"。现在，被处理过的照片只剩哥特瓦尔德一个人。但照片中，哥特瓦尔德仍戴着克莱门蒂斯的皮帽——这个"幽灵"之物，带着一段不可言说的历史，始终留存在光辉记忆的头顶之上。[89]

北太平洋远征的摄影所幸没有流入古董交易商或旧照片藏家之手，要知道，远征或探险的图片在当时可是炙手可热的明信片或装饰画题材。今天博物馆的工作人员得以仔细审视这些影像，如同一场视觉考古——一百年前的人类学家或摄影师对于图像的想象、操控、暴力或妥协，都在这些粗糙的相纸或玻璃板上留下了不置可否的痕迹。与可怜的克莱门蒂斯一样，在一张拍摄于海达（Haida）原住民部落的照片里，一位戴着披肩的海达女性坐在水边，侧脸对着镜头，而一个站在远处、身穿西式服装的男性却被摄影师（或图片编辑）拙劣而粗暴地抹去。[90] 尽管博厄斯和他的同事们在拍摄时想尽办法避开穿西装的人、教堂、印有美国国旗的罐头，他们还是没法摆脱工厂批量生产的毯子——夸扣特尔人已经习惯在夸富宴上分发由哈德逊湾公司制造的织毯，因为它们既廉价又实用，请客送礼特别受欢迎。[91] 在西伯利亚，博戈拉兹和约赫森同样无法重现白人到来之前的"原始社会"。他们干脆老老实实地把原住民的屋棚和旁边的教堂一起拍下来——因为无论在多么偏远的地区，人类学家都能找到吃苦耐劳的传教士和他们竖起的十字架。[92]

当然，博厄斯也不是专营沙龙摄影的照相馆经理。有时，他会幽默地把三脚架故意往后挪一些，在镜头面前暴露自己"弄虚作假"。为了挡住勤勉的加拿大人修筑的无处不在的白色栅栏，博厄斯和亨特举起一块巨大的黑色幕布当背景，垂在一位正在演示用雪松树皮纺织的夸扣特尔妇女身后。拍摄完理想的"布景"之后，博厄斯把相机往后挪了挪，并和亨特一起从幕布后面探出头，又拍了一张照片，留下造假的"证据"。[93] 在北太平洋远征之前，博厄斯拍摄过一张戴着雪松颈环的夸扣特尔男子的照片。[94] 在西北海岸，雪松颈环（cedar bark neck ring）通常象征着佩戴者的社会地位和他所属的特殊社会团体。北太平洋远征时，考察队员在海尔楚克拍摄了另一张照片：照片中的男子穿着西式格纹衬衫，脖子上围着一块方巾。虽然方巾是市场上买来的，但男子为方巾打了一个特殊的结，并把它放到胸前，和佩戴雪松颈环的方式一模一样。[95]

当然，原住民不只会乖乖回答人类学家的问题，按照摄影师的要求摆姿势，或把自己的器物拱手相让，图片的流动和对于影像的操纵都是双向的。博厄斯的团队在出发前，从纽约带了一些印有美国自然历史博物馆建筑的照片或明信片。考察没过多久，史密斯便写信给博物馆的财务经理，要他寄更多的博物馆图片过去。史密斯发现美国自然历史博物馆的图片是公关的"神器"——原住民看到博物馆的照片后，更容易想象博物馆的规模与观众；如果收藏他们器物的博物馆符合他们的"口味"，原住民通常会更愿意配合人类学家的田野工作。另外，"摆拍"也不是人类学家的专利。博戈拉兹和约赫森在西伯利亚碰到的楚克奇、科里亚克和尤皮克人，喜欢穿上祖传的盔甲，举起弓箭，在人类学家的镜头前重演200多年前自己的祖先英勇击退俄国侵略者的光辉历史。[96] 他们在照片中嬉笑的表情，恰恰说明原住民和人类学家一样洞悉摄影术的欺骗性，但这并不妨碍他们利用时间的巫术，在一个动荡的时代留下自己想要讲述的故事。

穿戴盔甲、为博戈拉兹"摆拍"的科里亚克人（1901）| 美国自然历史博物馆图书馆藏#1559

看到这儿，读者可能会问，博厄斯他们在北太平洋两边忙活了六七年，究竟搞出了个什么惊天动地的发现？其实，当年杰瑟普也是这么质问博厄斯的。

远征进入尾声时，杰瑟普已经年逾七旬，他对博厄斯迟迟不肯撰写考察总结感到越来越不耐烦。没错，博厄斯他们从西北海岸和西伯利亚带回来几千件民族学器物，让美国自然历史博物馆成为北美拥有最丰富原住民收藏的机构。但杰瑟普很清楚，博物馆就这么大地方，再精彩的收藏，也只能选极小一部分摆出来给观众看。没错，博厄斯和远征的同事们撰写了宝贵的民族志，涵盖原住民语言、神话传说、物质文化、仪式信仰、社会结构等方方面面。但杰瑟普也很清楚，博物馆出版的论文集不仅烧钱，读者群体也相当有限，除了人类学和民族学方面的专家，大部分民众根本就不会去翻这些大部头专著。杰瑟普真正关心的，是当年启动远征时他向媒体夸下的海口——探究北美"印第安人"的起源，并了解"野蛮人"是如何一步步走向"现代"，成为像杰瑟普一样的铁路大亨或在曼哈顿经营一间博物馆的"文明人"。

就像之前所说，博厄斯并不热衷于北美原住民的起源问题，他更反感踩着社会进化论的节奏用远征收集的资料继续为"白人"唱赞歌。博厄斯不停地向杰瑟普解释，在下结论之前，他需要更多的时间，更多的数据，也许，更久的田野考察。杰瑟普认为博厄斯这是在找借口，一度威胁要停掉博厄斯出版民族志的经费。博厄斯其实并没有撒谎，他那时的确无法给出任何结论。一方面，这是博厄斯本身的研究风格使然。他撰写的夸扣特尔民族志虽然呈现了丰富的材料,[97] 但他对材料缺乏有效的组织和系统的分析,哪怕后来关注夸扣特尔文化的学者面对这犹如原始田野笔记一般的民族志作品也头疼万分。[98] 另一方面,博厄斯手中的资料和数据的确还不足以让他理清北美原住民各个部落之间迁移、融合、或分化的历史,更别提白令海峡两岸原住民部落之间复杂的"亲缘关系"——博厄斯在远征的收尾阶段恐怕都还没有开始考虑这个问题。

杰瑟普对此相当失望。博厄斯没能交出的"答卷",后来也成为他和杰瑟普关系恶化的导火索。1905 年,博厄斯从自然历史博物馆辞职,此后在哥伦比亚大学另立门户。1908 年,杰瑟普去世。哪怕在他生命的最后一刻,老馆长也没有等来他期待的远征完结篇。博厄斯离开博物馆后,继任的馆长亨利·奥斯本(Henry F. Osborn, 1857—1935)和时任人类学部策展人的克拉克·韦斯勒(Clark Wissler, 1870—1947)都写信催促过博厄斯,让他赶快撰写北太平洋远征的总结。[99] 博厄斯始终没有动笔。

这个故事有个戏剧性的结尾。杰瑟普远征的论文集,直到 1999 年才算真正完结。之前说过,劳弗撰写的吉利亚克民族志非常单薄,仅是一本关于他们艺术的论著。所以,博厄斯后来通过约赫森和博戈拉兹又找到一位和他们一样流亡在西伯利亚的革命家兼民族学家,列夫·史滕伯格(Lev Shternberg, 1861—1927),让他负责撰写一部有关吉利亚克社会组织的民族志。没想到,史滕伯格著作的命运更加多舛。他本来答应 1907 年完成的俄语文本,因为中途参加革命而不断被耽搁,直到他去世前才勉强完成。

此后，由博物馆负责的翻译工作，被 30 年代的经济危机、博厄斯的去世（1942）和美苏之间爆发的冷战一再打断。经历了将近一个世纪，更换了 8 位编辑、11 位翻译之后，史滕伯格的英文版民族志终于在 20 世纪的末尾面世。

讽刺的是，史滕伯格是社会进化论学派的忠实信徒，所以他民族志的理论支柱完全和博厄斯背道而驰。[100] 如果博厄斯看得到史滕伯格的英文版民族志正式出版，他是否愿意承认这本书就是北太平洋远征的结尾呢？他是否会后悔自己没有写出完结篇，以至于这场传奇的人类学远征就这样不了了之？或许——如果我们能解读命运的诗意——就像那位卖掉神衣的尤卡吉尔萨满，博厄斯是否在期待，或者说，是否隐约预见这场远征的另一个"生命"？一个无论是杰瑟普，还是博厄斯自己，都无法完全驾驭的生命？可以肯定的是，博厄斯拒绝为这场远征画上句号，因为那时年轻的人类学需要更多的时间，更多的数据，更久的田野考察。

"人们从何时开始用失去的时间来定义自己？"肯德尔教授在为杰瑟普远征百周年纪念而出版的摄影集中这样问道。[101] 是在夸富宴被禁止的时候，还是冰原上立起十字架的时候？是萨满交出神衣的时候，还是人类学家用蜡桶留声机录下祭祀吟咏的时候？是原住民艺人从博物馆的收藏中破译古老编织术的时候，还是当英文民族志被翻译回原住民语言的时候？[102] 或许，伤感的人永远在逝去的时间中寻找自己，而无知的人永远不在乎自己失去了什么。一百年前，人类学的伤感与懵懂将这些器物和照片带入博物馆"封存"。但我们现在更清楚，博物馆不是这些器物的墓园，人类学的展厅或收藏的库房，或许也不是萨满神衣生命的终点。

时间以它卓越的巫术等待理智的觉醒。有时，它只需几十分之一秒，如同相机快门眨眼的瞬间。有时，它需要一个世纪的沉淀，才能显影被误解、被忽略或被篡改的真实。博厄斯曾经举起因纽特人这面"镜子"审视西方文明，书写这一章的故事，则是将博厄斯或远征当作"镜子"来回望人类学年轻时走过的泥泞路径，发掘那些没有被远行"征服"的生命，以及远征本身未曾完结的生命。往往，能将我们从柏拉图的洞穴中解救出来的，不是哥特瓦尔德的演讲，而是克莱门蒂斯皮帽的秘密。博物馆里沉默的神衣一直都知道。

第二章

无字真经

True Scriptures
without Words

"却说他师徒四众，了悟真如，顿开尘锁，自跳出性海流沙，浑无挂碍，径投大路西来。历遍了青山绿水，看不尽野草闲花。"

这是《西游记》第二十三回的开篇，唐僧收了沙悟净，稳渡流沙河后，师徒四人向西而行。这大概也是取经数万里路途中，最为平凡的时刻。这样的一幕，定格在了博物馆二楼亚洲民族学馆（Hall of Asian Peoples）的中国展柜里。在"中国戏剧"的标题下面，有一只画框撑起的幕布，后面放了数只皮影，由灯光从幕后映射出轮廓：孙悟空从林中腾空而起，跃到最前面开路，唐僧牵着白马，猪八戒和沙悟净紧随其后。

1902 年，伯特霍尔德·劳弗把他从北京收来的皮影托助手寄往纽约，收件人是此次中国远征的策划人，也是劳弗敬若兄长的人类学家弗朗茨·博厄斯。现在美国自然历史博物馆展厅里的这几只皮影，便是劳弗当年的收藏。

"（皮影戏）在中国北方将很快成为历史，我想我在最后一刻抢救了它们"，劳弗在给博厄斯的信中这样写道。[01]

启程之前

1898 年 12 月 10 日，西班牙签署了《巴黎条约》，把菲律宾群岛让给了美国。这让美国对亚洲，尤其是东亚的兴趣大大增加。此前，纽约就已经有不少商人在东亚进行投资开发和频繁的贸易活动。随着美国势力的蔓延，更多的资本家、传教士、藏家和探险家对着东亚蠢蠢欲动。杰瑟普北太平洋远征（1897—1902）还在进行时，博厄斯就嗅到了时局的复杂气息。彼时，美国自然历史博物馆基本没有什么亚洲藏品。杰瑟普远征中，在西伯利亚一带考察的队伍带回来的也仅仅是北方原住民的收藏。因为博厄斯一直想要把东亚文化囊括进他的人类学研究框架，他把美国对亚洲的兴趣视为自己的一个契机。但同时，他也感受到时间的紧迫——在他眼中，东亚的"传统"文化正迅速被西方人带来的铁轨、工厂与教堂侵蚀。杰瑟普远征还未结束，博厄斯就开始四处为博物馆寻觅东亚收藏。

1899 年秋天，博厄斯在纽约的一个教会宣传展[02]上发现了自己要找的东西——传教士们从中国带回来的五花八门的物件儿。博厄斯立刻建议自然历史博物馆买下教会的这一整批收藏。因为用不着博物馆自己大动干戈去亚洲考察，馆长杰瑟普欣然出钱做成了这笔买卖。在教会的展览结束后，这批收藏于 1900 年春天被搬进了美国自然历史博物馆。

但就在博厄斯准备把这些藏品摆进自然历史博物馆的展柜时，他却头疼不已。首先，这批藏品是在中国传教的西方人随机收

美国自然历史博物馆亚洲民族学展厅中陈列的中国器物 | 作者摄（2023）

来的物件儿。传教士们虽然吃苦耐劳、跋山涉水，到过不少偏远农村或少数民族地区，但他们基本没什么系统收藏的目标，收来的物件也缺乏有效的民族学信息。摆在博厄斯面前的很多藏品，完全没有科学研究或教育意义。[03]

更让博厄斯头疼的是，他和教会的价值观南辕北辙。博厄斯认为每种文化都有其内在的逻辑和复杂性；而教会坚信西方文明高于一切、只有基督教才能拯救落后与蛮荒。当年教会在纽约组织中国收藏的展览，为的是宣传他们在中国传教的事迹，鼓励更多的善男信女加入传教士的行列，继续将基督教在中国发扬光大。所以当教会得知博厄斯给这批展品重写了标签，几乎完全抹去教会的痕迹时，自然相当不满。后来博厄斯为了请传教士继续替他在中国收集民族学材料，他耐住性子在标签上加注了藏品的来源，且同意教会随时将藏品借走，但教会的金主们愈发觉得自己在这桩买卖上吃了亏。很快，博厄斯和教会的合作就不了了之。[04]

这次受挫并没有打击博厄斯"收藏中国"的积极性。1900 年，他说动了博物馆馆长杰瑟普，一起筹建了一个东亚委员会（East Asiatic Committee）。他们请来了纽约的富商与文化教育界名流，由杰瑟普担任委员会主席，博厄斯做执行秘书，定期在自然历史博物馆会面。在博厄斯的人类学蓝图里，自然历史博物馆的收藏显然不能只停留于北美原住民部落。亚洲、南美洲和非洲都是博厄斯后续研究工作的关注点。世纪交替之际，博厄斯趁势推动东亚委员会的成立，为的是一个长远的亚洲研究和收藏计划——在杰瑟普远征途中，他就通过劳弗从日本收来阿伊努人和其他北海道原住民的材料；和中国远征同时进行的，还有为日本和韩国考察而做的铺垫工作；中国远征实现后，博厄斯计划的下一站是马来群岛。[05]

不同于当时猎奇或带着东方主义情结的收藏方式，"尊重"是博厄斯策划中国收藏的基调之一，这也是他人类学思想发展的必然。在给馆长杰瑟普的信中，博厄斯这样阐述他进行中国远征和收藏的意义："……为了展现中国文化的复杂性，中国人高度发达的技术，他们毕生对艺术的热爱，以及将人们联结在一起的强大的社会纽带……我们还希望让（西方）公众更加尊重中国文明的成就。"[06] 但博厄斯很清楚，仅凭自己的文化相对论绝对无法打动纽约富豪的钱包。博厄斯投其所好，十分圆滑地向东亚委员会指出，随着越来越多的商人到中国进行贸易开发活动，深入了解中国文化符合美国在亚洲的商业和外交利益，而由他策划的中国远征恰恰能够填补纽约资本家知识储备的空白。博厄斯还不失时机地暗示，欧洲已经建立起了实力雄厚的亚洲研究传统，[07] 美国在这个时候应该迎头赶上；由他主导的亚洲研究，还能够让美国其他文化机构——比如，纽约的自然历史博物馆向来的"劲敌"芝加哥菲尔德博物馆——难以望其项背。

博厄斯这一招果然奏了效。1900 年 12 月，自然历史博物馆收到了 18 000 美元（相当于现在 60 多万美元）的捐款，用于支持博厄斯主持为期三年的中国远征。慷慨解囊的是当时纽约的犹太首富雅各布·希夫（Jacob H. Schiff, 1847—1920）。和博厄斯一样，希夫是德国出生的犹太人，后来移民到美国。除了相似的文化背景，希夫支持博厄斯的中国考察计划，很大程度上出于自身切实利益的考虑。早在1895年，也就是清政府和日本签署不平等的《马关条约》那一年，借着清政府对外商开的口子，希夫就和美国几个银行家一起成立了"美中开发公司"（American China Development Company），积极投资在中国的铁路与工业项目。博厄斯在东亚委员会上抛出的卖点，马上引起了希夫的共鸣。虽然东亚委员会里也有其他富商捐过钱，但都远远不及希夫豪迈，所以这次中国远征便让希夫"冠了名"（Jacob H. Schiff Chinese Expedition）。

然而，希夫的捐资却不无让人感到讽刺：他一面在中国大搞工业开发，赚得盆满钵满，一面投身慈善，积极收藏没有受到西方影响的"传统"中国文化。[08] 说到底，希夫和当年与博厄斯合作的教会没有本质区别，一个用铁轨，一个用十字架，企图改造和征服太平洋另一端的大陆。博厄斯以他一贯的实用主义，抱持着和这些金主并不一致的目的，开启了中国考察的篇章。这一矛盾，也为中国远征后来的命运埋下了伏笔。

博厄斯没费什么功夫，马上就确定了去中国的"取经人"。劳弗在杰瑟普远征时，便已显示出他坚韧的性格与出色的田野能力。如果说当年博厄斯以"劳弗通晓藏语"来证明他可以胜任阿穆尔河流域原住民的考察显得太过牵强，[09] 那么如今这趟中国远征则彻底对了劳弗的胃口。在柏林大学读本科时，劳弗就开始接触东方语言。23岁从莱比锡大学拿到博士学位时，劳弗已经学习了波斯语、梵语、巴利语、达罗毗荼语、马来语、汉语、日语、

劳弗肖像｜美国自然历史博物馆图书馆藏#125308

藏语、满语和蒙古语。虽然劳弗不是科班出身的人类学家，但他惊人的语言能力弥补了他民族志研究的不足。劳弗凭借其独到的眼光从西伯利亚为自然历史博物馆带回来的收藏，也让博厄斯颇为满意。劳弗本人一直向往中国，尤其是中国的古籍和书画。"收藏中国"在劳弗听起来，也许不像是一个任务，更像是在帮他圆梦。带着3000美金和博厄斯的嘱托，劳弗独自一人从纽约启程。

1901 年 8 月，劳弗坐船抵达上海。那一年，他 27 岁。

"收藏中国"

彼岸，也许和劳弗想象的不太一样。

就像纽约，彼时的上海是一座繁忙的城市，十里洋场，灯红酒绿。然而，上海的嘈杂给劳弗带来更复杂的情绪：刷着拉丁字母的国际邮轮从海上驶来等待入港；拖满沙子和石料的货船沿黄浦江向内陆驶去；行人踩着轮船的汽笛、卡车的喇叭、人力车的叮叮当当，从一栋栋西式洋楼门口匆匆而过；随处可见和劳弗长相、穿着相似的人，劳弗也一定看到了自己出生地的国旗在外滩飘摇；街上，吴侬软语、北方官话、粤语和日语、英语、法语、德语混在一起，那些劳弗自幼便熟悉的欧洲语言此刻像挥之不去的噪音挤进他耳朵里。"他们（在上海的外国人）都是从自己的厨子或者佣人那里了解中国的一星半点，他们对中国的认识带有你能想象的所有愚蠢偏见。"[10] 刚到上海不久，劳弗在给博厄斯的信中毫不掩饰自己对在上海的西方人的鄙夷。他尽可能远离外交官、传教士、外商和"汉学家"，将自己和他们区分开来："我深信我不需要任何人（的帮助），我能找到自己的路。"

和当时在西伯利亚一样，劳弗在中国又成为了孤单的远征者。他自己可能很享受这样的旅程，安静、孤独、专注——和流行读物中那些开着吉普车在大漠戈壁里寻找恐龙化石的探险家完全相反。[11] 刚到上海，劳弗便马上开始工作。从 1901 年 8 月 30 日劳弗写给博厄斯的信里（也是劳弗到上海后写的第一封信）就能看出，短短 10 天内，劳弗就已经收来了裁缝用的剪刀、绣娘的剪刀、割烟灯灯芯儿的剪刀、修脚刀、订书锥子等等其他洋人一般不会问津的东西，更不用说他对着各种纺织品、成衣与手工艺品简直挑花了眼。劳弗虽然可以阅读中文古籍，但他知道自己还奈何不了方言。于是他马上在上海找到一位年轻的中国人，一边帮他翻译，一边教他方言。

尽管在中国单独行动有种种不便，但劳弗也获得了相当的自由。1901 年 10 月，劳弗去苏州拜访了一间园林，并发现了一对青铜大鼓。劳弗顿时生了兴趣，花了些功夫找到了大鼓的主人"寇先生"。[12] 这位寇姓先生告诉劳弗，铜鼓是他收来的汉朝的老物件。劳弗再次造访的时候，寇先生将劳弗带到他的内堂，给他看劳弗走后自己又收来的另一对铜鼓。劳弗在激动之余也不免警惕起来，生怕寇先生拿赝品来唬人。在中国，劳弗身体力行着博厄斯完全陌生的知识——中国发达的古玩市场及其衍生出的同样发达的赝品制造、甄别鉴定、黑市交易等等，更别提通商口岸打开后专门针对西方藏家或旅客生出的市场。在给博厄斯的信里，劳弗详述了他如何像侦探一样剖析寇先生的动机，如何在日光下反复检查铜鼓的擦痕，并仔细对比四只铜鼓的构造以确定后两只鼓不是专门复制出来讹诈他的假货。经过犹豫和几番试探——包括有一回不打招呼就突然出现在寇先生家里，劳弗终于下定决心。他借了350块墨西哥银圆，[13] 心满意足地买下了这四只铜鼓，然后把它们寄回了纽约。[14] 在江苏和浙江一带考察的两个月，劳弗收来了精美的苏绣、宁波的木刻，和文人雅士一起赏析字画，穿行于当铺和古玩店跟行家学鉴定题跋与署款，到普陀山跟着僧人念经吃斋、寻找他在德国读书时曾听说的藏文经碑。

1901年12月，劳弗北上抵京，在北京待了近一年，逛庙会、访寺院、探官窑、拿蜡桶留声机（wax cylinder）给戏班子录音，其间他还去了趟承德。1902年底，他再回到上海，短暂停留后去了南京。1903年春天，他沿长江而上，初夏时抵达汉口。7月，他辗转到西安，在那儿探访了一个考古发掘现场和古玩市场，兴奋地盘回来一堆青铜器和汉砖汉瓦。拖着几箱"易碎品"，劳弗坐了2000多公里的牛车，花了一个月从西安到天津。劳弗在天津寄出一批收藏后，他去京郊的农村跟着农民打农具、学种地。1903年底，劳弗前往山东进行收藏，尤其记录了不少瓷器和玻璃制造的工艺。1904年2月，他从青岛坐船回上海，为考察工作收尾。

尽管劳弗和许多初到异国他乡的年轻旅行者一样，充满热情与好奇，但他这三年如此高强度的考察与收藏工作，绝非仅靠燃烧热情就能完成。劳弗本就坚毅的个性，加上他在阿穆尔河流域考察的经历，让他在中国远征里展现出魔鬼般敬业的精神。在杭州，劳弗吃坏了肚子，突发肠胃病。他没有耽误自己的旅行计划——他一边翻江倒海地拉肚子，一边忍痛在马背上颠簸了十几个小时，遍访杭州的名胜，给寺院的石碑做拓片，听僧人讲历史传说。在内陆找不到合适的交通工具，劳弗就扛着行李去搭牛车、驴车、手推车，或干脆步行。和其他远征者不同，[15]劳弗没有写日记的习惯。但他对每一件收来的物件都有详细的记录——现在自然历史博物馆的档案里，还保留着他手写的田野笔记，[16]里面每一个条目都配有汉字、英文、德文、藏文或满文等文字的标注。劳弗在中国的大部分思想和经历，哪怕是很个人的感受，都忠实地保留在他和博厄斯的通信中。这些通信不是日志，一般随着邮寄的物件一起不定期寄回美国。在杰瑟普远征时，劳弗和博厄斯主要用德文交流；待到中国远征，他们都改用英文写信。劳弗似乎已经默认，这些通信会和他的田野笔记一起，成为他收藏物件"生命"的一部分，是博物馆研究重要的档案。"托钵僧"，是人类学部亚洲民族学策展人肯德尔教授对劳弗的美誉。

然而彼时的中国，绝非托钵僧向往的"极乐世界"。远征尚未开始，博厄斯和劳弗就已经意识到，中国进入了一个十分动荡的时代。劳弗启程前一年，义和团进入北京，四处焚烧教堂、洋房和商铺。1900 年 6 月，慈禧借着民怨笼络义和团向洋人宣战，迎来的是八国联军更为嚣张的侵略。不到两个月，八国联军就攻陷了北京。慈禧扔下紫禁城，逃往西安，直到《辛丑条约》签订

Peking, March 1, 1902

My dear Prof. Boas,

This week I was engaged in a study of the Ombres chinoises (I do not think that there is an English term for "Schattenspiel"; for brevity's sake I shall use the Chinese expression ying-hi), and yesterday I have succeeded in buying up the complete original theatre with all the figures, more than five-hundred, all the musical instruments which the players used, all other requisites and the written text-books of the plays. I am delighted at this acquisition and congratulate myself on the bargain, as I believe that a close inquiry into this interesting subject will lead to very important results from a point of view of general cultural history. I am the gladder that we have now secured this unique collection, as Dr. F. W. K. Müller had pressed hard upon the same people, but failed in his attempt to purchase their stuff. This company was the only one in Peking to have the ying-hi, and there is only one living man who is able to make the figures. These are cut out of donkey-skin, and the coloring and varnishing process is a long and wearisome job. I had a long talk to that man, as I first wished to order the whole material to be made new. The workman counted that it would take him at least a year and a half to accomplish the whole set, and the expenses would have amounted to more than $1000 (Mex.). As he is one-eyed and very old, he did not feel inclined either to undertake the task. Now it was a great surprise to me that the manager of the ying-hi company came

1902 年 3 月 1 日，劳弗从北京给博厄斯的去信｜美国自然历史博物馆人类学部档案（1902-4）

后，才动身回京。1901 年 12 月中旬，劳弗抵达北京时，看到的京城仍带着战争留下的凌乱与萧索。虽然那时慈禧大张旗鼓地搞"回銮"——劳弗第二年也从别人那里收来一张慈禧重返紫禁城的照片[17]——但在劳弗看来，清王朝已经不可能回归他学生时代在书中读过的盛世繁华。北京沦陷后，八国联军允诺清政府不会占领皇城。但 1900 年 8 月 28 日，联军曾浩浩荡荡地行军穿越紫禁城，象征性地向清政府示威。京城的躯体从正中间被剖开，一年多过去，说不尽的屈辱与衰落仍然凝固在京城严冬的空气里。

劳弗尝到了时局复杂的意味。在 1902 年初给博厄斯的信里，劳弗说他在北京仍能够感受到中国人对西方人的仇恨与敌意。[18]博厄斯不仅一再写信叮嘱劳弗要保证自己的安全，还反复强调自己对中国"一无所知"，劳弗从中国收来的所有藏品必须等他本人安全回到博物馆才有价值。[19]另一方面，与早期远征者和探险家一样，目睹过原住民文化正在被西方文明迅速吞噬的劳弗，在杰瑟普远征时就接受了"抢救人类学"的逻辑——他所做的收藏和记录，都是在某一种文化消逝前为其留下的最后痕迹。这种心理在劳弗进行中国远征时，变得更加根深蒂固。尤其是当劳弗亲身站在紫禁城外、面对一个看似触手可及的清王朝，[20]却又不得不承认其日渐衰落，甚至走向覆灭的事实，劳弗感到自己的工作刻不容缓。

在中国时间越长，劳弗越少了"跟寇先生一起把玩铜鼓"的那份闲适。劳弗在北京留下的信件和笔记，那口吻好似修筑方舟的诺亚。他频繁地写着"最后一个"——最后一个会制兵器的人、[21]

最后一个会做羊皮皮影的人、[22] 最后一个会给皮子雕花和上漆的人。[23] "抢救"的紧迫感，让劳弗费了一番周折找到"北京最后一个"会给"喇嘛"做宗教仪式面具的人，劳弗毫不犹豫地从他那儿订了全套的面具。[24] 有时，那种惧怕消逝的情绪过于强烈，劳弗也会做些出格的事。他在北京西山一个宦官的墓地发现了一些精美石刻，他用现金贿赂了吸食鸦片成瘾的守墓和尚，夜深人静的时候拿 3 匹骆驼运走了 10 块石刻[25] ——他也许没意识到，这和他原来嗤之以鼻的盗墓者或无良古董商没什么本质区别。劳弗在北京的另一个得意收藏，是 1902 年收的一整个皮影剧团，包括乐器、戏折子、剧本，以及 500 多件驴皮制的皮影。除此以外，劳弗晚上还请来戏班子演出，拿了两只蜡桶留声机，分别地把演奏和唱腔都忠实地收录下来。可惜的是，这批收藏最后没能完整地到达纽约。这次劳弗自己尝到了"偷盗"的苦果——当他正忙着做文本研究、把编目皮影和邮寄的工作交给他的中国助手后，这个助手半途顺走了不少皮影。直到 1903 年博厄斯来信提及此事，劳弗才发现自己"最后一刻抢救"的历史，已是遗篇断简。

但博厄斯似乎对丢失的皮影并不那么在意，他更在乎的是另一件事。在劳弗出发前，博厄斯认为自己和劳弗已达成共识，此次中国之行的目的——和他们进行杰瑟普北太平洋考察时一样——是对文化做"全面的收藏"。正如博厄斯当时向杰瑟普阐述的那样，他希望劳弗带回来的收藏能够从方方面面反映中国高度发达的文字文明，精湛的技术和多样的文化艺术。作为自然历史博物馆（而非艺术博物馆）的策展人，博厄斯认为收藏中国手工业技术、工具的制造和使用尤为重要。一种文化中技术的发展，是博厄斯人类学里重要的数据，他在考察北美原住民时就一直很重视对技术的收藏。

所以，当博厄斯收到劳弗寄回来一箱又一箱的书画、碑拓和石雕的时候，他按捺不住自己的不满："……请你别忘了收藏制造这些物件的工具；比如，用来做你寄回来的那条毯子的所有工具、绣框和绣花针、木雕用的刻刀……你要像重视艺术、社会和宗教一样重视技术"；[26] "你在亚洲工作的进展需要严格地遵守（东亚委员会）的要求。……我们需要看到各种农具。你必须收藏跟丝绸行业相关的所有东西，从如何养蚕到怎么纺丝线。……你目前所做的（收藏）都太过偏颇或琐碎。"[27]

许多熟悉博厄斯和劳弗的学者，容易把他们之间的矛盾简单归结为劳弗对中国文学、艺术和宗教的热爱，而博厄斯对手工业和技术更为重视。[28] 但这种看法可能忽略了中国远征背后更重要的矛盾。博厄斯向劳弗坦白他"完全不了解中国"时，是绝对诚实的。博厄斯眼中的中国是帝王统治下高度统一、文明高度发达的社会。这种看法可以让博厄斯和博物馆的其他研究人员将"中国"方便地置于一个展柜或一个展厅中。远征筹划阶段，博厄斯向东亚委员会解释道："鉴于中国文化总体上是统一的，……（中国的）收藏不需要再进行细分。"[29] 人类学部策展人肯德尔比喻，博厄斯这是在用研究夸扣特尔人（Kwakiutl，现称 Kwakwa̲ka'wakw）或科里亚克人（Koryak）的尺度去衡量中国。[30] 作为博厄斯在中国的"步兵"，劳弗对中国社会的复杂性和多元性有更多了解，显

劳弗收藏的一张慈禧回銮的照片 | 美国自然历史博物馆图书馆藏 #ppc-l381-025

然能体会这种视角的谬误。

劳弗跟博厄斯说："请别以为在这个国家进行收藏仅仅等于购物。……你得神经紧绷，拿出神一般的自制力及天使一般的耐心。"[31] 早在传教士和人类学家踏足之前，中国的手工业、制造业、商贸、宗教和娱乐文化就已经相当发达。生产、流通和使用在很多情况下涉及完全不同的人群，而物质文化又和庞杂的社会结构环环相扣。劳弗试图说服博厄斯，这儿没有一个东西叫"中国灯笼"——灯罩的材料、灯笼的样式、手绘的图案、悬挂的位置等等，都和特定场合或人物身份息息相关。劳弗在北京过年时，是不是也目睹了老舍小时候最喜欢的元宵灯会？老舍曾写道："有名的老铺都要挂出几百盏灯来……晚间灯中都点上烛，观者就更多。这广告可不庸俗。干果店在灯节还要做一批杂拌儿生意，所以每每独出心裁的，制成各样冰灯，或用麦苗做成一两条碧绿的长龙，把顾客招来。"[32] 如果博厄斯见了它们，会叫它们"中国灯"，还是"中国龙"呢？

往往，劳弗在街上或铺子里发现了有趣的物件，却要费很大劲才能找到手艺人；等他软磨硬泡跟手艺人要来他们的材料和工具看，却发现做工具的木匠在一处，铁匠在另一处，运来原材料的铺子上面还有运原材料的铺子。劳弗反驳博厄斯："就拿丝绸来说，我至少要在丝绸的原产地待一年以上，才能观察桑树怎么种的、蚕怎么养的。而（考察）丝绸制品的生产，可能还得到另外一个地方。这种收藏，恐怕只有丝绸专家才能做得了。"[33] 除此以外，博厄斯的人类学兴趣，落地到中国，基本可以被翻译成"打探行业机密"。劳弗自己也察觉到，他四处打听官窑的消息时，可能早就被别人当成了西方派来的"技术间谍"。所以在北京砖窑和瓷器厂吃了闭门羹之后，劳弗都懒得去景德镇，知道哪怕去了也一定会被撵走或惹麻烦。博厄斯希望劳弗独自一人在三年内"收藏中国"，显然是一个荒谬的要求。

但劳弗可能没有意识到，当他在中国四处奔波时，博厄斯在美国的工作和生活都经历着极大的变数。年逾七旬的老馆长杰瑟普精力日渐衰退，对博厄斯开销昂贵的各种远征计划不再那么热情。尤其是北太平洋远征归来后，博厄斯负责的 12 卷考察报告和论文集进度非常缓慢，这让杰瑟普相当不悦。博物馆发生的人事变动意味着博厄斯一直信赖的人类学部主任普特南将会被人取代，人类学部的工作一度缺乏组织，而博厄斯向来看不惯的博物馆经理赫蒙·邦普斯（Hermon C. Bumpus）对人类学收藏和策展愈发喜欢指手画脚。1902 年夏天，博厄斯从一场不欢而散的学术会议回到纽约后突发阑尾炎。虽然手术顺利，但博厄斯元气大伤。他取消了当年冬季的田野计划，直到 1903 年夏天才打起精神和杰瑟普远征的同事们一起赶写考察报告。博厄斯亚洲研究的这盘棋下得尤其不顺。1903 年底，他只为菲律宾的考察筹来 8000 美金——按照他的预算，菲律宾的项目至少还需要 7000 美金才能启动。支持中国远征的"金主"希夫大部分时间都不在纽约，而东亚委员会其他成员态度看上去很暧昧——包括杰瑟普在内，他们对劳弗从中国寄回来的东西颇有微词，杰瑟普一度威胁要停掉劳弗的经费。[34]

劳弗收藏的一张北京钟楼的照片 | 美国自然历史博物馆图书馆藏#338385

　　当劳弗的考察进入最后一年，博厄斯来信的口吻越来越严厉，对收藏"手工业和技术"的要求也越来越急迫。虽然劳弗此前没有收来足够的技术方面的藏品，比如博厄斯想要的"织机上织了一半的布匹""养蚕的工具""全套的农具"等等，但劳弗带着对中国文本的极大兴趣，从一开始就很注意收藏各式图书。这些书籍不仅包括大量的书画与文学典籍，也有像《御制耕织图》《蚕桑萃编》和《天工开物》这样专门记录农耕及手工业技术的文本，还有坊间流通的做针线活儿的《花样本》、教小孩子玩翻绳的《北京小孩番股式图》以及戏班子留下来的剧本。在博厄斯的压力下，劳弗1903年秋天回到北京，先在北京东郊的一个农村住下来。他拿着《御制耕织图》跟村里人学种地的知识，依照图谱从农民和铁匠那儿订制了耕田的耙子、犁头、镰刀、谷筛、木桶和蓑衣等农具。回到京城后，他重新去考察了北京的砖窑、陶器及金属制造场所。之后在山东的6周里，劳弗的考察重点是瓷器和玻璃制造工艺。当然，劳弗还是那个劳弗。当他在途中遇见了汉代石刻或元代留下来"已失传的"的蒙文碑文，劳弗难掩兴奋，马上做了碑拓并在信中向博厄斯"自豪"地报告了自己的收获。

1904年4月，劳弗从上海登上了回程的航船。[35] 至此，他为自然历史博物馆收来了7500多个物件，近500卷书籍，以及500多只蜡桶录音（包括戏曲、皮影、民歌和小调）。[36] 就像劳弗说的，那时欧洲或北美其他博物馆的中国收藏，都是"从这里或那里随机收来的古玩"。[37] 在劳弗之前，欧美还没有针对中国的真正民族学意义上的收藏。

在纽约，博厄斯期待着劳弗的归来。等待劳弗的还有一封聘书——1904年，劳弗被聘任为博物馆的民族学研究助理（Assistant of Ethnology），聘期一年，年薪1500美金。[38]

两个"中国馆"

远征虽然听起来壮丽辉煌，但在中国进行收藏只是劳弗工作的第一步。在自然历史博物馆里，有更多的工作等着劳弗——为他寄回来的所有藏品归类、登记；筛选部分收藏到博物馆公共展区开辟一个"中国馆"；发表他此次远征的研究成果；在哥伦比亚大学开设一门人类学田野方法的课程。其中最"吸睛"的，应该就是"中国馆"的展览，因为这正是博厄斯策划此次远征最重要的公共教育目的——"让（西方）公众更加尊重中国文明的成就"。

劳弗显然已经看够了欧洲博物馆里东方主义式的中国展览。在策展时，劳弗一再强调，"中国人的精神"不存在于那些精美奢华的瓷器或檀木屏风，而是在人们的日常生活中。[39] 所以劳弗在挑选展品时，特意避开西方人刻板印象中的绣花鞋、象牙或贵族用的茶具。劳弗希望纽约的观众来到自然历史博物馆，看到一个不一样的中国，一个聪慧、质朴、脚踏实地的中国。[40]

1904 年 12 月 3 日，位于自然历史博物馆三层的"中国馆"开幕。果然，绣花鞋不见了，观众看到的是种田人穿的草鞋；达官贵人用的器皿，被农民家里土陶制的瓶瓶罐罐或竹编的篮筐取代；剃头匠、磨刀工、卖小吃的，每种行当叫卖时用的响器在北面的展柜一字排开；街头巷尾常见的麻将、象棋、小孩子玩的七巧板、翻绳儿、布娃娃，成套成套地摆在西侧的展柜里；那里还摆着斗蛐蛐儿的罐子、鸽哨儿和鼻烟壶，旁边有戏班子演出的服装、乐器和皮影影人儿。这个"中国馆"里的手工业和技术展示自然也是相当丰富，而且很多展品都是"半成品"：从汉口收来的17种颜色的刺绣丝线、杭州产的13种不同颜色和质地的丝绸样品、山东博山各式上了色或没上色的玻璃制品、北京砖厂的窑炉和模具、留着一半未完成的掐丝珐琅发饰、玻璃罐子里装的中药标本、9种不同的针灸用针、修脚匠的全套刀具等等。当然，劳弗没有忘记中国的艺术和宗教。展厅南侧放置着他从苏州收来的两对铜鼓。展柜里虽然也有景泰蓝、漆器和牙雕，但劳弗选择的展品多带有特殊的纹饰或文字——在导览介绍上，劳弗仔细地追溯了这些图案或文字的历史与含义。书画、石雕与木刻的展品旁边，配合展出的是笔墨、纸张和刻刀。北京收来的藏戏面具，也工工整整地挂在了南侧的展厅里。

现在看起来，劳弗这个"中国馆"有点像后来兴起的"民俗博物馆"或"老物件儿"收藏展。现代观众通常会通过这些展览去了解已经消逝，或即将消逝的生活方式。少年时经历过这些生活的观众，还会在怀旧情结的催化下再消费一次自己的记忆。基于现代博物馆的策展理念和科技手段，"民俗博物馆"很善于营造沉浸式的观展体验，比如南京博物院打造的"民国馆"，通过建筑、灯光和音响等技术的运用，以及像戏园子、照相馆这样公众能参与的特色活动，很容易把观众带回20世纪30年代的南京。在北京，操着一口流利京片子的中英混血秦思源，拿着挑杆儿在胡同和公园里收集老北京的声音——他不仅在自然环境中收集各种"市井声音"，还特地找来90多岁的老人重新吆喝他年轻时走街串巷的各种叫卖。和劳弗一样，秦思源对鸽哨也很感兴趣，他找到会做鸽哨的非遗传人，到他徒弟郊区房子的屋顶上，把雄壮而悠扬的鸽哨声收进录音筒。这些声音，连同鸽哨、叫卖用的响器、老北京的民间乐器，一同被秦思源带回了自己的"声音博物馆"——展厅四壁布满了立体声音响，观众在端详这些老物件的同时，也沉浸在它们营造出的独特声音环境里。[41]

如果借助现代策展技术来做一个想象的实验，劳弗收的很多物件儿其实都可以有"第二次生命"。比如，他收藏的那一整个皮影剧团，可以配合蜡桶录音的背景唱腔，并在恰到好处的灯光下"复活"。他带回来的《御制耕织图》可以被放大成展厅的背景，哪怕是简单的草鞋、蓑衣、犁头和耙子，也可以配合它们在《耕织图》中出现的画面，打造出农忙时节的图景；就连劳弗写下的田野笔记都可以一同展示——那是收藏的幕后、一个"洋学究"拿着书本跟京郊农民学种地的故事，既有教育意义，又是生动的人类学素材。

可惜的是，劳弗的"中国馆"建在 1904 年。那时，博物馆的展览基本只有"我摆你看"这样一种观展体验。老北京小商贩用的响器都安静地躺在玻璃柜里；蛐蛐儿罐子看上去和大一点的饭碗一样；月琴像少了两根弦的实心吉他、三弦上绷的蛇皮子可能比乐器本身更扎眼；那 13 种不同质地的丝绸样品在博物馆昏暗的灯光下看起来都差不多；木耳、香菇、红豆这些标本和旧金山唐人街店铺里摆的东西好像没什么区别。劳弗动了些脑筋，给鸽哨旁边配了只鸽子标本。但哪怕是最好学的观众，也只知道鸽哨是绑在鸽子身后的哨子，没在北京的胡同里待过，绝对无法想象一群鸽子倾巢而出时天空回荡的声响。劳弗自己不会摄影，在中国也从未拍过照片，所以展出的物件没有与之配合的实景图像。那时，大部分美国人连杭州或汉口在哪里都不见得知道，更别提让他们去体会南方的水田、北方的旱柳、晨曦中的佛寺或江南的园林了。尽管劳弗为了这个展览，从中国还收来了诸如戏台子一类的缩微模型。但这些"西洋镜"式的小物件，反而把劳弗在中国感受到的市井生活气息给缩小和僵化了。[42]

我能想象，如果现在自然历史博物馆的展览设计总监穿越到1904年，看到劳弗的这个"中国馆"，恐怕会气得撞墙——在没有任何策展技巧或技术手段的支持下，如此密集而细致地展示中国物质文化的方方面面，就好比直接塞给观众一篇又一篇枯燥深奥的期刊论文。在筹备展馆的同时，劳弗花费不少心血撰写了几十页的导览介绍。导览里面不仅详细记录了每一件展品的名称、用途和来历，还介绍了与之相关的手工业技术及历史文化背景；讲到劳弗自己感兴趣的话题，比如石刻或皮影，他还会引经据典、梳理艺术形式的起源。可惜的是，这份导览从未发表，[43]"中国馆"开幕时观众自然也看不到。没有导览或明确的策展主题，这些五花八门的展品哪怕分门别类摆放整齐，也难以为一个统领性的主旨服务。

另外，劳弗总是自诩眼光独到，他从中国收来的很多物件，即便是在中国长期生活的西方人也未必见过或听说过。可按照这样的逻辑，当劳弗把这些物件原封不动地搬进纽约的博物馆，又没有配合足够的背景信息，从未去过中国的观众岂不更看得一头雾水？当年来观展的《纽约时报》记者努力揣摩着劳弗和博厄斯的用意："……为了展示普通中国人的生活……"但大部分纽约观众可能连这一层也没体会到。修脚刀、麻将和鸽哨在他们看来，同绣花鞋、象牙、屏风一样，都是来自东方大陆的奇异之物，甚至，都站在西方理性和现代性的反面。在这些展品与"中国文明的成就"之间，似乎仍然隔着一个太平洋，自然历史博物馆的观众在这片浩瀚的知识海洋里完全迷失。

除此以外，劳弗的"中国馆"还隐含着一个硬伤。在谈这个之前，我们有必要先看一下同年在美国开幕的另一个"中国馆"。为了纪念一百年前美国从法国手中购得路易斯安那（也称"路易斯安那购地"，The Louisiana Purchase），美国政府决定于 1904 年在密苏里州的圣路易斯市（St. Louis）举办一次盛大的世界博览会。那时的世博会通常是各国展示其工业革命成果、特色产品、文化教育的舞台，同时也是促进各国开展经济贸易活动的重要场所。光绪二十八年（1902），美国向清政府发出邀请，希望中国政府派代表参加圣路易斯博览会。

清政府对此次博览会非常重视，并把这视为"重交谊、敦和好"和拓展贸易往来的重要机会。[44] 清政府组建了一支由政府官员和海关洋员组成的参展团，由贝子溥伦为正监督，曾在美国留学的黄开甲（Wong Kai-kah，1860—1906）和在东海关税务司供职的美国人弗朗西斯·卡尔（Francis Carl）作为副监督，负责操办博览会事宜。为了这次展览，清政府从 11 个省筹来 75 万两库平银作为参展经费，在圣路易斯打造一座具有东方特色的中国场馆。除此以外，黄开甲他们还带去了从全国各地筛选出的特色产品。不仅外在建筑风格要追求中国特色，厅内也展示了大量雕刻精美的檀木家具、刺绣、瓷器和书画，旨在体现中国精湛的手工艺技术；甚至，黄开甲还以贝子府为蓝本，在展厅一隅复制还原了满清皇族私宅的陈设。[45]

1904年4月底，圣路易斯博览会正式开幕。到访中国馆的除了时任美国总统西奥多·罗斯福（Theodore Roosevelt, 1858—1919），还有正在美国开展革命宣传工作的孙中山。美国观众可能惊讶地发现，圣路易斯的中国馆不仅展出了大家都熟悉的丝绸和瓷器，他们还看到了中国制造的机械设备、零件、铁路设施、电报机、钟表等等产品。用美国研究学家约翰·哈迪德（John Haddad）的话说，黄开甲等人在圣路易斯博览会上营造的是一个"渴望和西方世界接轨"的中国形象。[46]这也不难理解，因为黄开甲本人就是首批被清政府送到美国留学的幼童，接受了多年西方教育后，回到中国的他一直热心于洋务运动。经历了八国联军的入侵，清政府对发展民族工商业变得十分重视。尽管民众对清政府在圣路易斯博览会上的表现毁誉参半，比如，很多人斥责政府花了老百姓许多银子，最后搭成的场馆实则简陋寒酸，或者政府在展位安排上故意刁难各地的商会，但不可否认的是，圣路易斯博览会掀起了中国对外贸易的热潮。在筹备期间，各地商会踊跃报名，纷纷拿出自己得意的产品以竞争参展资格。在博览会上，如茶磁赛会、北京工艺局、启新洋灰公司等华商不仅获奖若干，还和欧美其他企业达成贸易合作，接下厚厚的订单。圣路易斯之后，许多华商大受鼓舞，不仅积极参加此后世界各地的展会，甚至建议中国应着手举办自己的博览会。

这一幕，大概也是当年希夫和东亚委员会其他成员在为博厄斯的中国远征捐助时所构想的图景。博厄斯虽然拿了希夫的钱，但并不代表他和希夫的想法是一致的。就像之前所说，博厄斯对中国是完全陌生的，中国研究或亚洲研究也不是他的学术兴趣。中国对于博厄斯来说，是一个数据点，是博厄斯为了向社会进化论学派证明人类文化不只是沿着单一路径进化的非常有说服力的数据点。虽然在博厄斯的文化相对论中，每种文化都有自己发展的轨迹，且每种文化都有其独特性，但博厄斯看到的中国（或者说，他希望看到的中国）是帝制下统一的、同质的实体。如同做物理实验，博厄斯为了保证这个数据点的准确和纯正，他将劳弗派去的这场远征旨在收藏受到西方影响之前的那个中国。这样，等劳弗将这个"传统"的中国带回纽约，博厄斯就可以说，看，哪怕没有接触过西方的科学技术，中国人不是也已经发明出疫苗、对天文了如指掌，并锻造出精美绝伦的景泰蓝了吗？

虽然劳弗看到的中国更加复杂多元，但因为他对少年时代在书本里读到的"中国"的执着，也因为他和博厄斯产生共鸣的"抢救人类学"心理，当他面对一个衰落的封建王朝时，劳弗没有意识到，或者更确切地说，是刻意去回避中国正在发生的政治、经济、思想、物质文化等等方面的剧变。劳弗是东方语言科班出身，哪怕他行遍中国大江南北，接触过三教九流，他的考察与收藏仍是为学术服务，他从未盘算过自己寄回纽约的某件藏品会不会为希夫等金主带来商机。清高的劳弗尤其不屑于黄开甲他们搞的那一套。在筹备自然历史博物馆的"中国馆"时，劳弗将诸如圣路易斯那样的展示当成了反面教材。

所以，当劳弗的金主们原以为会在纽约看到一场"中国博览会"，结果他们等来的却是劳弗的"论文体"展览，可想而知这些富豪是多么失望。不知道他们这些年是不是也慢慢悟出了博厄斯本来的用意——没有西方的铁轨和十字架，中国文化照样发展得很好。要知道，那时大部分美国人是相当歧视和排斥华人的。所以当博厄斯提出想要再邀请一两个华人富商加入东亚委员会时，其他的成员都装聋作哑，不予回应。[47] 中国远征之后，这个委员会愈发涣散。博厄斯不但没有为此后的亚洲研究筹来足够的资金，就连委员会也在 1905 年就草草解散了。

过去几年里，博物馆经理邦普斯一直默不作声地看着博厄斯把劳弗从中国寄来的东西一箱一箱地搬进博物馆。劳弗布置展厅的时候，他也忍住没怎么插嘴，只是提醒劳弗展览标签要写得浅显易懂，面向大众。"中国馆"之后，邦普斯终于爆发了。他和博厄斯的分歧由来已久。博厄斯主张博物馆应该以科研为主，博物馆从全世界各地搞来的收藏，不是为办一个吸引眼球的展览，而是为科研服务。邦普斯则认为科研固然重要，但博物馆有它的公共职能，博物馆在进行收藏和展示的时候，也要照顾到公众的兴趣和接受程度。博厄斯对此不屑一顾。他在自然历史博物馆当策展人的时候，是出了名的不爱写标签。据博厄斯的秘书说，博厄斯常将一堆材料交给她，最后展品的标签全是出自这位秘书之手。[48] 这在当时邦普斯和馆长杰瑟普看来都已经相当离谱，更别说是现在，各大博物馆均把展览介绍和标签看成重中之重。拿现在的自然历史博物馆来说，科研人员收集材料，由策展人撰写标签的初稿，策展人以外有专员负责编辑，调整好的标签还要通过策展团队、设计师、文字主编、博物馆经理层层把关。哪怕只有几个词，在观众看到之前，都要经过这个复杂的流程。

馆长杰瑟普曾反复劝告博厄斯，博物馆的展览不能太艰深晦涩。可惜，博厄斯没有听进去，劳弗的"中国馆"便是雪上加霜的又一案例。邦普斯向杰瑟普建议，科研和策展应该分别由不同的人来负责。但博厄斯极力反对，认为邦普斯越来越喜欢插手人类学的事。鉴于杰瑟普的顾虑，博厄斯给出一个解决方案，即在每次展览的时候分开两个馆——一个馆面向没什么知识储备的大众，另一个馆给有这方面专长或兴趣的观众。杰瑟普听了大惊失色，不但博物馆没有那么多闲置空间来搞"区别对待"，这样的策展方式恐怕也会让公关部门被观众愤怒的投诉挤爆，博物馆过不了两天就会倒闭。

其实，每个博物馆都面临相似的问题。每天接待来自世界各地不同文化背景的观众，年龄从婴儿车里的幼童、中小学生到退了休的老人应有尽有。展览如何能引起所有人的兴趣，让不同的观众在观展后都有所收获，的确是个不小的挑战。杰瑟普自嘲是个没什么文化的人（尽管博厄斯的确是这么认为的），他跟博厄斯说，如果你写的标签我能看懂，那我相信自然历史博物馆的观众也就都能看懂。说到底，还是展览定位的问题。博物馆显然不

1904 年圣路易斯世界博览会中国展厅的一隅 | Wellcome Collection #572256i

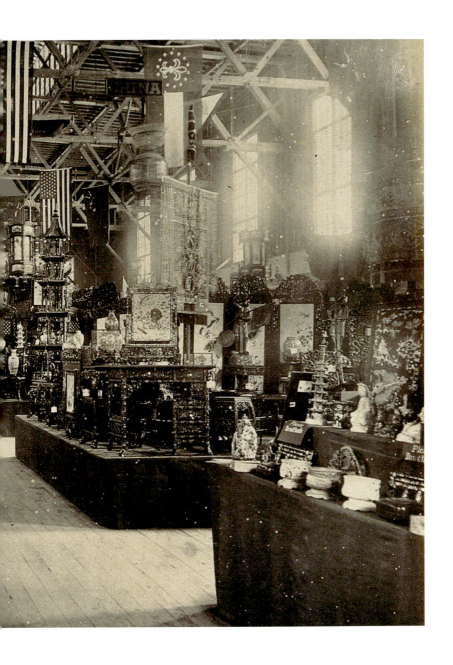

能把观众分开，但展览的标签可以设计得更有技巧。通常，标签的头一两句话会以最简单、直白的语言向观众介绍展品的基本信息和展出目的，下面一段会对展品的背景知识进行延伸。特别是现在有了网络、二维码等手段，博物馆可以更有效地组织展览材料，让观众根据自己的兴趣，像剥洋葱一样层层递进。

在标签上需要耗费的功夫如此巨大，博厄斯显然无暇顾及。那时，这个"百科全书"式的人物[49]不仅在编写杰瑟普远征的考察论文、负责中国远征的后续研究、为其他亚洲研究项目筹款，还在张罗自然历史博物馆的西北海岸馆、南美洲馆等展览的布置和翻修。在做策展人的同时，博厄斯也在哥伦比亚大学人类学系任教。博物馆之外，他为刚刚成立的美国人类学学会花费了不少功夫，同时还要找钱去出版和发行自己编辑的几本学术刊物。邦普斯的策略，其实减轻了博物馆科研人员的负担；由专门的策展团队来负责公共展览，也可能更对大众的胃口。今天，美国的三大自然历史博物馆——纽约的美国自然历史博物馆，芝加哥的菲尔德博物馆，华盛顿的史密森学会博物馆，基本沿袭的都是邦普斯的思路，[50]平时科研和策展各司其职，在筹备展览的时候，由科研团队提供背景资料，策展团队消化这些材料后，用大众感兴趣的方式展示出来。但博厄斯始终认为博物馆的主旨是科研，如果科研人员不能在策展上做主，那么博物馆就会变成讨好观众的游乐场。

这样僵持了几个月，博厄斯大概也看到了馆长杰瑟普是站在邦普斯一边的。尽管老馆长一直信赖博厄斯，但那个时候他不再有兴趣和精力支持博厄斯接下去的研究计划。博厄斯心灰意冷。1905 年 5 月 23 日，博厄斯交给杰瑟普一封只有一句话的辞职信，从此离开了自然历史博物馆。[51]

后来的故事，大家都比较熟悉了——博厄斯在哥大成为了"美国现代人类学之父"。他培养出的称得上"名人堂"的学生，比如阿尔弗雷德·克鲁伯（Alfred Kroeber）、罗伯特·罗维（Robert Lowie）、弗兰克·斯佩克（Frank Speck）、爱德华·萨丕尔（Edward Sapir）、费 - 库珀·科尔（Fay-Cooper Cole）、露丝·本尼迪克特（Ruth Benedict）和玛格丽特·米德，不仅在美国其他高校建立了人类学系，还将博厄斯的人类学思想传播到公共领域，影响了美国的种族、性别、教育等观念。回顾这段历史，大部分人类学家都认同，博厄斯的辞职标志着美国人类学由以博物馆为中心转向以大学为中心、从物质文化研究转向更为抽象的文化概念和语言研究。但很少有人注意到，[52] 博厄斯放弃的，还有他雄心勃勃的亚洲研究计划——中国、菲律宾、日本、韩国……博厄斯离开自然历史博物馆时，西方第一批真正意义上的中国民族学收藏正摆在博物馆的三层，前途未卜。

美国早期人类学就这样与亚洲擦肩而过。

被 遗 忘 的 名 字

1905 年的初夏，劳弗走过博厄斯那间空荡荡的办公室，一言不发。

显然，他认为博厄斯在自然历史博物馆受到了不公正的对待——为了声援博厄斯并抗议邦普斯，劳弗特意在这个时候撰文纪念博厄斯拿到博士学位 25 周年。[53] 但同时，劳弗也一定在为自己的处境担忧：当中国远征的策划者被"排挤"出局并彻底放弃这个项目后，作为博厄斯的"雇员"，劳弗恐怕也无法安然留在博物馆里。

1907 年夏天，劳弗在纽约遇见了芝加哥菲尔德博物馆的策展人乔治·多尔西。多尔西很欣赏劳弗的才华，并对劳弗提出做一批西藏收藏的建议很感兴趣。当年 11 月，他正式发出邀请，希望劳弗到菲尔德博物馆去做助理策展人。纽约对于劳弗来说，已没什么值得留恋的。无论是自然历史博物馆还是哥大都对他的中国研究不怎么感兴趣，自然历史博物馆更是将自己的关注点定位在美洲原住民，劳弗千辛万苦带回来的中国藏品对于博物馆来说甚至显得有些多余。劳弗欣然接受了多尔西的邀请，1908 年初搬到了芝加哥。

菲尔德博物馆似乎更加重视劳弗。劳弗刚到芝加哥，博物馆便马上筹来 4 万美金为他安排了为期三年的中国远征（The Blackstone Expedition, 1908—1910）。远征归来，他立刻被提拔为"副策展人"；之后，他很顺利地一步步晋升为"策展人"、

"系主任"，成为菲尔德博物馆人类学部最重要的人物之一。但劳弗在菲尔德并不快乐。虽然 1908 年的那次远征重点是做西藏收藏，但劳弗始终没能到达拉萨。1908 年他想要从印度进入西藏，被当时的英国殖民政府拒绝了。1909 年他取道四川，打算从川藏边线入藏，也被松潘的官员给拦了下来。劳弗大受打击，甚至到了甘青藏区也没打起精神去转塔尔寺。尽管他为芝加哥带回了相当丰富的西藏器物和藏语书籍，但这些都是劳弗在北京、四川和印度等地的市集上购得的。劳弗在远征的通信和笔记里，对他的川藏之行只字未提。西藏研究，这个劳弗原本想在菲尔德大展一番宏图的领域，竟然渐渐淡出了他的学术视野。

劳弗回到芝加哥不久，中华民国成立，清朝覆灭，这更加重了劳弗不安与抑郁的情绪。在他眼中，中国传统文化即将随着封建王朝的结束而完全消逝。[54] 劳弗在 1923 年又到访了一次中国（The Captain Marshall Field Expedition），但那一次他只待了不到 5 个月。因为战乱，或更重要的是，劳弗失去了对田野的兴趣，他仅仅停留在北京、上海几个大城市里，从古玩和艺术品市场收回来一些诸如御用屏风之类的物件。从那以后，劳弗再也没有回过中国。

劳弗曾在 1911 年写信给博厄斯，抱怨他在菲尔德正逐渐被"僵化"，完全体会不到智识上的新鲜感与挑战。[55] 这话在别人听起来一定非常奇怪：劳弗几乎凭借一己之力帮菲尔德博物馆建起了东亚和东南亚的几个展厅，其中中国展厅还进行过三次翻修。如果这还不够让劳弗忙碌的话，他在芝加哥开的"小灶"——帮其他艺术馆、画廊、私人藏家收购中国艺术品、为商业画廊策展、给人鉴定玉器等等，也足以占据他所有的空闲。这还不包括劳弗海量的学术发表，[56] 不停地帮同行解惑释疑，为慕名而来邀请他的学校和博物馆进行演讲。但博厄斯一定了解，当别人都将劳弗当作知名的汉学家去恭维和追捧时，劳弗的内心是抗拒的。不止一次，劳弗告诉博厄斯他厌恶西方，厌恶所谓的"汉学家"，厌恶在中国的西方传教士和资本家。这也是为什么劳弗一开始选择跟随一个人类学家，而不是一位汉学家。尽管劳弗在芝加哥享有相当的权威，并得到大家的尊敬，但劳弗打心眼里瞧不起他身边的同事与他富有的客户——劳弗认为他们都太孤陋寡闻却又自以为是，尤其是一战过后，随着美国经济与国际地位的攀升，美国人的自我愈发膨胀得无可救药。他在芝加哥没有像博厄斯一样的知音，哪怕是他苦心经营的菲尔德中国馆，也要等他去世后很久才有人读懂那些事无巨细的标签与档案背后，是对另一种文化深深的尊重。

劳弗在芝加哥选择做一个"孤独"的学者。他从未支持过任何亚洲的田野研究，也没有培养过门生来继承自己的思想。虽然劳弗赞同博厄斯的文化相对论，但离开纽约后，他和博厄斯的学术兴趣分道扬镳——博厄斯没有再深入亚洲研究，劳弗也没有继续人类学理论或民族学理论的探索，他们之间的通信越来越少。劳弗不属于博厄斯的"名人堂"，他是美国人类学里被遗忘的名字。

在芝加哥，劳弗有一件事一直放不下——他留在美国自然历史博物馆的那批中国收藏。劳弗刚离开纽约，接替博厄斯的策展人韦斯勒曾陪同老馆长杰瑟普又去了一次劳弗的"中国馆"。杰瑟普留下一句话，明确表示他反对对这个馆进行任何形式的扩充或发展。不久，杰瑟普去世。新任馆长奥斯本是一位崇尚自然科学的古生物学家，本就对人类学和民族学没什么好感。他看过三层的"中国馆"后，表示他尊重杰瑟普的意见，而且重申中国不属于自然历史博物馆的研究范畴。就这样，劳弗的大部分中国收藏从此被锁进了库房，无人问津。

劳弗曾去信给希夫，希望他出面说服自然历史博物馆，出版当年自己为中国馆写的导览介绍。[57] 希夫的确写了信，以金主的身份要求奥斯本认真考虑劳弗的要求，让他的"投资"物有所值。但自然历史博物馆踢起了皮球——韦斯勒在口头上支持希夫和劳弗，在实际操作上却不愿意出一分钱。韦斯勒"礼貌"地表示只要劳弗肯出钱，他可以把劳弗想要的任何藏品寄去芝加哥。因为韦斯勒知道，菲尔德博物馆，这个美国自然历史博物馆的死对头，绝对不会给钱出版另一个博物馆藏品的介绍。韦斯勒还圆滑地安抚希夫，说他名下的中国收藏如此庞大，也许以后自然历史博物馆会专门建一个分馆来展示这批收藏。[58] 希夫当然清楚，这个"分馆"只是个漂亮的托词，但希夫顺势下了台阶，对此事不再过问。这批藏品除了在库房里积累灰尘，后来也逐渐分了家——比如，那些蜡桶录音和部分皮影于 60 年代被送到了印第安纳大学，大部分劳弗做的碑拓在 80 年代被菲尔德博物馆收了去。[59]

谁也不知道劳弗究竟为什么会自杀。大家都能看出来，劳弗在芝加哥过得不愉快。大家也都知道，他不到 60 岁的时候确诊了癌症。劳弗少有的一位朋友说动了劳弗去做手术，但手术后的劳弗变得更加郁郁寡欢。

1934 年 9 月 13 日，劳弗爬上了自己公寓大楼的消防梯。他和妻子居住的芝加哥海滨酒店（Chicago Beach Hotel）向北望去便可看见菲尔德博物馆。如果这些花费 20 多年心血精心布置的展厅不曾带给劳弗精神上的慰藉，此时的劳弗，是否还记得他曾经快乐的时光呢？

是在柏林读书时，第一次接触汉字就被深深吸引的痴迷？还是清晨漫步京城，偶遇刻有满、蒙、藏文或突厥语石碑的惊喜？

劳弗沿着消防梯向上走去，一层，两层，三层……

是在西伯利亚横渡冰河险些丧命，却以劫后余生嘲笑死亡"廉价"的年少轻狂？[60] 还是凭借自己的慧眼学识从杭州古董商手中购得书画精品的洋洋得意？

四层，五层……

芝加哥的黄昏，可曾让劳弗想起自己和京郊的农民在田间穿行、劳作，一起吃小米豆子的傍晚？远征渐入尾声，他写信告诉博厄斯："我后悔自己没有生为一个中国人。"[61]

六层，七层……

劳弗也许早已忘记，他抱着从西安收来的青铜器与汉砖汉瓦，难掩兴奋。他憧憬着未来在这个国家开展的令人激动的考古学和人类学研究。他在信中发下宏愿："……我要让中国文化在人类学研究里占有一席之地。"[62]

那一阵风，没有留下任何痕迹。

劳弗从消防梯的第八层一跃而下。他孤独地踏上了一场没有归途的远征。

无字真经

现在，面对博物馆二层展柜里唐僧师徒的皮影，我常会想到他们西行接近尾声时的一个故事。那是《西游记》第九十八回，讲到唐僧师徒终于面见如来，却被阿傩、伽叶传了无字白本一事。所幸，藏经阁上的燃灯古佛点破了这一出，差白雄尊者掀翻了他们的行李，抖出空无一字的经书。师徒四人大惊，立刻回雷音寺找如来评理。如来早就知道阿傩、伽叶讨取"人事"一节，打了个马虎眼说以前他还嫌经书卖得贱了，哪儿能让人空手来取。

如来还留下一句话："白本者，乃无字真经，倒也是好的。因你东土众生，愚迷不悟，只可以此传之耳。"之后，如来差阿傩、伽叶去取有字的经交给唐僧师徒。师徒四人这才拿着"真经"回去向唐王交差。

无字真经这个故事，不同的人有不同的读法。有人看到的是西方极乐世界尚且"捃财不遂，通同作弊"，可见凡尘俗世是何等混乱腐败。有人体会到的是佛法真谛不拘于文字，有字的经是好的，无字的经更胜一筹，太过执着文字反而束缚了"真如本性"。无字真经这一出，不是皮影戏台子上常演的剧目，劳弗在中国做收藏的时候也不一定知道。我引这个故事，不在于评判文字的优劣，而是打算讲"领悟"——取经人是否能悟出手中所捧白本的含义，又能否把自己的"领悟"传承下去，启发后人。

作为博厄斯的"取经人"，劳弗在1904年为西方世界带回来第一批真正意义上的中国民族学收藏。然而，即便劳弗手捧不少"真经"，因为时局，或碍于学科和自己视野的限制，他没能悟出这批收藏更深远的价值。我们知道，劳弗看不上当时欧美汉学家的那一套，但他自己的学术生涯，实际上一直在人类学家和汉学家的身份之间纠结。也许因为他惊人的语言天赋，反而限制了他感悟和捕捉其他事物的能力，劳弗在中国做收藏时对文本有着过度的执着。[63] 1903年，在给博厄斯的一封信里劳弗强调："我还希望你能明白……为什么我要买那么多书。这儿没有口述传统，确切地说，没有民间传说；每样东西都是文学和艺术。"[64] 这可能是劳弗对中国最令人惊讶的评论之一。但当时劳弗的确是这样想的，他觉得街上碰到的中国人给他讲的东西，既肤浅又不可靠，只有落实在纸上的文字才能作为依据来解释他收藏的物质文化。比如在收藏皮影的时候，劳弗特意找来了19卷戏文文本。他后来与人合作编纂的德文著作《中国影剧》(*Chinesische Schattenspiele*, 1915) 便是对这些文本做的翻译整理。同理，菲尔德博物馆为配合劳弗的展览而出版的《东方戏剧》(*Oriental Theatricals*, 1923) 一书，对皮影的介绍也大多基于劳弗对历史文献的分析。作为一个在戏台子底下看过皮影、录下了唱腔，并有机会和戏班子聊天的学者来说，他学术作品里"第一手"民族志资料的缺失无疑是一个遗憾。

按照劳弗的研究思路，他在处理人类学材料时不可避免地会过度依赖自己的阐释。这不是说劳弗喜欢异想天开（相反，他通常会非常仔细地查阅文本并进行严谨的引用），而是说劳弗在收集材料时，容易忽视本地人的声音。早在撰写北太平洋远征文集时，博厄斯对劳弗所著的《阿穆尔部落的装饰艺术》（1902）就有过批评。博厄斯向劳弗强调，他需要听到当地人是怎么说的，某件物品的制作者或者使用它的人怎么去解释这个东西，尽管这些人的说法可能漏洞百出、前后矛盾，人类学家的任务是把这些忠实地记录下来，然后再去消化、分析。劳弗显然没有完全摆脱汉学研究的框架。在北京的春节庙会上，劳弗买回来几只风筝，他在信中跟博厄斯又讨论了一番中国的风筝图案与北太平洋原住民图形艺术的相似性[65]——这种"解密式"或"词源学式"的抽象研究，[66]并不适合考察中国的民间文化，有时甚至会误入歧途，只是劳弗并没有意识到这一点。在这个拥有漫长文字传统的文化中，这些"无字"的文明是劳弗悟不透的"白本"。

作为后来的学者，我们很幸运能够通过劳弗和博厄斯的通信，重拾一些"民族志"片段——比如，劳弗如何从寇先生那儿弄来那四只汉铜鼓，如何与古玩商贩斗智斗勇，如何周旋于戒备森严的官窑并最后取得了石砖或瓷器的半成品，他在各地的"中国朋友"如何大显神通，不仅帮他打通人事关系，还在他遇到疾病或意外的时候雪中送炭。当他和博厄斯在通信中起了争执，劳弗会用自己的亲身经历企图说服博厄斯他的很多想法在中国完全不现实，这些实例其实是相当宝贵的民族志材料。如果说学术著作里的劳弗像个汉学家的话，那么这些通信里的劳弗更像一个人类学家。可惜的是，即便如此，劳弗也很少记录他"中国朋友"的更多细节（一个例外是他发现皮影被盗之后，写信给上海领馆去投诉，信里提到了助手的姓名）；他停留过的村庄、走过的街市、逛过的园林、尝过的宴席，只是一个个形象模糊的名词出现在书信的字里行间。那些为反驳博厄斯而罗列的精彩案例，最多只成为了"汉学家"劳弗的注脚，而非其研究主体。

当然，我们现在熟悉的"中国乡村"式的田野调查，即人类学家到一个村庄驻扎下来，花上一两年和当地人生活在一起，了解他们社会生活的方方面面，是 20 世纪 30 年代左右才出现的研究范式。[67] 现代物质文化研究，尤其是商品或艺术品在不同市场中流通的"多点民族志"（multi-sited ethnography），则是 80 年代之后的事了。[68] 尽管劳弗的中国之行无法摆脱早期人类学探险、远征的味道，但劳弗坚持对中国文化的尊重，对藏品进行详尽的记录，拒绝东方主义式的展览方式，在那时都是很有前瞻性的。劳弗始终觉得自己的中国之行来得太迟，中国的"传统文化"岌岌可危。但美国研究学家哈迪德认为，劳弗不是到得太晚，而是到得太早，甚至早了几十年。[69] 无论是当时的美国人类学还是美国民众，都没有准备好接纳像中国这样复杂的文化，更别提那时美国人强烈的种族偏见和对华人根深蒂固的歧视。哪怕劳弗将"真经"摆在博物馆的展厅里，观众"愚迷不悟"，自然也就枉费了取经人的一番苦心。

面对展厅里劳弗收来的皮影，我进行过一个想象的实验：如果"我"穿越到 1902 年的北京，在东四牌楼底下遇到戏班子唱皮影，"我"会收藏什么？[70] 当然，和劳弗一样，我会订制戏班子的一整套皮影影人儿、演奏的乐器、折子和戏文；等夜色深了，一台皮影好戏开场，摇着蜡桶留声机把唱腔和演奏都录下来。陕西华县皮影的戏班子人不多，俗称"五人忙"，这样在乡间四处游走演出很方便。他们的台子搭得快："七长八短九块楼板，五叶芦席一卷，四条麻绳一挽，十二根线串，两个方桌、一个镢头，啥都不管。"北京东四大街上，这东城派的皮影戏台子，搭起来是不是更有讲究？我还会记下唱皮影的场面——几人在幕后，谁是前声，谁是签手，谁操了月琴、板胡、铜锣和堂鼓把街角吵个热闹非凡。那时北京东、西两派皮影在互相较劲儿：[74] 他们各自又有什么拿手好戏，谁坐在底下听戏，又是谁请的这台戏，是为了家里的红白喜事，还是仅仅为了给东家脸上添光。别以为观众只是来听戏，戏班子演得卖不卖力，剧情够不够精彩，要看请戏的东家有多大方。大家都暗暗算计着，好在日后相互攀比或积攒些八卦的谈资。

等白天戏班子闲了，"我"会跟着做皮雕的师父看他怎么处理皮子，订做他那一套刻皮子的刀具。兴许他还能侃侃而谈，告诉我怎么从头茬区分河北皮影和陕西皮影，或者处理驴皮和牛皮时各有什么技巧。影戏的前声会告诉我他跟谁学的唱腔，他出师时演的头一出戏是不是给老师父赚足了面子。也许他在蜡烛底下抄下来的戏文，有的让他感慨万千，有的甚是枯燥乏味，但等他自己带了徒弟，他还是会叫弟子们一个字一个字把戏文抄下去。头两年北京打仗，一直不太平，但游走在这个社会边缘的"江湖人"可能会跟我说，他们才不管这个，因为"戏里戏外见惯了兴亡成败、时代变迁"，[72] 只要有人请戏，他们就继续靠自己的手艺吃饭。

一百多年前的北京，可曾有艺人这样对劳弗说过？劳弗又可曾留意过那些口传心授、在家庭作坊里世代传承的技艺？如果劳弗感受过民间文化如野草般倔强而蓬勃的生命力，他还会一厢情愿地坚持他的"抢救人类学"吗？

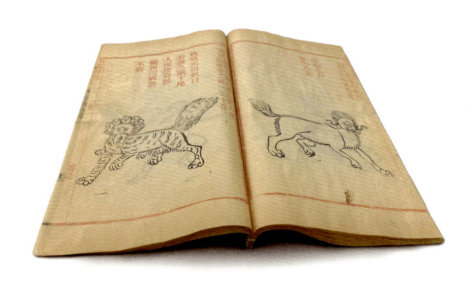

美国自然历史博物馆图书馆保留着劳弗从中国带回纽约的《山海经》｜作者摄（2023）

当然，这些都是作为后来人的后知后觉。同样，作为后来人，我们还知道劳弗在20世纪初进行的中国收藏，成就了他预料之外的诸多建树。现在，劳弗这个名字被越来越多的中国人知道，是因为美国印第安纳大学的传统音乐档案馆在2018年启动了名为"中国最初录音"的项目（The First Recordings from China）。[73]上文说过，劳弗的蜡桶录音于60年代被搬到了印第安纳大学。现在印大和中国学者合作，把劳弗在1901、1902年间制作的蜡桶录音进行数字化处理并建档出版。劳弗的这批录音，被认为是中国本土最早的录音资料，甚至略早于百代唱片公司在上海录制的吹打乐和孙菊仙的《举鼎观画》。尤其特殊的是，劳弗的录音不是在唱片公司的录音棚里进行的，而是在街头的演出现场录制下来的。我们在录音里不仅能够听到吴语民歌、滩簧戏、秦腔、孟姜女调或五更调，还能听到茶馆酒肆、街头巷尾的市井之声。[74]可想而知，这批录音不仅吸引了民族音乐学家，还引起了不少民俗学家和博物馆的重视。

劳弗更没有想到的是，自己从中国"抢救"回来的皮影竟然促成了中国皮影在美国的传播。1923年，当劳弗在菲尔德博物馆举办"东方戏剧"（Oriental Theatricals）的展览时，一位名叫宝琳·班顿（Pauline Benton）的年轻女孩儿被劳弗收藏的中国皮影深深吸引。[75]也是那一年，她来到中国亲眼看到了皮影戏。通过别人的介绍，她师从滦州皮影艺人李氏，成了戏班子里唯一一个女学徒。1932年，班顿回纽约建立了"红门剧社"（Red Gate Shadow Players），然后在美国各地巡演，甚至被邀请到白宫为富兰克林·罗斯福总统表演。1974年班顿去世，但很快，乔·汉弗瑞（Jo Humphrey）接了班顿的班。汉弗瑞从小就热爱戏剧，尤其是高中时代看过红门剧社的表演，对皮影非常着迷。1972年，正在做戏剧导演的汉弗瑞在美国自然历史博物馆里看到了劳弗的皮影收藏。她热情地将这批收藏带到更多的地方进行展览，同时也开始考虑在美国开办皮影工作坊。1976年，汉弗瑞在纽约成立了"悦龙皮影剧团"（Yueh Lung Shadow Theatre）。那时汉弗瑞去不了中国，剧团使用的不少皮影都是按照自然历史博物馆里的影人为模本制作出来的。后来这个剧团几经改名，现在汉弗瑞的接班人冯光宇（Kuang-Yu Fong）和丈夫卡普林（Stephen Kaplin）在纽约经营着"美华剧坊"（Chinese Theatre Works），他们带着自己编排的传统剧目和原创皮影，一直活跃在美国的舞台上。

在撰写这一章时，我和很多研究劳弗的学者有过交流。几乎所有人都认为，劳弗是一个被严重忽视的人物，他的故事应该让更多人知道。我想这不仅是因为劳弗天赋异禀，且独自完成了西方第一次进行的中国民族学收藏。劳弗和他留下来的物质文化收藏，还见证了20世纪初中国的巨变，以及美国早期人类学与亚洲失之交臂的遗憾。尽管劳弗带着那个时代学者的局限，但他绝不是"又一个"从中国随处收来些古玩放进博物馆展览的西方人。劳弗的故事、他的收藏，以及这些物件背后一个学科发展的历史，是他留给我们的"经书"。

当然，"无字真经"这一出或《西游记》都是虚构的故事，如皮影，虚虚实实，亦真亦幻。但玄奘作为一个真实的历史人物，

劳弗收藏的戏曲表演的照片｜美国自然历史博物馆图书馆藏#ppc-l381—123

他留给后世的功德不仅仅是从西域取回了"真经"，还有此后几十年翻译超过 70 部、1300 多卷的经文，以及对这些经文的阐释与传播。自然历史博物馆的展柜里，唐僧师徒取经路上这一幕，我一直很喜欢。虽然不见得是展览设计师的初衷，但我钟爱这几只皮影的动态——这是一场仍在进行、没有完结的征途。作为后来人，我们又何尝不是正走在征途之上？手捧前人留下的有字真经或无字白本，我们继续历遍青山绿水，为寻找真如而一次次淘去性海流沙。

第三章

77 街的神龛

The Shrine on
77th Street

2021 年，在 Zoom 会议室里，部主任肯德尔教授开始给学生播放她准备好的幻灯片。出现在我们面前的是一张唐卡。

"唐卡"（ཐང་ཀ）一词来自藏语，指卷轴画，通常以天然矿物和植物为原料绘制神佛、佛教故事、曼陀罗和历史人物等。幻灯片上的这张唐卡叫《冥想观音》。[01] 我们也可以称其为红唐，因为整幅唐卡以珊瑚石研磨出的红色颜料作为主色。唐卡的主尊观音菩萨坐在一棵菩提树下，画面的左侧分别是阿弥陀佛与宝源佛母。鹿群与仙鹤环绕相伴在观音身旁，下方水波中浮出吉祥宝物，显现一派祥瑞之相。这张唐卡出自藏族女画师伦措（ལུ་མཚོ་རྒྱལ，b. 1993）之手。2019 年，我从伦措的家乡——青海省黄南藏族自治州的同仁县，也称"热贡"[02]——代表博物馆买下这张唐卡，并把画带到纽约。这幅唐卡从此成为了美国自然历史博物馆人类学部的永久收藏。

周二的这个下午，Zoom 会议室里还坐着博物馆的策展总监大卫·哈维教授（David Harvey, b. 1950）、文字编辑劳拉·艾伦（Laura Allen）以及在哥伦比亚大学就读博物馆人类学专业的研究生。我和肯德尔教授这个学期合教的这门课有一个重要的任务——和学生们以及博物馆的专业团队一起为这张唐卡在亚洲民族学展厅中举办一个展览。

我简要介绍唐卡之后，编辑艾伦切换到她的幻灯片，仔细向研究生讲解撰写标签的技巧，其中最关键的是对展品信息先后次序的安排。对于一个人类学展览来说，常规的展品信息包括：这是什么；谁做的；它是用来干什么的——这听起来和博厄斯为夸扣特尔收藏或劳弗为他的中国收藏写标签时的思路差不多。

但显然，坐在 Zoom 教室里的研究生和专业策展人并不满足于此。他们带着许多疑问慢慢接近这张唐卡：如果请一张唐卡是为了宗教仪轨，那出现在美国自然历史博物馆里的这张画脱离了它的传统语境，它的意义发生了什么变化？它又是否算得上"纯正"（authentic）？画唐卡的是一位来自青海的藏族女画师，这让学生们非常着迷，但她究竟有什么特殊的地方？这位热贡女画师的故事能否让 7000 多英里外的纽约观众产生共鸣？另外，这次展出的仅仅是一幅唐卡，我们如何向不熟悉热贡的观众展现"唐卡艺术之乡"的全部文化生态？

英国的策展人克里斯平·潘恩（Crispin Paine，也是《物质宗教》期刊的创始人之一）认为，博物馆收藏并展出宗教器物的过程和宗教仪轨里的"神圣化"（sacralization）十分相似：因为进入博物馆的器物不仅会接受观众们朝圣般的凝视，而且它们通常不再进入市场流通，从此脱离了商品的交换价值。[03] 但潘恩也许没有注意到，博物馆大多数情况下不允许观众（哪怕是最虔诚的信徒）对着展厅里的佛像朝拜或供奉——比如，印度国立博物馆从建馆一开始就在摆放佛像的展厅里立起了"禁止触摸、吐痰或朝拜"的警示牌。[04] 从直觉上，哥大的学生们也能够体会到，伦措的这张唐卡和自然历史博物馆收藏的许多其他器物很相似——比如，印度的青铜佛像、韩国萨满画、巴厘岛的面具等等——它们既不完全等同于佛寺庙宇中被人供奉朝拜的神圣之物，也不像博物馆其他展厅中摆放的动物标本或恐龙化石，更不是旅游纪念

伦措绘制的《冥想观音》唐卡 | 美国自然历史博物馆人类学部馆藏#70.3/8090

品或家装饰品。

那么，它们究竟是什么？如果说约赫森从北太平洋远征收来的萨满神衣里隐藏着被早期人类学忽视的另一个"生命"，那么这幅唐卡又拥有怎样的"生命"等待现代人类学去解读？

造像如意宝

时间倒退回 2012 年。那时，我在热贡为博士论文做田野考察。一天下午，我和一位年轻的画师走在村子里。经过寺院的时候，他突然起了兴致，开始滔滔不绝地讲起来：

"你不是问热贡艺术怎么来的吗？我跟你说，就是夏日仓活佛有一次做了一个梦。梦里文殊菩萨给了夏日仓活佛一支笔。第二天，活佛就问，有没有人会画画。当时只有一个吾屯的阿卡[05]说他会画一点点，就是马啊、树啊什么的。夏日仓活佛把笔交给他，让他去拉萨好好学画画。等那个阿卡学回来，他就画得特别特别好。他在纸上画朵花，好多蜜蜂和蝴蝶就飞过来。他在墙上画个黄财神，一个猫就一下子扑上去——它以为黄财神手里抱的那个吐宝鼠是真的！要是你问我，这就是热贡艺术的起源。"

我们顺时针绕着寺院外的八座白塔慢慢走，画师继续说：

"这个真的假的我也不知道，但热贡拉如[06]的本领是真正的高。这个本领是真正练出来的。你不知道我小时候怎么画画的吧？就是有个冬天，就是特别冷。我手抖个不停，我画的那些线也七扭八歪的。师父就拿个尺子站在后面。我一画歪了，他尺子就打过来……一直练到我手不抖了，画的线平平的、稳稳的。师父还要我们背那个'度量经'，就是佛像的比例嘛。我们一群小孩子，谁愿意一天到晚背那个。有一天师父不在家，我们整个下午都跑到河边去玩，躺在林子里睡觉！等师父一回来，他气得把我们关屋里，要我们一直画那个佛的比例，一直画到半夜……"

画师顿了顿，说："不过，我现在很感激我师父。如果不是他，我肯定画不了今天这么好。那些佛的比例就像印在我心里一样。"

几个世纪以前，这位年轻画师的前辈们也早已把佛像的比例深深地印在心里——也许正因如此，热贡拉如才有幸从文殊菩萨手里接过画笔，祖祖辈辈传承为佛造像的技艺。据《安多政教史》记载，热贡地区最大的藏传佛教寺院隆务寺始建于 14 世纪，原为萨迦派寺院，后在明万历年间（1573—1620）改宗格鲁派，并沿袭夏日仓活佛的转世体系。[07] 虽然在隆务寺改宗之前，热贡的造像艺术就有很久的历史，但因为格鲁派的影响和对雕塑、唐卡、壁画等佛教造像的大量需求，热贡艺人们加强了与西藏艺人之间的学习和交流，大大提高了自己的技艺，热贡艺术日趋成熟。到 18 世纪初，热贡艺人已经四处游历，在藏地的其他寺院留下了许多精美的佛像作品。[08]

虽然隆务寺保留了许多重要的壁画、雕像和唐卡作品，但佛像的"生产者"主要分布在隆务寺以北、沿隆务河而上的村落。[09]我初到热贡的时候，曾一家家地拜访艺人，这也让我慢慢熟悉了河谷里艺人们的生活节奏：

　　每天早晨，念经煨桑过后，一家人围坐在一起吃早饭。白天，徒弟们会听从师父的安排，进行一天的绘画工作。除了午饭和短暂休息，大家会一直在画布前坐到天黑。手艺好一些的徒弟会和师父一起画他的佛像订单——在画布上打稿、上色、晕染、勾金、开眉眼等等；初学者会按照师父给的佛像比例图，在白纸上练习打线稿。如果我刻意去问画师学唐卡的时候会参考哪些书籍经典，艺人们会给我罗列诸如 15 世纪勉唐派大师勉拉顿珠所著的《造像量度如意宝》[10] 和 18 世纪流传下来的《佛说造像量度经》[11] 等等。但实际操作上，学唐卡主要还是靠"口传心授"——师父每日在画布前说的话，以及在徒弟白描本子上做的改动和批注，是学徒们日后最重要的参考资料。

　　师父通常是一家之主，徒弟则大多是亲戚朋友送来学画的孩子。徒弟们和师父一家画画在一起，吃住也在一起，师父从不收取学费，年底还会给徒弟们发红包。徒弟们除了帮助师父完成订单，还会替师父家里干活——修房子、耕地、收庄稼都不在话下。在大规模的画院或艺校在热贡兴起之前，这种家庭作坊是唐卡画师传承技艺的主要方式。

　　家庭作坊里的日子似乎过得很慢。徒弟们日日温习佛像的比例，听师父讲唐卡里神佛菩萨的故事，跟寺院的阿卡一起念诵经文。他们在春天播下种子，跳过六月会[12] 之后，再收割一捆又一捆金黄的麦子。这样过上七八年，当徒弟能够把各种神佛的比例都"印在心里"，提起画笔便能"如意"作画的时候，他就可以出

热贡吾屯上寺的八座佛塔｜作者摄（2012）

师了。离开了师父的艺人需要自己接佛像的订单，然后再把一身技艺慢慢传给自己的后人。

外乡人通常会把河谷里的生活看作世外桃源。在很多大城市来的游客或客户眼里，日日静坐在画布前的唐卡画师浪漫得像凝固在时光中的传说。这显然是一种偏颇的想象，就像许多旅行指南、展览画册或电视节目执意将"热贡"一词错误地译为"梦想成真的金色谷地"，而忽略"热贡"的本意只是指这里是一片农区。[13]

我自己在热贡的旅程，是从一间画铺开始的。

一位僧人学徒在师父家里画唐卡｜作者摄（2012）

　　2009 年，我第一次到热贡，下了"钓鱼车"[14]便到朋友介绍的画师在镇上开的店铺落脚。那间店铺不大，四壁挂满了尺寸不一的唐卡画作，有的已经由锦缎装裱妥帖，有的只是裁好了边由钉子钉在墙上。刚进店的时候，一位隆务寺的阿卡正坐在店里，一面喝茶，一面和画师讨论他订制的一幅唐卡——阿卡需要用这张唐卡来辅助他的修行。画师毕恭毕敬地站在阿卡身旁，记下僧人的要求，然后跟阿卡说好订金和取画的时间。几天后，我再次来到这位画师的店铺。这时，有几位游客也在店里参观。一位游客指着墙上的一幅唐卡问画师:"这个多少钱?"画师说了个数。游客叹道:"这么贵!"画师解释说,唐卡是用天然矿石颜料绘制的,画一幅唐卡一般要花好几个月的时间。那个游客又仔细看了看唐卡。最终,他们什么也没买就出了店门。

这两次"偶遇"引起了我的兴趣——作为辅助宗教修行的"圣物"和作为旅游商品的唐卡,"天衣无缝"地共存于这间小小的画铺,一间由画师自己经营的店铺。在此后多年的研究里,我就被这最初的"偶遇"牵引着,穿梭于热贡唐卡不同的市场,去探究"圣物"的生命史。

今天在热贡,唐卡画师们仍会像以前一样为满足本地居民的各种需求画画——比如,寺院僧人为了修行会订制唐卡,村里乡亲为了消灾祛病会请佛像,家里有人去世了会赶制往生唐卡帮亡灵超度,[15] 或者,新年时在活佛或卦师的指导下请一幅唐卡保全家平安。技艺超群的热贡艺人还会被其他地区的藏传佛教寺院请去为其修复壁画或绘制新的唐卡。为了宗教修行、仪式或积累功德而请唐卡的人,我们可以把他们叫作热贡唐卡的"内部市场"。

内部市场运转的同时,另外的"市场"也在热贡迅猛地发展着。随着越来越多的内地人开始了解唐卡艺术,到黄南旅行的游客有时会带一两幅唐卡回去当纪念品。那些扛着长长的卷轴画筒——有时,你可以看到上面贴着"民族精品,热贡唐卡"的金色标签——在飞机场或火车站准备回家的游客,并不一定了解佛教或佛教艺术。往往,画师或导游会不厌其烦地叮嘱买了唐卡的游客"千万别对着佛像抽烟"或"开过光的唐卡不能带到洗手间去"。

另外，因为热贡唐卡的颜料考究，画面精美，价格高昂，从 90 年代起很多内地的商人就把热贡唐卡看作像虫草或灵芝一般的高级商品——他们会从热贡艺人那里批量订购唐卡，作为在社交场合馈赠亲友的佳品。一些唐卡还通过画商流入了艺术品交易市场，经过画廊或拍卖行的一番包装，身价倍增。将唐卡当作民族工艺品、贵重礼品或艺术收藏品而买画的人，我们可以把他们归纳为热贡唐卡的"外部市场"。当然，近些年还有很多修行藏传佛教的汉族人或外国人，也会从热贡画师那里"请唐卡"。[16] 他们订购和使用唐卡的方式，既和游客或画商大不相同，也和热贡本地人不太一样——我们暂且称他们为唐卡的"中间市场"。[17]

因为这些市场的存在，热贡唐卡的需求量大大提高。2000 年代初期，被很多热贡艺人称为唐卡市场的"黄金时代"——因为那时唐卡的价格高，涌入热贡订购唐卡的客户接踵而至，画师们几乎不费什么力气，一年就能卖出许多唐卡，攒下一大笔积蓄。2006 年，热贡艺术被列入《国家级非物质文化遗产代表性项目名录》；2009 年，联合国教科文组织（UNESCO）也把热贡艺术加入了《人类非物质文化遗产代表作名录》。诱人的利润与唐卡的名声让越来越多的年轻人选择成为唐卡画师。

在文殊菩萨梦授画笔的传说里，只有"一个"阿卡能勉强画画马和树。据黄南州 2022 年的统计数据，热贡目前有两万多名艺人需要凭借自己的技艺谋生；数百位"工艺美术大师"和"非遗传承人"能画出栩栩如生的吐宝鼠，不仅让馋猫难分真伪，还会令专业藏家陷入选择恐惧症，分不清哪家的唐卡更优秀。可想而知，现在热贡年轻画师所面临的竞争是何等激烈——他们不仅要像公务员一样，通过层层考核和选拔获得某个"大师"或"传人"的头衔，还要在苦练技艺的同时运用各种社交手段寻找钟意的客户。

也因为市场的需求，热贡的女性逐渐参与到唐卡的制作中来。以前在热贡，唐卡的技艺一般传男不传女。画唐卡赚钱的主要是男人，女性则承担起田间劳作、放牛放羊、修房子、料理家务、照顾小孩等责任。但随着唐卡在艺术品市场走俏，画师们为了完成厚厚的订单，有时会把家里人都动员起来帮忙——画师的妻子、姐妹或女儿不仅会帮助打磨画布、研磨矿石颜料，她们也开始拿起画笔，慢慢学会了为唐卡填涂底色。然而，热贡的女性真正有机会像男性一样接受长期系统的绘画训练，成为专业唐卡画师，大概是在 2000 年代后期，也就是大规模的画院在热贡出现，并向农村妇女和贫困家庭敞开大门的时候。趁着西部大开发的热浪，黄南州把热贡艺术作为一项重要的文化产业。政府鼓励唐卡艺人招收女性学徒，每年会为培养女学徒的画院提供经济补贴，支持当地的女性学习一技之长，以提高农村妇女的经济地位。

画唐卡的女子

我第一次见伦措就是在一间画院里。

伦措说她小的时候不喜欢上学，却对绘画十分着迷。一旦画起画来，整个人都不一样了。在学校，她日日打不起精神读书，总是想着画画。正式拜师学唐卡这个念头，已经在她心里生了许久。

伦措的爸爸常年在外务工，为人很是开明。虽然他支持女儿画画，但他还是希望女儿能够继续上学，就算不能读完大学找个公务员之类的"铁饭碗"，至少也要上个职业学校，将来出来做个护士或会计什么的。不过，他没有强迫伦措留在学校。犹豫不决之际，他带着十几岁的女儿来到一位莫巴（算卦师父）[18]面前。

莫巴是村里一位受人尊敬的老人。老人拿出经书，向伦措要了她的生辰八字。

房间里的气氛有些微妙。桌子旁边站着一位自我矛盾的父亲，他既希望宠溺女儿做自己喜欢的事，就像他在打工的城市里看到的那些女孩儿一样，却又担心在这个传统的藏族乡村，作为一名女性唐卡画师未来的生活会很艰难。算卦老人坐在桌子中间，慢慢地翻阅经书。也许他并没有意识到自己的决定有什么样的意义。曾经由历史画下的性别边界如此深刻，以至于直到现在才有一位女孩儿来到他面前，说她想要画唐卡。伦措站在父亲旁边，这个之前勇敢地选择成为唐卡画师的女孩，此刻正紧张地盯着算卦老人手中的经书——她的命运，仍然掌握在男性手中。

老人合上经书，平静地对伦措的父亲说："她喜欢干什么，让她干什么就对了。"

这个故事，是伦措在画院里用还有些生硬的普通话讲给我听的。她刚进画院学习的时候，村里有不少人议论，质疑"他们家怎么把一个女孩子送去学唐卡"。除此以外，村里人更多的不解是因为学习唐卡需要很长时间，按照当地的风俗，学成出来，伦措早就错过了结婚的年龄。那时候，村里的亲戚见了她父母总是问："你女儿个子比妈妈都高了，怎么还不嫁出去？"

伦措不去理会这些。也许因为开明的父母没有给她太多压力，也许因为她从小就从父亲口中慢慢了解了河谷外面的世界，她不想和村里其他女孩子一样早早地结婚生子，从此一辈子围着丈夫和孩子转。她知道自己想画画，并且也知道这个学习唐卡的机会来之不易。她喜欢画院，每日的生活，就在画室和宿舍之间穿梭。不用干农活，也没有生计的压力，每年年底，师父还会给徒弟们发工资。那时伦措用年底领的"红包"为家里置办年货，这让她颇有成就感。此外，她还非常享受和画院同学相处的时光。无论是与姐妹们在宿舍里促膝谈心，还是拿着一米长的木头尺子追着其他男生满院子跑，年纪比其他同学稍大的她，一直因为开朗的性格，被大家当成"大姐大"。

那样的日子，干净得像一块刚刚打磨好的画布。

但学徒总有离开师父的一天。虽然伦措与和她一样的年轻画师经过日复一日的苦练，已经将佛像的比例深深印在心里，但他们碰到了老前辈们从未考虑过的问题。《造像量度如意宝》里虽然记载着请唐卡的施主和画师之间应该保持的神圣供养关系，但

正在作画的伦措丨作者摄（2018）

《如意宝》无法告诉伦措，女性画师该如何处理和客户的关系。或者，如果一幅唐卡的"创意"来自画师自己而不是客户，这张唐卡还算得上是有"灵"之物吗？虽然经书中明确指出，拿唐卡一类的"圣物"做买卖赚钱是有损功德的事，但要是一张唐卡被博物馆买走当成馆藏了呢？或者，在拍卖会上，如果有学佛的藏家依照自己"上师"的指示，把竞拍一张唐卡的资金当作对神佛的供养呢？再或者，如果画师把"卖"画给富商赚的钱捐给寺院修复壁画、营造佛塔，或用来多收几个来自贫困家庭的学徒呢？

尽管马克斯·韦伯（Max Weber）指出市场催生的是理性与世俗的活动，[19] 尽管瓦尔特·本雅明（Walter Benjamin）悲观地认为"复制"使艺术品失去了其最有价值的"灵韵"（aura），[20] 但今天——其实不只是今天，哪怕从佛教刚刚传入中国并开始影响中国物质文化的时候起——为佛造像的艺人就知道，"神圣"的宗教活动和"市场"的经济活动一直密不可分。[21]"圣物"与"商品"的边界并不像唐卡画面上的线条那样平稳清晰。

人类学家阿琼·阿帕杜拉（Arjun Appadurai）主编的论文集《物的社会生命：文化视野中的商品》[22] 就试图打破将商品和圣物（或礼物）过度区分的思维。阿帕杜拉拒绝询问"什么是商品"这类问题，而是转而关注"什么样的行为让一件器物有了商品的特质"。人类学家考比托夫（Igor Kopytoff）更是将这一思路演绎得更为彻底——他主张我们要像研究人物传记一样去看待物的传记（object biography），用更灵活的眼光去探究物的特质。[23] 也就是说，一件物品的"生命史"可能跌宕起伏——我们应该询问，一件器物从何时起，或在什么情况下，开始具有了"灵性"？进入世俗市场的圣物是否有可能被重新"神圣化"？在一件器物的生涯中，它如何在圣物、商品、艺术品、博物馆藏品等身份中做转换？像人都会老去一样，圣物也会"衰老"或"腐朽"。我们什么时候需要花力气修复一件圣物，什么时候又应该让它走向生命的终点？

早期人类学家已经给我们留下了教训：他们曾鲁莽地给某些物件贴上"祭祀用品"的标签，而以"农具"或"装饰品"来命名另一些物件——这不仅忽略了"物的传记"的种种可能，更无法捕捉到制造和使用器物的人复杂的动机，以及这背后人们正在经历的文化道德冲突。现代人类学博物馆的策展人（包括网课教室里的哥大学生）在撰写藏品标签时，需要考虑的是一件物品在到达博物馆之前所经历的全部生命历程。

往往，一直留在寺院佛龛中的神像不会引起太多注意。而那些遇到"意外"，生命轨迹出现波澜的"圣物"会帮助我们重新认识物的能动性（agency）[24] 和它的生命史。在讨论自然历史博物馆这张唐卡的生命史之前，我们先去一趟印度。

湿 婆 上 法 庭

1951 年，在印度南部泰米尔纳德邦（Tamil Nadul）的一个叫西瓦普拉姆（Sivapuram）的小村子，一位农民在犁地的时候突然挖出了六尊青铜神像。其中最令人赞叹的是两尊保存完好的湿婆铜像——一尊是在团团火焰的圆环中翩翩起舞的舞王湿婆（Nataraja）；另一尊是苏摩室犍陀（Somaskanda），也就是湿婆、妻子乌玛和大儿子战神室犍陀的"全家福"塑像。[25] 湿婆（Shiva）是印度教的三大主神之一，同时掌控着生殖与毁灭的强大力量，一直受到信徒们的热烈崇拜。西瓦普拉姆大概在 10 世纪晚期，也就是朱罗王朝罗荼罗乍政权期间（985—1012），修建了一座湿婆

朱罗王朝罗真陀罗一世于 1035 年完工的"带来恒河水的朱罗人之城"神庙外壁的湿婆夫妇赐福像｜包慧怡摄（2020）

神庙。据艺术史专家的鉴定，舞王湿婆和苏摩室犍陀这两尊青铜像应该也是该时期（甚至更早）的作品。它们被"请"到神庙中和湿婆林伽（Shiva-linga）[26]一起接受信徒们的供养朝拜。在神庙举行湿婆庆典时，铜像还会佩戴珍贵的珠宝、金饰和丝绸，由神庙管家扛到村里游行。

被埋在地下的神像并没有"死去"。因为"死去"的神像——也就是被损坏或因为其他原因无法在宗教仪式中再使用的神像，一般会通过特殊的净化仪式用火焚烧掉，这和现在藏传佛教中处理弃置的金属佛像的讲究是差不多的。10世纪的印度神庙当然没有像现代博物馆一样的恒温恒湿库房，也没有任何防盗警报系统，所以将铜像埋在地下是以前神庙为保护金属神像的一种很常见的方式。比如，因为偷窃、战争、自然灾害等原因，神庙里面的圣物可能会遗失或遭到损毁。这时，神庙的祭司就会将珍贵的神像从庙中取出，把它们裹上圣草放入土里，并毕恭毕敬地对神像说："只要外面还有危险，就请你与土地神一起安睡吧！"进入"冬眠"的神像并没有失去它们的神力。在合适的时候，祭司会把土中的神像再"请"出来，经过特殊的仪式，重新放回神庙接受信徒们的朝拜。但这个"合适的时候"迟迟没有出现，直到西瓦普拉姆的农民无意挖到它们。那时，舞王湿婆和苏摩室犍陀已经在地下沉睡了近十个世纪。

湿婆的这两尊铜像重见天日，立刻引起了巨大的轰动。最兴奋的当然是西瓦普拉姆的湿婆神庙和当地的村民。因为他们景仰崇拜的湿婆又奇迹般"现身"，预示着人们将得到神灵的眷顾与护佑。印度政府也十分看好这两尊神像。马德拉斯博物馆（Madras Museum）立刻提议收藏这两尊神像，因为它们代表了印度南部悠久的历史与灿烂的文明——刚刚独立不久的印度迫切需要这样的"物质文化遗产"为自己的民族自豪感背书。不过，神像的归属问题没有产生太大争议——1878 年通过的《印度宝库法案》(Indian Treasure Trove Act)现在仍然有效。法案规定，凡是意外发现的宝藏都需要上交区域的文物负责人，如果负责人判定文物已经在地下埋藏超过一百年，那么负责人有权决定文物的所有权。1951 年，西瓦普拉姆的文物负责人帕拉尼亚潘（Palaniappan）选择将这两尊湿婆像交还给西瓦普拉姆的神庙——这个颇有良心的决定，却给舞王和苏摩室犍陀带来了意想不到的命运。

虽然没能为博物馆收来神像，但马德拉斯博物馆的策展人斯里尼瓦森（Srinivasan）对这两尊湿婆像念念不忘。1959 年，他在印度的一本学术期刊上发表了一篇论文，热情洋溢地赞美西瓦普拉姆的舞王和苏摩室犍陀是印度青铜造像的登峰造极之作。除此以外，斯里尼瓦森还特意强调西瓦普拉姆的湿婆像应该是 10 世纪早期的作品，比艺术史专家一直倾心的罗荼罗乍年间的湿婆造像还要早。恰恰是这篇论文，让西瓦普拉姆湿婆铜像的意义和价值发生了巨大的变化：它们不再仅仅是神龛中受人膜拜的圣物，它们所具有的考古学和艺术史价值，加上它们无与伦比的造像工艺，立刻让西方藏家、艺术品交易商、倒卖文物的黑市商贩对西瓦普拉姆的舞王和苏摩室犍陀垂涎欲滴。

斯里尼瓦森的论文发表两年后，就发生了"狸猫换太子"的事。1961年，为了欢迎伊丽莎白女王访印，印度政府决定制作一本纪念画册。当时为制作画册而聘请的英国摄影师丹恩（Lace Dane），特意挑选了西瓦普拉姆的舞王湿婆像作为画册的封面。在丹恩为湿婆像拍照时，他跟当地政府说佛像看起来很陈旧，需要做一些清洁。于是，政府把舞王和苏摩室犍陀一并送到了邻城著名的铜像师罗摩萨米（Ramasami）那里做简单的维护。孰料，罗摩萨米不仅"清洁"了佛像，手艺超群的他还完美地复制了这两尊湿婆铜像——罗摩萨米将崭新的复制品交还给西瓦普拉姆的神庙（还收了人家500卢比的清洁费），而10世纪的原作则被他以17 000卢比的价格卖给了黑市的古董交易商。后来，这两尊佛像辗转到摄影师丹恩手中——虽然我们并不知道这是不是丹恩和罗摩萨米早就合谋好的，但丹恩再将佛像转手卖出去的时候，他大捞特捞了25 000卢比。

罗摩萨米的"调包计"其实颇值得回味。作为技艺精湛的铜像师，罗摩萨米交给西瓦普拉姆神庙的复制品从造型、材料和尺寸等方面都没有什么问题。神庙的祭司在拿回神像后自然也会按照仪轨，为神像再次进行净化和"开光"仪式（consecration），才能把它们重新放回神龛，作为神灵的化身接受信徒的膜拜。其实，神像的制造者本质上就是在进行"复制"的工作。就像在热贡唐卡画师的工坊里，画师们日日坐在画布前重复一个又一个神佛的形象——只要佛像的比例造型正确，材料得当，画师在作画过程中没有触犯宗教禁忌，那么在僧人为佛像开光加持过后，这就是有"灵"的造像、一件圣物。对于印度教的信徒来说，神龛里坐的到底是 10 世纪还是 20 世纪的铜像也许并不那么重要，只要这是一件圣物，就可以供奉朝拜。西瓦普拉姆的湿婆神庙在拿回那两尊铜像之后，也没有发现任何异常，前来瞻仰湿婆的虔诚信徒照样络绎不绝。

然而，罗摩萨米和丹恩很清楚，在现代艺术品交易市场里，10 世纪的"原作"和 20 世纪的"复制品"之间有着天壤之别。在决定复制神像的那一刻，罗摩萨米的工作室联通了两个原本没有交集的世界——将湿婆铜像当作圣物的宗教世界和将它们当作顶级艺术品的商业社会——也就是我们之前所说的"内部市场"和"外部市场"。罗摩萨米或许认为自己可以"合理"分配原作与复制品的归属，以便从中获取最大的经济利益。但他显然忘记了湿婆强大的毁灭之力——罗摩萨米的噩运马上就要开始了。

1965 年，艺术史专家舍曼·李（Sherman Lee）和斯特拉·克拉姆里施（Stella Kramrisch）在孟买一位古董交易商的家里发现了舞王和苏摩室犍陀的铜像。仔细鉴别过后，他们断定这两尊神像就是来自西瓦普拉姆神庙的 10 世纪造像——罗摩萨米"调包计"终于浮出水面。虽说知道了实情的西瓦普拉姆信众仍然不介意自己朝拜的是"复制品"，但他们还是会把肇事者的命运当成"警世通言"四处传说：罗摩萨米在卖掉湿婆像不久后就突然瘫痪，无法再继续自己的活计；丹恩被关进了监狱；从丹恩手中买走湿婆像的孟买古董商离奇死去。

但湿婆的"复仇"并没有阻止他此后辗转的命运。当舞王和苏摩室犍陀于 1972 年再次出现在公众视野中时，他们已经漂洋

朱罗王朝旧都坦焦尔王宫博物馆藏的 11 世纪舞王青铜像 | 包慧怡摄（2020）

过海到了美国，成为富豪诺顿·西蒙（Norton Simon）的私人收藏。显然，在 1965 年到 1972 年间，铜像一直在黑市里不断被转手，其中还包括贪图小利的印度海关关员，收受贿赂之后很可能把印度国宝贴上"私人衣物"的标签送出了国门。西蒙分别以 90 万美元和 22.5 万美元的价格从纽约著名的艺术品经销商本·海勒（Ben Heller）[27] 手中购得了舞王和苏摩室犍陀——巴德学院（Bard College）从事印度佛像研究的理查德·戴维斯教授（Richard Davis）指出，这应该是当时印度艺术品在国际市场中卖出的最高价格。

印度政府为自己国宝被盗一事气急败坏，一纸诉状告到法庭要求西蒙归还舞王和苏摩室犍陀的青铜像。西蒙显然不会轻易把自己好不容易搞来的宝贝送回去。况且那时，他刚刚买下加州的帕萨迪纳博物馆，并把它改成诺顿·西蒙博物馆（Norton Simon Museum），来安置自己收藏的大量亚洲艺术品。[28] 西瓦普拉姆的舞王和苏摩室犍陀将会成为诺顿·西蒙博物馆的镇馆之宝。不过，西蒙此次的对手比他预想的要麻烦得多。这起官司的原告不是别人，而是湿婆"本人"——印度政府作为湿婆的法律代言人，要求西蒙归还湿婆（也就是西瓦普拉姆神庙的主人）被盗走的两尊铜像。这听起来非比寻常，但并非史无前例。在英—印法典（Anglo-Indian law），甚至更早的罗马法典里，就有法律条文指出神灵可以合法接受或拥有财产。[29] 既然西瓦普拉姆神庙和里面的神像都是湿婆的"合法财产"，那湿婆就有权力要求西蒙把走私到他手中的铜像还回去。

给湿婆撑腰的，除了从印度来的官员和律师，还有印度驻华盛顿大使馆的外交官、热心的文化艺术界人士，就连美国驻印度大使也试图从中协调，生怕把事情闹大。原本纽约大都会博物馆打算为西蒙的收藏做一次大型展览——西瓦普拉姆的舞王铜像是这场展览的明星展品，但有关铜像的纠纷让大都会毫不犹豫取消了展览计划。西蒙知道再僵持下去毫无意义。1976年，西蒙和印度政府在庭外达成和解：西蒙同意归还舞王湿婆像，但印度政府需要答应把这尊铜像借给他展览10年，且不再追究他的其他收藏（包括苏摩室犍陀）的问题。虽然印度政府看似打赢了官司，但老奸巨猾的西蒙并没有什么损失——他不仅可以在接下去的10年继续保留舞王像并公开展览，这场官司还帮他了却了手中其他印度走私艺术品的麻烦。此外，西蒙扭头就去起诉海勒，并成功拿回了自己购买舞王的90万美金——不知什么原因，湿婆好像没打算诅咒西蒙，西蒙在这场纠纷中全身而退。

故事到这里还没完。1986年，也就是西蒙答应归还舞王铜像的那一年，印度政府居然把这件事完全忘了！直到离合约过期还有10天，印度考古调查所的所长纳戈瑞迦·拉奥（Nagaraja Rao）在整理文件时偶然翻出了这纸重要的官文——如果真要说"奇迹"的话，那多半是湿婆看不下去了，跑来给印度政府敲警钟。于是拉奥手忙脚乱出发去了洛杉矶，把舞王湿婆像取了回来。拉奥带着舞王先在金奈（Chennai）落脚，除了几个曾经经手这个案子的警察来接机，几乎没有什么人关心这尊一度惊动世界的国宝回到了印度。虽然拉奥认为应该把舞王铜像放回西瓦普拉姆的神庙，但因为神像太过珍贵，当地政府怕再次被窃，转而把舞王像放到了蒂鲁瓦鲁（Tiruvarur）新修的"神像中心"（Icon Centre）保存。据泰米尔纳德邦警察局后来的记录，这尊神像目前放在金奈一间神庙的保险库中。

讽刺的是，当苏摩室犍陀在诺顿·西蒙博物馆接受全世界各地访客的观瞻与赞美时，印度政府费尽周折索要回来的舞王，却同时失去了博物馆藏品的价值和神龛中"圣物"的价值。西瓦普拉姆湿婆铜像的故事让哥大的研究生们感叹不已。惊讶之余，大家也为舞王铜像的命运嘘唏。也许，像一直追随铜像的命运并为他"立传"的戴维斯教授所期待的那样，金奈的仓库仍然不是舞王命运的终点。

但也许，这恰恰正是湿婆想要的结果——他在凯拉萨山上嘲笑信徒、商人、官僚和藏家各自的盲目，用金奈的保险库重新隔开了罗摩萨米曾试图打通的两个世界，并亲手毁灭了人们在这座价值连城的铜像身上寄托的所有欲望。

流 浪 的 神 明

其实，我们身边也不乏像西瓦普拉姆的舞王一样被错置或遗忘的神明。

2018年夏末的一天，我穿过厦门南普陀寺的殿堂，沿着石阶往后山上爬。石阶有些陡，四周植物茂盛，有的藤蔓已经伸到台阶上，上面生出的小花贪婪地吮吸着潮湿的空气。我汗流浃背，大口喘气。夏虫在一旁漫不经心地鸣叫。

在一块巨大的长满青苔的岩石下面，有一个幽暗的洞穴。我走近。洞口便能看见由砖头和水泥垒起的"柜子"。柜子里面坐着数百尊各式各样的神像：如来、观音、财神、土地公、关羽、寿星佬等等。木雕的、泥塑的、陶瓷的、金属的，面朝不同方向，"礼貌"地挤在一起。在这个洞穴里，没有什么尊卑贵贱，也不分天庭排位——品相好一些的被放在石柜上面最显眼的位置，手臂断了或颜色褪得厉害的，留在洞穴深处。柜子下面，散落着破损的佛龛、唱佛机、香炉、电子烛台。一些牌匾和落满灰尘的佛画轻轻地靠在石洞一隅。

我知道他们，是几年前读到记者晏礼中的一篇文章，就叫《流浪的神明》。[30] 晏礼中跟随在南普陀旁边长大的艺术家蒋晟，一起去拜访五老峰下这些"落难神仙"。晏礼中写道：

"老人们过世后，家中的神仙就显得多余了。对神仙们来说，这是个尴尬的时代。'它们'对自己的命运无能为力，只能等待年轻人将'它们'移去'更适合的地方'。世间万物都逃不过生灭变迁，神像亦是如此。老一辈延续百年的信仰在年轻人眼里变成了'过时的传统'，在全球化的信息时代里，'创新与实力''机遇与勇气'这类务实的理念显然比'求神拜佛'更值得信赖。"

由于种种原因，这些神像被留在了这个洞穴。那时，正在学做佛像的蒋晟遇见他们之后，久久不能忘怀。并不仅仅因为他们

《流浪的神明》（2012—2015）系列之一｜图片由艺术家蒋晟提供

南普陀后山上"流浪的神明"｜作者摄（2018）

的造型——蒋晟通常会诧异为何关公安了一个财神的脸或者为何观音菩萨塑成了土地公的样子，还因为这些神像背后的故事。他们沉默无言，但却无比清晰地诉说着一户人家、一个氏族或一座村庄的变迁。他们底座上的裂纹，就像爬满老人面颊的皱纹，时刻提醒着，他们无力再去护佑下一代，注定被时间留在身后。蒋晟一次次回到五老峰，把他们从洞穴中"请"出来，为他们拍照。照完之后，再毕恭毕敬放回去。我没敢乱动神像，只是绕着石柜转来转去，不时按下手机的快门。

"你要是看到喜欢的，可以拿回去。"

这时我才注意到洞里还有一个僧人，他一边扫地，一边跟我说话。他告诉我，神像是被本地居民或访客带到这儿来的。可能是怕对神像不敬要遭报应，哪怕大家不要了，也不敢乱扔这些塑像。五老峰下的天然洞穴，就慢慢成了神像的"收容所"。南普陀的僧人和志愿者平时帮忙做一些简单的清理和维护。他们把还算完好的神像摆在外面，方便游客"请走"。

"这里的神像会不会有什么不好的东西？"我问。"一般人都这么说，"那个僧人笑着回答，"看缘分吧，你觉得有眼缘的，就可以请走。"我终归没"请"神像，只从柜子里取走了几本经书，在洞口对着神像拜了拜，就下了山。

人类学家宗树人（David Palmer）和他的同事在香港也遇到许多这样的"收容所"。[31] 正如宗树人教授所说，这些"收容所"不是神像的"墓园"——因为神像虽然陈旧破损，但并没有死去，仍然带有"灵"力。这也是为什么像我一样的访客不敢轻易把它们"请"回家。很多人说，这些佛爷爷连自己都保全不了，哪儿有本事保佑别人？"力不从心"的神像倒也罢了，害怕的是被恶鬼附体的神像，不小心拿回家去，恐怕还要惹出大麻烦。肯德尔教授在越南曾遇到神庙把老旧的神像拿出来修复。法师和艺人都万分小心，趁烈日当空的时候为神像"去圣化"（de-animate），以红布遮盖，送往工坊。修复完成后，盖上红布送回神庙，深更半夜时由法师再为神像"开光"（re-animate）。³² 因为从神龛中取出的神像，尤其在"去圣化"之后，变得极其脆弱，容易沾染恶灵，在白天进行修复并以红布遮盖，都是为了保护神像不受污染。

曾经因为战乱、台风和瘟疫，闽南人在家里供起神像，面对变幻莫测的汪洋与跌宕起伏的时局，寻求护佑与内心的慰藉。民间信仰的讲究很多，却不一定成体系。家里神龛上可能同时供着神佛菩萨、道教仙人、妈祖，还有本地其他的保护神——包容且实用。随着时代的变迁，精明实用的闽南人继续实践"灵验"的信仰——无论这是香火旺盛的寺院中供奉的观音，还是现代科技或市场经济提供的"理性"保障。老一辈人日日相伴的神灵，以及他们承载的历史的样貌与味道，逐渐在时光中褪去。就像汶川地震后，从山里迁出的羌族释比，总会翘着鼻子吮吸城市的空气，然后叹道："怪了！成都那么大个城市，尽是火锅的味道！……咋就闻不到神的味道？……也闻不到鬼的味道！"³³

不过，哀叹传统不再、礼崩乐坏并不是今天人们才染上的流行病。20 世纪 70 年代，当肯德尔教授在韩国乡村中做萨满研究的时候，就不断地听到人们抱怨社会变化太快，以及他们对"美好往昔"执着的怀念——这让人想起电影《午夜巴黎》中俄罗斯套娃般的戏码。肯德尔一面在酒局上陪伤感的萨满发牢骚，一面细心地观察萨满如何学会为自己的法事服务"明码标价"，如何眼观六路、耳听八方订购到既正宗又廉价的萨满画，如何小心翼翼地收藏刚刚过世的老萨满留下的神像，或把它们当作文化遗产捐给民俗博物馆。[34] 无论是在香港还是在南普陀，不少有心人还是会从"收容所"请神像回去——就像宗树人的两个同事那样——他们依靠法师的占卜，得到神明点头同意之后，经过净化和开光仪式，妥善收留曾经"落难"的神仙。[35] 重新回到神龛的神像好似从冬眠中苏醒，继续接受供奉并履行护佑信徒的神圣"契约"。

肯德尔认为，传统一直在消亡，但它的哀悼却伴随现代性的每一次脱茧。[36] 今天从事物质文化研究的学者会更辩证地看待"传统"和"现代"之间的关系。人类学家不会轻易哭诉商业文化如何污染传统，而是去探究"人"和"神"如何相处、如何共同应对日新月异的社会——湿婆为西瓦普拉姆的铜像"出庭"打官司，并做出了他的"选择"；南普陀流浪的神明在花开花落、鸟鸣虫吟中静静等待下一个"眼缘"；地震九年后，羌族释比和族人重返故乡，在山脊上手捧金丝猴头骨，敲响羊皮鼓，伴着一轮红日请神归来。[37]

哪怕就是在市场里，贴着价签、等待出售的商品有时也会突然"显灵"。一位美国游客从印尼旅游纪念品商店买了一只巴厘岛的面具，拿回家挂在墙上当装饰品。可等他下班回家，这只面具已经摔到地上，从中间裂成两半。有经验的巴厘朋友开玩笑，说他买了个爱跳墙的狠角色——换句话说，这不是普通的旅行纪念品，有很强"灵力"附在这只面具上。[38]

还有其他被当成纪念品、家装饰品或结婚礼物送出的面具，到了半夜突然在客厅里乱飞，或故意面目狰狞把小孩子吓哭，抑或在大家进餐时，当着全家人的面发出咬牙切齿的声音。[39]专门为游客助兴的舞蹈演员戴上作为道具的廉价面具时，却一下进入"出神"（trance）状态——这通常是神庙中已经"开过光"的面具才有的"灵力"。[40]研究巴厘岛物质文化的学者推测，有些流入市场的面具可能是神庙失窃的赃物；有些虽然是为旅游市场制造的，但可能偶然用到了制作神庙面具剩下的边角料木材（比如，曾被闪电击中的神树特殊的部分）；有些面具哪怕并非来自神庙，也非材料特殊，但上一任主人虔诚的供养和膜拜也可能引来神明"入住"。[41]无论何种原因，出现"神迹"的面具就好似宣告，它们要求被视为圣物对待——一般大家会依照它们的"意愿"，将它们送入神庙。

同样，在成都武侯区的"民族用品一条街"，商铺老板和前来"请"神的顾主绝不会认为自己进行的是如同买卖地产或保险一般的纯粹商品交易。在民族用品市场，佛像的经济价值恰恰由它们的宗教价值决定——越是"正宗""灵验"的佛像，售价也越高。虽然商铺老板承认很多市场上流通的佛像都来自工厂，但从事佛教物质文化研究的崔恩·布洛克斯教授（Trine Brox）发现，制造佛像的车间在生产、包装和运输方面都有不少讲究。比如，在寄出佛像时，工厂会把佛像包好放进木盒子，佛像的颈上围有哈达，以保佑佛像能够一路平安到达顾主那里。[42] 很多售卖佛像和宗教用品的店铺老板自己也是修行的居士。他们常会在店里燃香、播放诵经的录音、挂上写有藏文的标识（尽管有的店铺会把藏文写错）、在顾客面前"炫耀"自己的藏文化知识，或跟同样在修行的师兄[43] 分享素食营养贴士。布洛克斯教授还碰见过一位藏族僧人在一家售卖佛珠的店铺里为所有的器物"加持"——店主告诉布洛克斯，那位僧人正巧路过，店主便请僧人作法保佑她"生意兴隆"。法事过后，店主给了僧人少量现金作为对他"服务"的酬谢。

无论藏族人还是汉族人都知道，"民族用品市场"这种地方总是鱼龙混杂。肯为寄出的佛像缠上哈达或请僧人为佛珠加持的店主可谓行业中的模范。顾客一不小心可能还会碰到售卖"假"佛像（即没有装藏的佛像）或劣质产品的无良商家。当一位藏族顾客诺布给布洛克斯看他的转经筒时，他们都觉得这个转经筒多半来自工厂流水线，诺布甚至不敢确定经筒内是不是真的装藏了经书——因为如果强行打开经筒检查里面的内容，就相当于"去圣化"，这也让转经筒失去了意义。虽然诺布不知道经筒里到底装的是经书还是报纸，他还是老老实实地按照佛教仪轨使用转经筒。他向布洛克斯援引了一个家喻户晓的传说：一位老妇误将狗的牙齿当成佛祖的牙齿每日虔诚膜拜，她的诚意感动了佛祖，佛祖后来真的将那颗狗的牙齿变成了"圣物"，在老妇的佛龛上金光四射，引来众人观瞻朝拜。诺布和其他很多信徒都相信"心诚则灵"——除了材料、工艺、制作流程和流通方式，信徒们的"虔

巴厘岛突然"显灵"的面具 Jero Amerika（前排）被送入神庙和其他仪式面具
供奉在一起 | Ni Wayan Pasek Ariati 摄（2018）

诚"（藏语叫 དང་བ།）也是让一件器物灵验极其重要的因素。[44]

湿婆"上法庭"，神明在南普陀"流浪"，巴厘岛的面具会"跳墙"，民族市场里的劣等货有可能变成真的圣物，这些听起来离奇的故事，将我们的视角一步步引向"物的传记"。当讨论一件圣物的价值时，尤其是像舞王铜像这样曾"游历"于不同文化语境的圣物，我们应该把目光移向"文化碰撞的场域"[45]——不同人对价值认知的差异而产生的文化道德冲突，恰恰说明了一件圣物所承载的意义的可能性。除了像佛学家一样仔细勘察经书文本，或像艺术史学家一样鉴定材料、工艺和流派，我们还需要了解请神像的顾主、造像的艺人、商贩、藏家、学者、策展人等等各自的行为与动机。这些"人"与"事"在一件圣物的生命里都留下过无法抹去的烙印。

现在，让我们回到自然历史博物馆收藏的伦措的唐卡，去探究它的生命史。

一 张 唐 卡 的 旅 程

【热贡】

2018 年，在同仁县城的一间公寓里，伦措提笔为《冥想观音》打底稿——这也是她生了孩子之后，第一次坐在画布前创作一幅唐卡。

虽然伦措当学徒时，父母没怎么催促过她成家，但随着父亲年龄的增长，他总是难以掩饰自己对孙辈的渴望。在即将迎来第二个本命年时，伦措结了婚，很快就有了孩子。得知伦措怀孕之后，父亲十分欣喜，同时也劝她暂时不要画唐卡。因为在绘制唐卡的时候，画师常常将蘸了颜料的毛笔放入口中，用唾液浸润颜色。大家担心这些矿物颜料吃进嘴里对胎儿不好，伦措怀孕期间就没有拿过画笔。

等孩子出生之后，虽然父母不再阻止她画画，伦措却很难找到时间坐下来画唐卡。伦措的丈夫在他们住家旁边租了另一间公寓当画室，白天和徒弟们在那里画画。伦措则留在家里照顾孩子和年迈的奶奶。孩子刚出生的那段时间，她不停地给孩子喂奶、哄睡、洗衣服、做饭。等孩子稍大一些能够自己到处爬了，她又要担心孩子弄坏她的画。就在几天前，伦措想趁孩子睡着的时候，继续画她和丈夫合作的释迦牟尼黑金唐卡。她正画得入神，没注意到儿子已经爬到她身边。儿子伸手便往画上摸，然后又去抓画笔和颜料，还险些将金子打翻弄到唐卡上。伦措再不敢把唐卡拿出来。就连给我看这张画的时候，也是小心翼翼将画搬到奶奶的卧室，然后紧紧关上了卧室的门。

四年前，伦措离开了画院。对此，师父并不是很理解。师父说，一个女孩子在外面，要靠自己不要靠别人，需要画得特别好才行，最好再学个两三年出徒比较好。但那时伦措家里遇到了些困难，父亲欠了债，家里还要修房子，需要钱。虽然父亲说全凭伦措自己的意愿，但她知道父亲希望她能够从画院出来赚钱，帮助家里渡过难关。

　　伦措没有因为离开画院的事埋怨过父亲。实际上，伦措从未因为任何事埋怨过父亲。虽然父亲常年在外，但伦措和父亲之间的感情却很深。父亲在外面见过世面，为人又很开明，伦措有什么事都喜欢跟父亲商量，听他的主意。村里和伦措年纪相仿的女孩子，如果不上学，要不到外面去打工，要不就留在家里干活、挖虫草。伦措心里一直非常感激爸爸支持自己画画。也因为学了唐卡这门手艺，伦措觉得现在自己的生活比较自由，经济状况也比村里其他女孩子好很多。

伦措背着儿子在老家帮父母打扫卫生｜作者摄（2018）

伦措的父亲是个直率幽默的人。在别人面前谈起自己的大女儿，父亲总会带着骄傲的语气。现在有了孙子，父亲回家的次数比以前频繁了些。只要父亲在，孩子的吃喝拉撒就全都由他照顾。也许是因为当时让伦措提前离开画院，父亲觉得对女儿有所亏欠，现在家里条件好些了，父亲总说想给些钱，让伦措到北京去开个唐卡店。"要开就开到后海去。"父亲半开玩笑说。谁都清楚，伦措家里目前无力支付那么高昂的租金。到外面去开店，却成为父女之间一个默契的期许。

伦措是家里的大女儿，她还有一个妹妹，正在上中学。每当家里需要修房子、种地、收麦子，母亲都会把伦措叫回村里帮忙。伦措的爸爸长年在外打工，伦措说自己是母亲最重要的依靠。只要是家里的事，伦措基本随叫随到。

结婚之前，伦措曾到北京画过一年唐卡。那时，她在一家生意不错的唐卡店打工，帮人画画，每月领工资。伦措对那段日子有些怀念。除了怀念相对丰厚的工资和大城市的各种休闲娱乐以外，她还看到了机会和希望。因为伦措是比较少见的女性唐卡画师，她接受了北京电视台某节目一个短暂的采访。和她一起打工的画师们劝她趁热打铁，赶快找人去宣传宣传，或者借这个机会去寻觅自己的客户。但那时恰好家里有事，母亲把她叫回了村子。她回热贡之后，就没再回过北京。出名这件事，连同那个5分钟的采访，就此留在了那个遥远的都市。

2018年的夏天，父亲从外面打工回来小住，帮伦措照顾儿子。伦措终于可以安静地坐下来构思唐卡作品。伦措花了几天时间，为红唐《冥想观音》打好了底稿。线稿上，观音的面部仍是一片空白。在开眼点睛之前，这幅画的成败仍是未知之数。伦措说，这张唐卡不是订单，画是她自己设计的，观音也是她最喜欢的神佛形象。她画得很细，也画得很慢。虽然伦措以前没有尝试过观音冥想像和这种不对称的构图，但她希望能在这张画里将自己的技艺都发挥出来。

看着底稿上流畅的线条与精致的花纹，我说："这会是张精品唐卡，画完了一定会卖个好价钱。"伦措点点头，说："希望我能赚到钱，希望有一天我能把这个家担起来，爸爸就不用那么辛苦了。"

【北京】

2019年春节刚过，北京仍然寒冷，但位于CBD的一间五星级酒店里却温暖如春。

伦措坐在酒店画廊的椅子上，安静地环顾着四周。这次来北京，她打算卖掉自己这些年画的唐卡，最好还能认识新的客户，这样回热贡之后就可以租房子开自己的画室。室内空调的暖风在隆隆作响，我轻声建议她把外套脱掉，她笑着摇了摇头，好像那件黑色羽绒服能够帮助她遮掩自己的局促。她双手握着画筒，向椅子里坐得更深了一些。

我们刚到的时候，画廊老板正在接一个电话。她示意让我们先坐下。画廊不大，开放式的门面对着一个被进口食品填充得琳琅满目的市集。画廊后方是一个大排档，戴着高帽子的厨师们正站在波士顿龙虾、北海道帝王蟹和其他进口海鲜后面，准备随时烹饪美食来满足顾客挑剔的味蕾。画廊里正在展览一位艺术家的写实油画，里面包括表情忧郁的藏族女孩肖像，以及正在朝圣途中的藏民人家。

"哎呀，对不起！刚刚一个客户的电话。"画廊老板走过来招呼我们。伦措微笑着，但没有主动说话。只有当老板说"我们看看画"时，才打破了伦措一身黑衣所裹挟的沉默。

"这是红唐《冥想观音》，刚刚完成的。"伦措将卷起的一叠唐卡从画筒中拿出来，指着最上面一幅说道。接着，她在桌上将唐卡一张张摊开：文殊菩萨、绿度母、释迦牟尼、四臂观音等等。

这时，酒店经理刘老板走了过来。还没等画廊老板介绍伦措，刘老板便抢过了话头："哦，青海的唐卡。我的上师是甘孜白玉寺的活佛！"他说话时声如洪钟，气场磅礴，画廊老板立刻笑着奉承道："刘老板本人也像尊佛。"伦措没有说话，双手握在身前。刘老板一面看伦措的唐卡，一面说："画得很不错！你需要一个个展，需要一个很好的包装和推手。"伦措礼貌地点点头，继续沉默着。刘老板喜欢周围的人毕恭毕敬地听他滔滔不绝。"如果你要学，就要学习一下毕加索，"刘老板继续说道，"梵高一生潦倒，因为他不懂得经营。毕加索就不一样，他先有了故事，再有画，他知道如何经营自己。"

送走刘老板后，画廊老板将头转向伦措，问道："你的确画得不错，不过你画的这些别人也可以画。你有什么特点？你有什么跟别人不一样的地方？"

这几句话把伦措问蒙了。伦措看着我，好像可以从我这里得到解释。

对于画商来说，艺术品就是商品。艺术家独特的风格，是能够让其作品在市场中脱颖而出的关键。但对于伦措这样一个初出茅庐的唐卡画师来说，可能从未考虑过这些问题。人类学家陈乃华曾将日日端坐于画布前的唐卡画师描述成"无名的造神者"。[46] 画师们锤炼技艺，只是希望自己笔下的神佛能够与经书中所描述的别无二致，为请唐卡的施主在俯仰跪拜间积累功德。这种节制的内在让这群"无名"艺人与当下强调"自我"的艺术家形成鲜明的对比。当"无名的造神者"决定带着自己的画作走入艺术品

伦措拜访北京一间画廊｜图片来自纪录片《画唐卡的女子》（2019）

市场，他们在向客户展开画卷的同时，也打开了一个全新的世界——画作的意义与价值取决于现代生活的审美与逻辑。画师们要学着从画布背后走到前台，经过"包装"和"推手"，给自己的作品赋予更为个性化、更具商业价值的语言。

画廊老板说，她的画廊虽然租金高昂，但因为地段好，生意相当不错，随时有过路的有钱人一掷千金。另外，她也很相信自己的眼光。之前她代理过另一位藏族唐卡画师，因其十分擅长在纯黑底色上勾勒金线的佛像，并且这种风格也符合都市人的审美，所以很快这位画师就被包装成了"青海黑金唐卡大师"，接下来的订单源源不绝。

我知道自己不可能跟画廊老板赘述艺术史学家雷德侯（Lothar Ledderose）曾赞扬"以自然造化为师的中国人"不会以复制为耻或将创造力狭隘地定义为革新，[47] 我也知道自己不可能在5分钟之内教会伦措如何推销自己。我尽可能将画廊老板的问题说得委婉、具体一些："她想知道你最擅长的是什么。"

"哦，是这样啊。"伦措好像松了一口气。她指着那幅《冥想观音》衣饰上精美繁复的花纹说："我最擅长勾金了。你看，就是这些，这些都是我自己设计的。"

画廊老板好像对这个答案很满意。她将每张唐卡上的勾金花纹细细端详一番，点点头说："嗯，是个奇才！"

【收藏】

2019年5月，我坐在纽约的办公室里，看了一眼时间，上午

10 点半，这会儿在热贡的伦措应该还没睡。

几天前，我接到玛格丽特·米德国际纪录片电影节（Margaret Mead Film Festival）的通知，说我提交的那部有关伦措的纪录片入选了 2019 年的电影节。[48] 与此同时，肯德尔教授提议收藏伦措的红唐作品《冥想观音》，并在电影节期间向观众展示。我知道，年初伦措在北京拜访的画廊老板后来改变了经营的方向，基本把精力都放在当代艺术上，她们的合作没有成功，伦措带着《冥想观音》和其他作品回到了热贡。但我不确定那幅唐卡是否已经被人请走。

我拨通了伦措的电话。

"呀，姐，怎么了？"每次给伦措打电话，她都会这样说。

"你那幅红唐《冥想观音》还在你手上吗？"

"嗯，还在。"

"我们博物馆想买下这张画，然后作为我们西藏收藏部的馆藏。你觉得怎么样？"

"哦，好啊。"

伦措顿了顿，又问："姐，是不是被博物馆收藏特别好啊？"

我一下就笑了。因为我知道，现在可能有成百上千的热贡画师挤破脑袋想让自己的作品跻身博物馆的收藏（更别提是一间世界级的博物馆）——以便得到证书一类的资料日后为自己打广告。

就像之前提到的，现在唐卡市场激烈的竞争迫使热贡的年轻画师想尽办法"推销"自己。今天的画师，已经不可能像 10 年前那样，"偶然在村里遇到来热贡旅游的老板，然后被请去他们的豪宅为他们画画"[49]。吾屯上庄和下庄是唐卡画师分布最密集的两个村子。到了夏季的六月会，游客从四面八方涌入热贡，吾屯村的许多画师便蠢蠢欲动起来。有人将写着"热贡艺人之家""热贡优秀画师"等标语的牌子，挂在自己家门口。有人把自己画的小唐卡[50]挂在胸前或者车子的后视镜上，如果看到有游客对这些唐卡稍微表现出一点兴趣，便立刻凑上前去搭讪。有的干脆站在家门口，拉游客到家里喝茶，"顺便"再看看自己的唐卡。

其他村子的许多画师对这种做法嗤之以鼻。但不可否认的是，每一个年轻的唐卡画师都要去建立自己的人脉关系：画师的消息要灵通，不错过每一场唐卡比赛、非遗文化节、艺术博览会；当村里、县上、州上遴选优秀画师或传承人代表时，为自己争取最多的票数；或者，画师最好适时出现在某一个电视台的采访中、在某一篇报道里添上自己的名字和照片或者跟网红们搭上关系，让他们帮自己的唐卡拍个小视频，打打广告。所有这些社交活动的背后，还有一场又一场觥筹交错的酒席与应酬。

这些对于伦措来说，几乎是天方夜谭。虽然她是热贡地区为数不多的女性唐卡画师之一，但这个身份并没有对她产生多大帮助。伦措说，一个女孩子出去很不方便，会被人欺负不说，如果去应酬的话，村里人就会觉得她这是出去"混"，很不检点。有一次她带着徒弟们和一个从汉地来看画的男性客户到县上吃饭，后来村里的八卦传来传去就好像她是在跟人家"约会"。伦措的丈夫是个老实人，每日只是在画布前勤勤恳恳地画画，很少出门。此外，他不太懂汉话，碰到从外面来的客户，完全没有办法交流。

即使是在网上售卖他们的唐卡作品，也全都由伦措一个人来料理。虽然伦措对绘画的质量要求很高，但她本人十分低调。有了订单，伦措就马上去发货，有时连电话也不会跟客户打。她开玩笑说，如果自己也搞个"优秀唐卡艺人"的牌子挂在家门口，乡亲们肯定以为她脑子出问题了。

我从纽约给伦措打电话时，她做生意的经验远远不如身边的很多男性画师，所以她对博物馆收藏还没有什么概念。我——现在作为她的"客户"——向她解释，如果有作品被博物馆收藏的话，可以提升艺术家的知名度，她的其他作品因为其"收藏价值"也会在艺术市场里升值。

"姐，你帮了我好多，不知道该怎么谢你，"伦措在电话那一头说，"不过你要是个男的，他们又该说我俩有那个啥了！"

我们在电话两头放声大笑。

【热贡】

几个月后，我带着博物馆的支票回到热贡。伦措将我带到她新的画室。

这是一间狭小的公寓，里面只有两个房间，一间作画室，一间是她和女徒弟们的宿舍。客厅里支着钢丝床，那是男徒弟们睡觉的地方。画室的四面墙都被画架填满了。白天，伦措和徒弟们借着充足的阳光，坐在画布面前安静作画，需要取用颜料的时候，大家都得小心翼翼地走到门口去拿。因为画室实在是太小了，如果有谁稍稍往后一倒，都有可能碰到别人的画架或者后背。

伦措是过年之后租下的这间画室。那时，她也决定了要跟丈夫分开。

孩子满周岁后，观念守旧的公婆便不断催促伦措搬回乡下的婆家住，在那儿养孩子、干农活。伦措既不愿放弃画画，也不愿抛弃照顾自己父母和料理家事的责任，成为别人家的劳动力。虽然对于现在的热贡女性来说，离婚并非闻所未闻，但离过婚的女性，无论是什么原因，多少还是会受到乡邻们的非议。就连伦措的公婆也觉得能以此说服她："年纪这么大了，还带个孩子，离了婚，谁会要她?!"

就像当年选择成为一名唐卡画师，伦措从婚姻与传统观念中出走的时候，带着一种平静而无声的坚定，没有怨念，但也毫不迟疑。在开始画唐卡之后，伦措不再像大多数热贡的藏族女性那样习惯以履行婚姻职责来定位自己并获得满足感。但同时，她也没有因为摆脱了婚姻和传统家庭的束缚而得意忘形。有了自己的画室之后，伦措为人处世愈发低调谨慎，处处提防招惹闲话影响自己画画。

其实，也是在她开始画唐卡之后，伦措注定要面对作为一个画师的孤独。画唐卡需要安静与专注。每天吃完早饭，伦措就坐到画布前，一直画到日落。画 10 天，休息一天。休息时，徒弟们放假，她会去镇上买菜，买肉，添补颜料和画布。如果有"顺风车"，她就带上网购的尿布和玩具，搭车回村里去看妈妈和儿子。这是她在画院当学徒时的作息，现在她成师父自己带徒弟了，伦措仍然遵守着同样的日程。这样的生活方式，让伦措很少有机会出去参加娱乐活动，也很少能见到自己以前的朋友。每到夏天，当伦措看到结伴而来热贡旅游的大学生们，她会暗暗地羡慕，然后感叹："我只有画院里的几个朋友，现在嫁都嫁了，聚不上了。"

但当她回到画布前，提笔作画的时候，她能够完全忘记尘世生活的孤独。伦措的徒弟们总是很佩服，师父能够在画布前坐那么久，居然不觉得乏味。伦措说，当她去描画度母或观音的肖像时，她的内心感到无比的喜悦，那种喜悦，就好像是一个孩子看到了自己的妈妈一样。她记得师父曾反复说，画佛是一种缘分，只有上辈子有功德的人才会转世成为唐卡画师。那些佛神形象，就好比一面镜子，能够映照出画师的品格——只有保持纯粹的心，做一个正直善良的人，笔下的神佛才能庄严慈悲。

伦措的画室还特别欢迎女性学徒。根据自己的经验，伦措知道，一般藏族女生在男画师那里学唐卡总会觉得"不太自在"，有疑问或不会的地方也不敢主动向师父请教，很多女生因此半途而废。学徒的家长跟伦措说，恰恰因为她是女师父，他们才肯将女儿送来学唐卡，换成男师父的话，女儿天天跟师父吃住学画在一起"很不方便"。伦措的两个女学徒来她画室之前，基本都没什么画唐卡的经验。伦措教她们从"度量经"开始，在纸上练佛像的比例、打线稿，然后慢慢开始学习磨颜料、调配颜色，再为唐卡填涂底色。虽然目前在画室里，仍然是伦措或她最有经验的男徒弟为佛像"开眼"——唐卡绘画的最后一步，也是最关键的一步，伦措说，如果这两个女徒弟跟她的时间足够长，她们也一定能像她一样，出师之后自己开画室带徒弟。

在她自己的画室里，伦措也不满足于一味重复从师父那里学来的图像。她开始思索北京那间画廊的老板曾向她提出的问题："你跟别人有什么不一样。"所幸的是，伦措没有把心思花费在包装和推销上。她选择回到唐卡的本源——她希望去描绘浩瀚佛经中，未曾被描绘的情景和未曾被讲述的故事。她在画室里和徒弟们一起研读经书，记下在寺院或者展览中看到过的出自不同时期、不同风格的佛神形像，不时还会去寺院请教阿卡经书中不甚了解的地方。虽然并不能确定这样的唐卡能否满足市场的"口味"，但伦措觉得，这比复制"流行"的佛像更有意义。伦措和她的前辈一样，在游历、观看、思索与实践中，在画布上进行着拉如的修行，用自己的笔触为智慧与慈悲的文字带来新的生命。

【纽约】

2019 年秋天，我将《冥想观音》带回纽约的自然历史博物馆。

我的同事莱拉·威廉姆森（Laila Williamson）为这幅唐卡建档入库——它成为了博物馆 3000 多件西藏收藏中的一员。从上一章我们知道，劳弗的中国远征（1901—1904）带回了自然历史博物馆的第一批西藏收藏。但劳弗没能亲自入藏，这些器物是他从北京和承德的市场上买回来的。此后，博物馆又陆续通过民族学家和传教士的收藏以及私人捐赠的藏品，逐渐扩大了自己的西藏器物馆藏。[51] 其中体量最大的一批是由纽约律师威廉·惠特尼（William Whitney）于 1936 年捐赠给博物馆的 910 件西藏器物（其中包括 160 幅唐卡和 400 尊青铜佛像）。这些器物是惠特尼在过去 12 年间从各处采买而来。和当时醉心于亚洲艺术的很多藏家一样，惠特尼从未去过西藏，他的收藏都是通过艺术品经销商或在梅西百货的艺术品展销会购得。威廉姆森跟我说，她见过博物馆工作人员在惠特尼家里拍的照片——因为收藏的器物太多，他家的走廊、客厅和卧室早就放不下了，很多佛像和唐卡甚至被堆进了厕所。正因如此，想要确定这些器物的制造年代或地区尚且十分困难，更别提它们的"生命史"了。

与其他西藏器物不同的是，和《冥想观音》一起进入博物馆库房的还有它背后丰富的人类学背景资料。我们不仅知道这幅唐卡是由青海的一位藏族女画师绘制，我们还知道伦措的故事，以及画师的生命史与这幅唐卡的生命史交织在一起所产生的多重意义——这也是哥大研究生在策展时希望向观众呈现的精彩故事。

虽然《冥想观音》不是博物馆的订单，但在自然历史博物馆提出收藏《冥想观音》后，伦措将画带到隆务寺，请一位阿卡为唐卡开光——也就是说，进入博物馆的这张唐卡是具有"灵性"的圣物。虽然在展厅里，唐卡挂在墙上不能移动或触摸，但策展人和设计师特意在配合展览推出的网站上，添加了可供观众自己操控的 3D 虚拟模型。[52] 这样观众可以看到唐卡背面，每个佛像头、喉、心处以红笔写下的三字明咒"嗡阿吽"。[53] 除了唐卡的宗教价值以外，学生们还在展览中呈现了这张画对于伦措的意义。为《冥想观音》起稿时，可能是伦措自己心境最不平静的时期。她的新角色——妻子、儿媳、一岁婴儿的母亲，以及她一直承担的家中"大女儿"的责任，让她很难找到时间坐到画布前。但凭借当年决定成为唐卡画师的坚定，伦措用这张《冥想观音》向其他人证明，女性画师，哪怕是刚刚生了孩子的女性画师，也可以和男性画师一样创造出精美绝伦的传世之作——伦措知道，这是她得到算命老人的指引后，注定要投身的战役。

学生们尤其喜欢伦措在接受他们的采访时说的话："我希望女生们到我的画室来学唐卡。"大家把这句引言放在展厅里伦措肖像的下面。透过这张唐卡，纽约的观众能够看到伦措、她的画室、她的学徒以及热贡整个文化空间正在经历的变化。这面墙上的唐

美国自然历史博物馆工作人员接收伦措的唐卡｜作者摄（2019）

卡，不再仅仅以年代、材料、流派来定义，它是一个"活"的文化。伦措也并不是一个孤单的传奇，她的"战役"与努力，正在影响更多的人。

由于疫情，布展时只有博物馆的专业团队在现场操作。哈维教授特意拍摄了布展的照片和视频，给学生们做"现场报道"。哈维教授说，每个亲眼看到《冥想观音》的人都被这张唐卡深深打动。也许，这正是本雅明所珍视的"灵韵"。或者，甚至连本雅明也没有意识到圣物的"灵韵"离不开人的故事——这张唐卡背后画师的生命历程，让观音那庄严、平和、慈悲的面孔更加令人动容。

在热贡，有画师曾跟我说："你是在画佛，也是在画自己。"

77 街的神龛

展览开幕后，我曾邀请学界的同仁或朋友来展厅参观。在会议、展览或其他场合，我也和别人聊起自然历史博物馆民族学展厅中的这张唐卡。和不同的人谈这张唐卡的时候，大家的关注点各不相同。比如，艺术博物馆的策展人会和我讨论勉唐画派现在在热贡地区的发展，修行藏传佛教的居士会询问画师在作画的时候有没有念咒的习惯，矿石珠宝店的老板对红色珊瑚石、绿松石等矿石研磨出的颜料极其感兴趣，关注家庭性别议题的社会学家则对伦措本人非凡的经历印象深刻。不过，大部分人都会惊讶地感叹："我从来不知道自然历史博物馆还展览唐卡！"

这时，我通常会心领神会地点点头。美国收藏唐卡的博物馆很多，哪怕就在纽约，提到唐卡，大家一定会先想到中央公园另一侧的大都会博物馆，或位于切尔西专注喜马拉雅艺术的鲁宾艺术博物馆（The Rubin Museum of Art）。在佳士得或苏富比的拍卖会上，熟悉亚洲艺术的藏家们对 18 至 19 世纪的老唐卡一直趋之若鹜。那么，自然历史博物馆的唐卡展览有什么特别的地方？

1998 年，当大都会博物馆首次举办西藏绘画展览时，馆长菲利普·德·蒙特贝罗（Philippe de Montebello）在展览画册的前言中写道："……画作的审美品质是此次展览选择的主要依据，其宗教造像意义则是其次。"馆长的话，其实也符合一间艺术博物馆的定位——艺术博物馆的策展人通常会关注画作的流派、时期及其美学造诣。但研究佛教艺术或物质文化的学者则通常会批评美术馆这种偏颇的策展方式，他们认为美术馆把唐卡、佛像和法器像普通书画或珠宝首饰一样摆出来，完全忽略了宗教器物"灵性"的一面。为了给观众提供更"正宗"的观展体验，有很多博物馆搞起了"沉浸式"佛龛。[54] 通常，策展人会模拟普通人家佛龛的摆设，在一间展厅里摆放唐卡、佛像、供品、法器、藏式家具等器物。[55] 加上昏暗的灯光、仿真 LED 酥油灯、环绕立体声播放的低沉的诵经，试图将观众引入另一种文化情境。

不过，走入沉浸式佛龛之后，观众很少能看到标签。[56] 不熟悉藏文化的观众很难在现场解密每一样器物的用途和讲究，更不知道为什么这些器物会以这种方式摆在一起。和印度国立博物馆

鲁宾艺术博物馆的"沉浸式"佛龛展览｜作者摄（2023）

一样，沉浸式佛龛同样不允许观众朝拜、触摸或摆放供品。走进佛龛里的大部分观众仍然在消费一种"感觉"——这听上去不无讽刺，因为旨在提供"正宗"体验的沉浸式佛龛里，唐卡等器物反而成了制造气氛的背景。我曾坐在某间博物馆的沉浸式佛龛里，悄悄观察身边另一位观众。这位年迈的白人女士微微闭着双眼，双手放在腿上，安静地坐在佛龛对面的沙发椅上。她在沉思什么呢？从博物馆的观众留言簿上，我可以看到，沉浸式佛龛是相当受欢迎的一个展览，观众们喜欢这里，因为他们可以在这里"慢下来""学会专注"或"找到自己"。

那么，热贡的画师，他们清晨为佛堂换水、点灯，日日坐在画布前为佛造像，他们又在想些什么呢？在热贡，画师们总跟我说："我们画唐卡的时候，心里想着别人。"坐在沉浸式佛龛里，我想起自己刚到热贡做田野考察不久时发生的故事。

我借宿的那家大哥是一位唐卡画师。我向他提过好几次，想跟他学画唐卡，他没有接我的话茬。我想学唐卡的原因很简单。我当时觉得自己是做人类学的，就需要实践人类学的核心方法论——参与观察（participant observation）。也就是说，如果我研究的是唐卡画师，那么我也应该像他们一样，坐到画布前，提笔作画，这样才能更好地从他们的角度去理解和思考问题。有一次，我从另一个村子做完访谈回来，兴奋地给住家的大哥看我跟其他画师学习的佛像面部比例图，还有一张画了文殊菩萨手势和宝剑的草稿纸。我再次向他提出想要跟他学唐卡，他好像很不高兴。看着眼前的这几张草稿纸，他摆出"大哥"的架子训斥我："你应该好好做你的研究，不要去画画！"

为什么？我画得有那么糟糕吗？虽然我从未学过唐卡，也不是艺术专业出身，但我小时候学过水墨画，上大学和读博士的空闲时间，我也会尝试各种绘画材料。我知道自己在这几张草稿纸上画的东西很不专业，但我并不觉得它们糟糕。实际上，我把这些草稿纸拿给大哥看，就是想要向他证明我对艺术并不是一窍不通——就像新的学徒会拿自己的线稿给师父看，想要证明自己是师父值得花时间培养的可造之才。或者，他反对我画唐卡是因为我是女性？外乡人？还是我年纪太大，已经不可能从头学起？

这些问题在我脑中盘旋，但我没吭声，心里琢磨怎么跟他解释我把画唐卡看作"参与观察"的一部分。大哥可能猜到了我的一些想法。他放下手中的画笔，跟我说："我很小就开始画画，我这辈子注定就是一个拉如。我天天地，月月地，年年地坐在画布前画佛像，为的是用自己的手艺帮别人积累功德。你是个读书人。你天天地，月月地，年年地坐在教室里，读书，学知识，学文化。你比我的条件好得多，你的本事可以帮助更多的人。但你要是真想学唐卡，那你就应该把笔记本放下。你就应该像我一样，坐在画布前面，三年、五年一直练下去，直到你的手艺可以画出真正的佛像，让施主他们家（朝佛像）跪拜的时候能够真正地积德。"

我放下那几张草稿纸。从此，我再也没有要求大哥教我画画。

但从某种意义上，他却成了我的"师父"。他和嫂子没有教我如何画唐卡，却教了我他们如何画唐卡。作为"学徒"，我跟随他们一起体验河谷的四季更替，人生的跌宕起伏。大哥和嫂子、伦措，还有许多和他们一样的画师，都是我的师父。他们带我去理解一幅唐卡的价值，教会我习得一门"手艺"的意义与责任。也是从那个时候起，我认识到，物的灵韵，离不开人的故事。

和艺术博物馆展览的唐卡或沉浸式佛龛不同，人类学博物馆里的《冥想观音》承载着人的故事。这幅静置的画作背后，是一个和哥大研究生、策展人或纽约观众一样，有憧憬，有压力，有困惑，跟着这个时代一起在蜕变的复杂的人。和博厄斯或劳弗那个时代的"抢救人类学"也不一样，现代人类学的收藏与展览不是为了留下某种文化的"最后一刻"并将其封存在展柜里，而是用一件器物去讲述人的生命史与物的生命史相互交织的故事。

2019 年，我去伦措的画室取《冥想观音》时发生的一幕让我难忘。伦措从画筒中将《冥想观音》取出，小心铺在地毯上慢慢展开。

一位徒弟问："这画要送去哪儿？"

伦措说："去纽约，阿姐工作的博物馆。"

徒弟开玩笑："那下次我们想看还得买门票吧！"

大家都笑。

伦措说："我们还可以再画，以后画得应该更好。"

77 街的"神龛"里，物的生命与人的故事都没有结束，他们仍在继续。

唐卡展览的开幕式上，哥大的研究生和老师们
与伦措通过视频连线并留影｜作者摄（2021）

第四章

亡灵节奇妙夜

Night at the
Museum on the Day
of the Dead

晚上6点半,顶层办公区的楼道里传来清洁工倒垃圾的声音。初到博物馆工作的那段时间,我常会把这个声音当成下班的"闹铃"。我合上电脑,关掉灯,起身离开办公室。

电梯下到一层。观众离场后,这里几乎没什么人。灯光本就晦暗的展厅在夜幕的笼罩下更加肃静。这会儿,展柜里的猫头鹰似乎变得精神起来。不知道下一秒它会不会像在电影《博物馆奇妙夜》里那样突然活过来,一下子从我头上飞过。"在这里,什么都有可能发生,"人事部主管在给新入职的员工培训时半开玩笑说道,"你永远不知道推开一扇门,或者在下一个转弯你会碰到什么。"他说的没错,路过生物多样性展厅时,我发现公共教育部门的员工正在忙着布置一个"祭坛"。

每年11月初,是墨西哥的传统节日"亡灵节"(Día de Muertos)。跟中国的清明节有些相似,墨西哥人会在亡灵节纪念逝去的亲人。[01] 不过这个混合了西班牙天主教传统和北美原住民传统[02]的节日,却拒绝带上悲伤的色彩。墨西哥人相信,逝去的人会在亡灵节这天从死亡之地(Chicunamictlán)重返人间,与在世的亲人"团聚"。虽然(绝大多数人)看不到亡灵,但人们会在家里摆放祭坛(ofrenda),并以金盏菊(cempasúchil)的花瓣引领亡灵回到家中。祭坛的中间放着亡者的照片、十字架、蜡烛,一旁燃有柯巴香(copal)。亲人们还会在祭坛上摆放亡灵面包(Pan de Muerto)、糖头骨(calaveras de azúcar)、La Catrina、La Calaca、La Llorona等穿着艳丽的骷髅偶像。祭坛四周围绕着金盏菊与五颜六色的镂空剪纸(papel picado)。

亡灵节深夜，亲人们会和亡灵一起到墓地（camposanto）"野餐"。野餐篮中装满了亡灵生前最爱吃的食物，当然，也少不了酒水。既然是个"团聚"的好日子，大家不免要狂欢。在烛光的陪伴下，亲人与亡灵在墓碑前"对饮"龙舌兰酒（tequila），八卦亡者生前的轶事，朗诵讽刺诗歌，在歌声与舞蹈中度过这难得却永恒的时光。

谁不愿意让记忆不朽呢？亡灵节的传统跟随墨西哥人来到美国、加拿大、新西兰、澳大利亚，甚至还有印尼和菲律宾等亚洲国家。在美国得克萨斯州、新墨西哥州、亚利桑那州和加州等地，亡灵节的庆典几乎和墨西哥的一样热闹。随着社会的发展，亡灵节的习俗也在不断革新。比如，人们的祭坛上不光放着亲朋好友的肖像，有时还会出现明星、艺术家或政治人物等家人崇拜的偶像的照片。像波士顿的皮博迪自然历史博物馆（Peabody Museum of Natural History）和华盛顿史密森学会（Smithsonian Institution）这样的公共教育机构也开始举办有关亡灵节的活动，通过展览和图书出版物向公众介绍墨西哥这项迷人的传统。

美国自然历史博物馆里的亡灵节祭坛也是这样一个公众教育活动。只不过，铺满彩色织毯的祭坛上摆放的不是人的肖像，而是过去一年里从世界上灭绝的动植物的照片。和传统的祭坛一样，它们周围摆满了蜡烛、金盏菊、糖头骨、骷髅偶像、食物等等。员工们还在为亲子活动准备宣传材料——上面写着孩子们可能从未亲眼见过并且也不会再见到的动物的名字。

我好奇地看了一会儿，然后继续往前走。快到出口的时候，我碰到一位墨裔清洁工正在扫地。我们相互点点头。我说，亡灵节快到了吧。他笑着说，对，他家乡瓦哈卡（Oaxaca）的亡灵节最热闹了。我指了指身后的生物多样性展厅说，博物馆现在也正布置祭坛呢。清洁工把手向上一抛，开玩笑道："他们肯定不让我把家人的照片放上去！"

他向我道晚安，然后继续扫地。我却突然被带到了另一个世界——清洁工的这句玩笑就像那块具有魔力的法老石板，只要一触碰，"历史"便在眼前复活：

哈佛大学皮博迪考古与民族学博物馆的亡灵节祭坛展览 | 作者摄（2024）

每天闭馆后，博物馆里剩下的是非裔保安、墨裔清洁工、为食堂送货的华裔卡车司机、不会讲英语的女熨衣工——现实似乎比电影更加耐人寻味：为什么墨裔清洁工在亡灵节到来之际要打扫纽约博物馆的地面，而不是在瓦哈卡与家人一起为逝去的亲人点燃蜡烛？为什么自然历史博物馆的墨西哥与中美洲展厅（Hall of Mexico and Central America）里摆放着阿兹台克（Aztec）的太阳石、萨波台克（Zapotec）的雨神像、米斯台克（Mixtec）的陶器，却没有清洁工家乡的手工艺木刻——要知道，瓦哈卡的神兽木雕（Alebrije）一度是国际艺术品市场上的抢手货？这些在夜幕降临后才出现在展厅里的人，日日与射灯下的藏品擦肩而过，然而，可有策展人、评论家或者新闻记者询问过，他们又是如何看待玻璃展柜里的这些收藏？

太 阳 石 与 神 兽 木 雕

博物馆二层的墨西哥与中美洲展厅中，最吸引眼球的展品是那块直径约 3.6 米、重达 20 吨的阿兹台克太阳石（Aztec Stone of the Sun，西班牙语：Piedra del Sol）。这块由橘黄色墙纸衬托的巨石其实是一件 1:1 的复制品，太阳石的原件现保存于墨西哥城的国立人类学博物馆（Museo Nacional de Antropología）。

大部分考古学家认为，墨西哥的这块太阳石应该是 16 世纪早期（也就是后古典时期）的雕刻。西班牙殖民者征服了阿兹台克帝国之后，命令将这块代表"异教"的巨石埋入地下。直到1790 年 12 月 17 日，人们修复墨西哥城主教堂时，藏在地下的太阳石才被重新发现。[03] 尽管一些受了天主教教化的墨西哥人觉得这块石头粗糙且野蛮——毕竟它曾用作献牲的祭坛，[04] 但人类学家和考古学家则认为这块太阳石代表了墨西哥的历史、传统文化及艺术造诣——墨西哥人应该像意大利人拯救文艺复兴遗迹一样保护自己的文化。1791 年，重见天日的太阳石被放置于主教堂的外墙上。就像长城之于中国、泰姬陵之于印度，阿兹台克太阳石慢慢被墨西哥人内化成了自己的文化符号。甚至，在美墨战争时期（1846—1848），美军一度威胁墨西哥政府，如若再不投降，美国人就把这块太阳石搬到华盛顿去。[05] 后来的故事大家都知道了——太阳石留了下来，墨西哥却丢掉了现在得克萨斯州、加利福尼亚州和新墨西哥州等大片土地。1885 年，这块巨石被移入一间考古学博物馆。1964 年，太阳石来到现在的国立人类学博物馆"定居"。

纽约的自然历史博物馆这块复制品的来历则更加"神秘"：博物馆的资料库中已无从查证这块巨石的来历，研究人员只知道，1984 年它在库房中被"意外"发现。也许和当年决定将太阳石安放在教堂外的墨西哥学者想法一样，负责墨西哥与中美洲展厅的策展人将太阳石看作墨西哥文化的代表，哪怕是复制品，也是展厅中重要的考古学展品。

和博物馆其他人类学展厅不同，墨西哥与中美洲展厅中的

美国自然历史博物馆墨西哥与中美洲展厅里的阿兹台克太阳石 | 作者摄（2023）

美国自然历史博物馆的墨西哥与中美洲
展厅（ca.1902），其中两根玛雅石柱的复
制品是展厅的焦点｜美国自然历史博物
馆图书馆藏#488

大部分展品都是公元前 1200 年到 16 世纪早期——也就是西班牙殖民者征服美洲文明前——的考古学收藏。虽然美国自然历史博物馆曾在墨西哥进行过民族学远征，比如由挪威裔人类学家卡尔·拉姆霍兹（Carl S. Lumholtz, 1851—1922）在 1890—1898 年间于墨西哥西北部进行的考察，[06] 但民族学收藏不是墨西哥与中美洲展厅的展示重点。[07] 和北美西北海岸或亚洲收藏比起来，博物馆有关墨西哥原住民的现代人类学收藏则更为有限。来到这个展厅的拉美裔观众不少，他们通常会饶有兴致地阅读标签、拍照，并向孩子解释展柜里放的是"墨西哥很早很早以前"的东西。

来自瓦哈卡的清洁工一定也曾在这个展厅里驻足，不知他是否也觉得这里的展品离自己十分"遥远"？瓦哈卡是墨西哥境内拥有最多原住民族群的一个州。旅游指南常常将这里描绘得五彩纷呈，极具异域风情。这个保留了大量原住民语言，四处充满艺术、音乐与美食的热闹地带，与自然历史博物馆里沉寂的考古学收藏形成了鲜明的对比。老部主任斯坦利·弗里德（Stanley Freed）曾犀利地指出，拉姆霍兹等远征者想要"拯救"的原住民文化现在并没有消失，反而是可怜的人类学家被埋没在历史的长河中。[08] 但是，这远非爱德华多·加莱亚诺（Eduardo Galeano）所期待的"诗意的公正"。[09] 展厅里，太阳石留下的荣耀或玛雅人金器的光辉遮掩了拉丁美洲仍在流淌鲜血的伤口。只不过，今天流入欧美的不再是白银、咖啡或原油。现在，让我们来讨论一件博物馆里"看不见"的东西。

和阿兹台克太阳石比起来，墨裔清洁工更熟悉的可能是自己

1895年，拉姆霍兹在墨西哥梅兹奎蒂奇（Mezquitic）拍摄的骑马男子肖像｜美国自然历史博物馆图书馆藏#CL0125

老家瓦哈卡的神兽木雕。只要你随手在英文网站上一搜，就可以看到这样的介绍：

> "Alebrije（阿 - 莱 - 布里 - 赫）是瓦哈卡特有的木刻艺术。这款手工木雕使用的原材料，是被瓦哈卡居民视为神树的柯巴树。艺人们凭借精湛的技艺与超凡的想象力雕刻出千奇百态的神兽，并在木雕上装饰萨波特克独特的纹样与图案。这款色泽绚丽的木雕绝对值得你拥有，把它带回去点亮你的私宅吧！"

在这个出售神兽木雕的网站上，一尊不到半米高、长着兔子耳朵的狐狸，售价约 1000 美元（合 7000 多人民币）。和狐狸一起出售的其他瓦哈卡木刻，尺寸不等，样式丰富。我不断向上滚动页面，木刻商品多得我一眼看不到头。

就像热贡唐卡画师给我讲文殊菩萨"梦授画笔"的故事，瓦哈卡的木刻艺人也会给好奇的游客讲神兽木雕的起源：1936 年，一位住在墨西哥城的艺术家佩德罗·利纳雷斯（Pedro Linares López，1906—1992）突发急病，高烧昏迷之际，他在梦中见到一些奇特的动物——利纳雷斯认出这些好像是自己曾救助过的动物，但它们的长相却又混杂在一起，比如，青蛙长着变色龙的身体，美洲豹拖着蛇尾，猫头鹰扇动的是蝴蝶的翅膀——这些神兽在他最为痛苦的时刻，引领他从生死的边缘回到人间，逃过一劫。大病初愈，利纳雷斯用传统的纸塑工艺，依照梦中的情形将神兽一一创造出来。人们问他做的是什么，利纳雷斯努力回想梦中神兽的名字：A-le-bri-je…Alebrije！于是，这才有了家喻户晓的墨西哥神兽"阿莱布里赫"。[10]

不过，利纳雷斯一直是用自己擅长的纸雕来制作神兽塑像。用木头雕刻，是后来住在瓦哈卡一个小镇圣安东尼奥·阿拉佐拉（San Antonio Arrazola）的艺人曼努埃尔·希门尼斯（Manuel Jiménez Ramírez，1919—2005）的发明。[11]希门尼斯是当地出了名的倔老头儿，不仅乡亲邻居知道他这个人小心眼儿、脾气不好，就连艺术品经销商也在跟他合作了几年后被纷纷"劝退"。但希门尼斯不在乎这些，他知道自己的木刻作品出类拔萃，不愁找不到买家。希门尼斯不甘于重复利纳雷斯纸塑作品的造型，他在木头上大胆地尝试自己的想法。

比如，希门尼斯的代表作是一只将两条长长的前腿交叉搭在身前的青蛙，青蛙全身覆盖着夸张的黑白色波点，眼睛和爪子是红黑相间的条纹。不知道是不是因为这只青蛙既带有墨西哥怪诞神秘的异域风情，又让人联想到诸如草间弥生（Yayoi Kusama，b.1929）等顶级艺术家的手笔，希门尼斯的木雕获得了美国藏家的青睐，艺术品经销商和博物馆的订单如狂欢节的五彩纸屑般向希门尼斯撒来。有了些名气的希门尼斯继续在自己的作坊里钻研木刻，作品的题材和使用的材料也更加丰富。许多来瓦哈卡寻找手工艺品的商人都说，从没见过像希门尼斯这样的艺人，一块普通的木头在他手中就好像着了魔。

希门尼斯常常向藏家、游客和人类学家骄傲地宣称，是他"创

墨西哥瓦哈卡街市上售卖的神兽木雕 ｜ Angela Orlando 摄（2023）

造"出了瓦哈卡的神兽木雕，现在阿拉佐拉、特哈拉潘（La Unión Tejalapan）和圣马丁·蒂尔卡赫特（San Martín Tilcajete）等村镇的几百位木刻艺人，都是"抄"他的作业。希门尼斯对自己的手工作坊严防死守，他不仅给院子修了高高的围墙，还在上面插满碎玻璃，生怕自己的创意被人偷了去。也难怪，希门尼斯的木刻作品往往比他的竞争者要贵三四倍——他必须保护自己的"商业机密"以保持在市场中的竞争优势。这个自负的老头儿还会时不时叫嚣，瓦哈卡政府应该在市中心广场竖个大箭头，直指通往他家的路——"神兽木雕的创始人在此！"但在木屑堆里忙碌的希门尼斯可能没有意识到，围墙外偷窥的眼睛并不是决定他事业兴衰的主要因素，瓦哈卡阿莱布里赫的命运也并非掌控在他手中。

从事木刻之前，希门尼斯一直是个农民，和其他人一样靠种地、放羊维持拮据的生活。闲暇时，他会拿木头刻些小玩意儿或面具，在旅游胜地阿尔班山遗址（Monte Albán）[12] 附近兜售。在神兽木雕出现之前，瓦哈卡的各种工艺品其实颇为丰富：刺绣、织毯、陶器、玩具、手工蜡烛等，但基本都是些小打小闹的游客生意。60 年代前后，从美国来的艺术品经销商阿瑟·特雷恩（Arthur Train）在地摊上发掘了希门尼斯的才华，开始跟他签约并批量订购他的木刻作品。像特雷恩这样的商人并不是简单地从瓦哈卡艺人手中购买成品，他们会根据自己客户（多半来自美国或欧洲）的喜好，和墨西哥艺人一起"设计"出符合消费者口味的木刻工艺品。比如，美国人喜欢狗，那下一批木刻做 500 只墨西哥无毛犬（Xoloitzcuintle）怎么样？加州的一间画廊想刻一具钉在十字架上的骷髅，但这算不算"渎神"？不过只要画廊肯支付足够的订金，够艺人买下自己土地的所有权，那瓦哈卡木匠破例"渎神"一次可能也会得到主的宽恕—— Sólo dios sabe（只有天知道），请问你想订多少个？

　　瓦哈卡神兽木雕"热销"大概是在 80 年代初。讽刺的是，这要"归功"于墨西哥一落千丈的经济。1982 年，国际原油价格大跌，这给严重依赖石油出口的墨西哥经济一记重创。墨西哥政府在 70 年代经济形势良好的时候大肆举债。谁想到，墨西哥失去了石油的收入，美联储又提高了利率，墨政府被迫债务违约，比索暴跌。墨西哥国内通货膨胀严重，政府鼓励把能卖的东西都拿去出口——瓦哈卡的木刻正好成了政府期待的"高"利润出口产品。说它"高"利润，并不是因为它真能赚取多少外汇，这仅仅是相对于那些根本卖不了什么钱的玉米、甘蔗或香蕉而言。瓦哈卡也成立了商会和艺术家联盟等组织，竭尽全力向边境另一端宣传墨西哥的"传统"手工艺木刻。[13]

　　那时，来墨西哥旅游的欧美游客逐年增加。艺术品市场和家装市场又在明星和富豪的带动下刮起了一阵"西南风"。比如，红极一时的圣塔菲（Santa Fe）室内装潢风格，便是从北美沙漠原住民自然、粗粝，又有些神秘的艺术中汲取的灵感——没什么比一幅挂在手工抹灰墙上的欧姬芙（Georgia O'Keeffe）或立于仙人掌植物园里的神兽木雕更"正宗"、更"有品位"的了。国外艺术品市场的需求和国内经济的滑坡，让许多瓦哈卡农民放下镰刀、拿起刻刀。如果瓦哈卡政府真要为神兽木雕树碑立传，只需把老百姓的积蓄存款和外贸订单贴出来便一目了然。

希门尼斯靠木刻彻底改变了自己的经济地位，从穷困潦倒的农民变成国际知名的木雕艺人。但瓦哈卡神兽木雕的价格差异巨大，市场十分混乱。大部分木刻艺人都是靠批量生产小型木雕从批发商那里赚取微薄的利润。人类学家迈克尔·奇布尼克（Michael Chibnik）花几年时间走访了瓦哈卡的大部分木刻艺人，他发现几乎所有人都面临着相似的问题：对于一个家庭来说，是该务农，外出打工，上学以便得到类似"公务员"一类的工作，还是从事木刻手工艺？如果从事木刻，是按长期的职业做，还是赚点钱就赶快投资去干别的？对于木雕工坊来说，是该苦练技艺，努力创新，主打高端木雕，还是快速生产些简单的木刻工艺品以量取胜？[14] 经济人类学家显然对这类问题很感兴趣，但"理性"或"策略"这样的词对于瓦哈卡艺人来说都太过奢侈，因为无论是墨西哥国内的经济还是边境以北客户的喜好都充满着极大的变数。[15]

往往，让瓦哈卡农民拾起刻刀的动力，并不是对艺术的热爱或民族文化的荣誉感。圣马丁（San Martín）最有名的木刻艺人之一马格利托·梅尔奇奥尔（Margarito Melchor），以雕刻猫科动物的神兽见长，藏家会称赞他刻的猫"神秘而迷人"。但对于梅尔奇奥尔和妻子玛利亚·特蕾莎（María Teresa）来说，作坊里一只又一只光鲜亮丽的猫咪象征的不是萨波特克的传统文化，而是患有先天性肾病的两个儿子的医药费。最终，梅尔奇奥尔手中的神兽没能"引领"儿子摆脱疾病，两个儿子在成年之前相继去世。卖出了成百上千只猫以后，梅尔奇奥尔和妻子仍负债累累，需要向艺术品经销商赊账以偿还此前欠下医院的高额费用。作家谢伯德·巴巴什（Shepard Barbash）的儿子很喜欢父母收藏的梅尔奇奥尔的木刻猫，巴巴什说，当孩子们拿着梅尔奇奥尔的猫玩耍时，他们其实是在玩抵押品。

另一位年轻人胡安（Juan，本名 Inocente Melchor），是瓦哈卡公认的最具天分的木刻艺人。1991 年，美国的《史密森学会杂志》（*Smithsonian Magazine*）还刊登了胡安和家人的木刻工坊的故事，一旁配有他们在烛光下雕刻阿莱布里赫的照片。[16]不过，胡安根本没有耐心等人家把杂志从华盛顿寄过来。接受采访后不久，胡安就偷偷穿越边境线，一路跑到纽约上州找了份洗盘子的工作。虽然一天要干 15 个小时的体力活，但胡安知道这比在烛光下刻木头赚钱要快多了。尽管从世界各地来瓦哈卡的游客对神兽木雕兴趣浓厚，但除了屈指可数的几个顶级木刻艺人以外，只要有机会移民到美国（无论合法还是非法），手艺再好的艺人也会毫不犹豫地放下刻刀去加州或亚利桑那给人洗盘子、砌砖头。哪怕是顶级手工艺人，即便他们每年仍然会接到美国各大画廊、博物馆、艺术品交易商的订单，他们更愿意雇佣村子里其他的年轻劳动力在作坊里干活，而把自己的孩子送去墨西哥城进修计算机或金融，以便日后到美国申请工作。

如果说希门尼斯能称得上"传奇"的话，那恐怕也是因为他是瓦哈卡少有的能够一直坚持木刻的艺人之一。和热贡唐卡画师的心态十分不同，几乎所有瓦哈卡的艺人对这个行当的前景都不乐观，认为迟早有一天神兽木雕市场的热度会减退。果然，进入21世纪后，瓦哈卡的阿莱布里赫逐渐失去了昔日的魅力——并不是由于艺人技术退步，而是欧美艺术品经销商此刻把目光投向了东南亚和南美等地区，因为那里的手工艺品更廉价。瓦哈卡的木雕市场也出现了两极分化：像希门尼斯一样的艺人专注高端艺术品市场，卖到欧美的阿莱布里赫价格愈发昂贵，甚至具有了收藏价值（尤其是2005年希门尼斯去世以后）；而以10个比索的单价专门为批发商生产木刻工艺品的艺人，则又回归到当年地摊式的小本生意——往往，他们干不了多久就会放弃，因为木刻根本无法满足家庭的经济需求。

也许，恰恰由于瓦哈卡的神兽木雕在很大程度上是一个被西方世界塑造出来的"传统"，它的价值与意义总有些暧昧不清。阿莱布里赫不是特例，其他许多地方的"原住民艺术"或"民间艺术"也有着同样尴尬的处境。比如，澳洲原住民的丙烯点彩画并不是真正意义上的图腾，而是在白人美术教师杰弗里·巴登（Geoffrey Bardon）的策划和指导下，原住民借用祭祀仪式和岩画中的传统图案在帆布上进行的再创作。[17] 跟瓦哈卡的神兽木雕几乎一个路数，"土著点彩画"经过了艺术品经销商、画廊、策展人、公关团队的一系列包装，从20世纪七八十年代就跻身国际高端艺术品市场，甚至在纽约、伦敦和巴黎的知名博物馆进行过展览。但热度褪去后，从事点彩画的艺人也出现了分野。大部分艺人的画作只能搁浅在旅游纪念品市场里；只有少数艺人的作品被真正当成"艺术"看待[18]——即便是这样，他们也要接受欧美艺评家自以为是的眼光，小心翼翼落笔以满足富有的藏家对"创意"的渴望和对"土著"的想象。

纽约现代艺术博物馆（MoMA）门口总有人推着一车非洲面具低声向往来的行人叫卖——这大概是 1984 年那场轰动一时的展览"20 世纪艺术中的原始主义"（"Primitivism" in 20ᵗʰ Century Art: Affinity of the Tribal and the Modern）留下的后遗症。哪怕科特迪瓦的部落不再使用这些面具，哪怕大多数人早就改信伊斯兰教或基督教，但"祖传"的面具每年都会被雕刻出来，毕加索的"灵感"还在不断涌现。这些面具经由一个又一个艺术品经销商转手，最终挂在了洛克菲勒的客厅或躺在曼哈顿 53 街的某一辆三轮车上。[19] 难怪人类学家谢利·埃林顿（Shelly Errington）感叹真正的原始艺术早已"死去"，留在市场上的，恐怕都是被艺术品经销商捂住了嘴的鹅生下的"金蛋"。[20]

在纽约我时常会想，究竟什么东西属于自然历史博物馆，什么属于大都会，什么属于 MoMA，什么又会挂在美国民间艺术博物馆（American Folk Art Museum）？来纽约的博物馆爱好者喜欢怀揣一本"指南"——如果你去大都会，一定要看从埃及整体运来的丹铎神庙（Temple of Dendur），以及二层玻璃天顶下的苏式园林；逛 MoMA 怎能错过毕加索、梵高、沃霍尔和波洛克；林肯中心对面的民间艺术馆主打的是美国素人艺术家、流浪汉、犯人、疯子、绣了一辈子被面的老奶奶、闲来无事拿课桌板画油画的小学老师、用塑料瓶盖或避孕套做窗帘的拾荒者，但凡不是科班出身、作品里又有那么一丝迷人的气质，都是民间艺术馆的宠

美国民间艺术博物馆（American Folk Art Museum）的展厅｜作者摄（2023）

纽约大都会博物馆二层亚洲展厅中的"明轩"（Astor Chinese Garden Court），由苏州古典园林建筑公司搭建于 1980 年｜作者摄（2023）

儿；至于自然历史博物馆，那必定是跟着《博物馆奇妙夜》去看恐龙化石、复活节岛巨石像、海洋生命馆（Hall of Ocean Life）天顶垂挂下来的仿真蓝鲸和天文台的"宇宙大爆炸"，当然，"印第安土著"的图腾柱和独木舟也是旅行指南上的亮点。

乍看上去，这些博物馆各司其职，按部就班——大家似乎默认，经典艺术多半会被摆在第五大道 1000 号，当代艺术走 53 街，人类学展品则分布在 77 街到 81 街的楼层中。然而，一件器物或艺术品的意义及其背后人的故事，真能这样清晰地分门别类吗？究竟是谁决定了一件展品的命运、定义它的归属？又是谁决定哪些故事可以印在博物馆白色的墙面上，哪些故事永远无法被讲述？

大都会的洛克菲勒翼（The Michael C. Rockefeller Wing）和人类学博物馆一样，放着来自非洲、大洋洲和南美洲的木刻面具与祭祀用品。[21] 如上一章所说，美国自然历史博物馆、鲁宾艺术博物馆、大都会和佳士得拍卖行里都收藏有唐卡。MoMA 和亚洲协会（Asia Society）也分别展览过澳洲"土著点彩画"。人类学家不是唯一质疑博物馆的定位与公共职能的人。街头艺术家班克斯（Banksy，艺术家使用的化名）以颠覆和戏谑的态度，偷偷把自己的作品带入博物馆，正儿八经钉到了 MoMA、大都会和自然历史博物馆的墙上。[22] 出生在纽约的黑人艺术家弗里德·威尔逊（Fred Wilson，b. 1954）则试图重写民族学博物馆和艺术博物馆里的标签——当一幅油画不再称为"乡村生活"（Country Life），而是被威尔逊以画中的黑奴命名为"端果盘的弗雷德里克"

（Frederick Serving Fruit）时，这不再是一幅赏心悦目的"19世纪经典油画"，观众的目光被自然而然引向殖民者绝不会写入艺术博物馆的历史。[23]

那么，瓦哈卡的阿莱布里赫应该落在纽约"博物馆版图"上的什么位置呢？对于人类学博物馆来说，它可能不够"纯正"（authentic）；对于大都会来说，它也许不够"经典"；对于 MoMA 来说，它的"艺术史意义"完全无法与博物馆的藏品相提并论；美国民间艺术博物馆看似对口，然而，这间专注本土素人艺术家的博物馆可能又会嫌墨西哥的木雕不够"美国"。我从未有机会询问来自瓦哈卡的清洁工，当他面对自然历史博物馆二层的太阳石时，他在想什么。我也无从知晓那些偷偷跨越边境到纽约洗盘子的年轻人，或留在家乡继续雕刻"传统"的木匠，如果站在美国自然历史博物馆的展厅里，又会想些什么。他们是否也会像其他游客一样，跟自己的孩子说："哦，那是墨西哥很久很久以前的东西。"而对自己那段被"省略"的历史缄口不谈？

这只孕育于比索脆弱的子宫、由"自由贸易"吝啬的奶水培育出的瓦哈卡神兽，在纽约尚且难觅安身之处，更何况它背后人的故事？

博物馆的生态球

2020 年，一场突如其来的疫情将许多人困在家中。

美国自然历史博物馆从 3 月底正式闭馆——150 多年来，中央公园大道以西的这片建筑从未这样安静过。当所有活动都被迫挪到线上时，博物馆也在其社交网站主页上，陆续贴出馆藏和展览的高清照片给大家"解闷"。有一天，自然历史博物馆贴了一张"生态球"（ecosphere）的照片：这只水晶球从 1999 年被密封之后，就再也没有打开过。玻璃球里的小生物生活得怡然自得——藻类利用太阳能将二氧化碳转化成氧气与有机物；小虾吸入水中的氧气，吐出二氧化碳，同时，小虾捕食水中的微生物之后排出的粪便也富含二氧化碳；这些二氧化碳成为藻类与微生物最可口的养料。早在我们人类开始自我隔离以前，这只水晶球就"与世隔绝"。20 多年过去，这个微缩的生态系统从未遇到过污染、瘫痪或过度拥挤的问题。

记得我刚到博物馆工作时，也对着这只生态球赞叹了一番。不过那时，更吸引我的是另一只"水晶球"：

早晨 7 点半，员工可以从博物馆地下一层刷卡进入。门口安检的是一年四季都穿藏蓝色 V 领毛背心的非裔保安，他通常很有礼貌地和所有女士问好，但会拦下熟识的哥们儿，以"检查背包"为借口调侃昨晚的球赛。穿过由移动平板围成的学生食堂，我看见熨衣间刚刚打开的窗口。保安、清洁工与厨师拿着自己的工作证取走熨好的制服。经过员工食堂、水管和电机工作间，我走在轰隆作响的管道下面，一路碰到的基本都是墨裔员工：整个早上我说 Buenos días（西班牙语的"日安"）的次数要多过说 Good morning（英语的"早上好"）。我打开那部员工专用、速度极慢的货运电梯——电梯四壁的硬纸板围挡上，被闲来无事且富有艺术细胞的维修工和搬运工拿粉笔或马克笔画上了卡通恐龙、兔子和鳄鱼。

早上 8 点，戴深蓝色棒球帽的非裔清洁工会将工具车推到博物馆的顶层——五层的科研工作区，逐个收拾办公室里的垃圾。还没有亮灯的走廊里，回荡着金属碰撞的哐当声响——清洁工手中拿着一个挂满钥匙的铁环，他不停地找钥匙开门、倒垃圾、再找钥匙把门锁上。餐饮部有人将装在保温壶里的咖啡送到会议室门口和科研人员的休息室，有时还会有巧克力布朗尼或曲奇饼干——博物馆咖啡厅前一天没有卖完的甜点。

上午 9 点，策展人、馆藏部员工、技术部员工、研究员和文物修复师陆续搭乘电梯上楼，从休息室取走一杯咖啡之后，坐回自己的办公桌前。走廊里的灯全亮了，并且有开会、打电话、讲课和敲击键盘的声音。

10 点不到，等待参观的游客已经在中央公园西大道和 81 街的两个入口排起了长队——除了圣诞节，每一天都是如此。与此同时，纽约公立学校黄色的校车毫无耐心地一辆紧跟着一辆驶入博物馆的地下停车场。中央大厅从不缺乏到处乱跑的学生、焦急的老师、晕头转向的游客。安保人员背着手在人群中踱来踱去，他们上衣兜里别着的对讲机一直在大声唠叨。友善的志愿者手里拿着十几种语言的地图，给怎么也搞不懂左转还是右转的访客指路。当然，他们遇到最多的问题永远是"厕所在哪儿"。

游客们开始涌入二、三、四层。在 IMAX 剧场放映的科普电影即将开始时，他们又重新涌回一层。中午 12 点前，地下一层的餐厅里基本都是家长和他们年幼的孩子在就餐。比萨正在炉子里烘烤，"今日特供"的热汤还没有出锅。餐厅白色的地板上，番茄酱、可乐、薯条和炸鸡块的碎屑随处可见。有时，混过了层层安保的鸽子和麻雀会到这里来大快朵颐。

当夜幕降临，海洋生命馆里亮起了蓝色与紫色的射灯。穿着华丽的博物馆董事与捐赠人，还有纽约各界名流，一边举着香槟，一边讨论博物馆成立 150 周年的翻修预算。学生午餐区的活动隔板被放平，变成了一条条长桌。洁白无瑕的桌布上，摆着烤芦笋、三文鱼寿司、有机鹰嘴豆泥和无麸质的蛋糕。穿黑色围裙、化浓妆的金发女招待在为客人们倒红酒。早晨就开始在食堂里忙碌的拉丁裔女员工，坐在写着"私人活动，请勿进入"的牌子旁，边打哈欠边刷手机——等宴会散场后，她和厨房的其他员工需要打扫卫生。

在我眼里，这座博物馆本身就是一只令人着迷的水晶球：顶层是它的大脑——人类学与民族学的办公室在西半球，自然科学的办公室在东半球；为它输送血液的，是拥有五花八门藏书的图书馆及分布在三层半、四层半与顶层阁楼上的馆藏仓库，那里保留着有关这个地球与人类社会的诸多记忆；博物馆的心脏——馆长和高层的办公室，据说藏在鸟类标本馆的某一扇门后面，不过我从未去找过；每年，除了政府的资金支持与富豪的慷慨解囊，博物馆同样依赖来自门票、衍生品和餐饮的收入；保安、清洁工、维修人员、搬运工和志愿者的人数，远远超过科研人员的数量——他们穿着蓝色的制服，在博物馆里上上下下，维持着这座建筑正常的呼吸。

因为疫情，纽约的博物馆面临着前所未有的危机。博物馆完全失去了来自访客的持续收入，政府与私人捐赠也因为经济滑坡

美国自然历史博物馆的海洋生命馆在疫情期间被临时改造为疫苗接种点，蓝鲸的鳍肢上还贴了一块巨型创可贴 | 作者摄（2021）

而大幅缩减（甚至完全停止）。博物馆藏品的维护、安保、硬件设施等必要支出却无法削减。据中央公园另一侧的古根海姆博物馆（Guggenheim Museum）说，盗贼们在疫情期间都蠢蠢欲动，准备趁火打劫。所有这一切使得博物馆不得不减裁员工以收缩开支。一位在 MoMA 工作了两年多的讲解员，2020 年 4 月初收到了一封群发的邮件——一位素未谋面的主管在这封措辞僵硬冷酷的信里告诉她，博物馆不再需要她，她在 3 月底收到的是 MoMA 寄出的最后一张支票。[24] 虽然美国自然历史博物馆愿意保证讲解员和一部分临时员工 5 月前的工资，但夏日来临之前，人事部办公室将发出更多的支票还是辞退邮件，仍是未知之数。

2020 年 5 月，自然历史博物馆的摄影师回到一层展厅，为生态球拍摄了一张近照：生态球仍然清澈透明，天顶透进来的阳光，洒在空无一人的展馆里。看着这张照片，我不知道，另一只庞大的水晶球，是否有能力维持自己复杂的生态系统，并在下一次敞开大门之前依然澄澈。我只知道，疫情过后，我没有在博物馆里再碰到过那位来自瓦哈卡的清洁工。

跨 越 边 境 的 人

如果哪间博物馆真的想要展示墨西哥当代的物质文化，那么和瓦哈卡神兽木雕一起展出的，一定还有堆积如山的破损背包、汗渍斑斑的 T 恤衫、一加仑的塑料水瓶、皱成一团的身份证明、印有瓜达卢佩圣母像（Nuestra Señora de Guadalupe）的护身符，以及一双双经过"加工"的胶鞋。

这些鞋子来自墨西哥的边境穿越者——他们在普通的胶鞋下面，粘上类似于拖布一样的东西，这样人在沙漠中走过，就不会留下明显的脚印。我第一次见识这种鞋子，是在人类学家兼考古学家杰森·德·里昂（Jason de León）撰写的民族志《敞坟之地》里（*The Land of Open Graves*, 2015）。表面上看，这是有关美墨边境无证移民（undocumented immigrant）的"又一本书"。和大多数调查记者一样，德·里昂在书中以浓重的笔墨向我们描述了一片令人生畏的沙漠：白天沙石被烈日炙烤，暴露在阳光下短短几分钟皮肤便会被灼出水泡，只有长着匕首般尖刺的灌木能提供几英寸的阴凉；晚上气温骤降，响尾蛇、野猪和秃鹫在贪婪地游荡；强盗和人贩子似乎串通好，在穿越者精疲力竭的时候搜刮掉他们身上任何还有点价值的东西；就算躲过了毒蛇、劫匪和强奸犯，边境巡逻警察的直升机、装有红外线探测器的越野车也不时出现；不过，大多数穿越者在这个时候反而希望被发现——他们已经两天没喝过水，伤口严重感染，性命危在旦夕。

和调查记者或社会活动家不同的是，德·里昂没有靠贩卖苦情博取人们对无证移民廉价的同情。德·里昂的考古学与人类学训练让他如刑侦人员一般，用无证穿越者留在沙漠里的"垃圾"来重构这背后残酷的社会现实。[25] 没人知道美国亚利桑那与墨西哥接壤的索诺拉沙漠（Sonoran Desert）每年吞噬了多少人的性命，它也是美国国土安全局认为能够阻止无证穿越者最有力的一道防线，是美国 90 年代初开始实施的"威慑预防政策"（Prevention Through Deterrence）最忠实的帮凶。通过破译边境穿越者的"考古学遗迹"并记录幸存者向他讲述的故事，德·里昂努力还原无证移民在沙漠中经历的暴力与死亡。

他想用这本荆棘般的书刺痛政客的谎言——修筑再高的围墙也无济于事，因为无证移民是否穿越边境，并不完全在于自己生活的国家有多糟糕，不在于自然环境有多险恶，不在于边境巡警的装备有多先进，甚至不在于被驱逐的后果有多严重；只要美国还需要低成本劳动力，只要全球经济仍按照目前的模式发展，就会有像瓦哈卡年轻木匠胡安一样的人，源源不断地从墨西哥和拉丁美洲其他国家走进这片"敞开的坟墓"。[26]

2020 年春天，我用网购小程序从一间仓储超市订了一些平时买不到的食品，其中包括一盒两磅装的草莓。一个月前，在加州的一间农场上，南希·席尔瓦（Nancy Silva）正弯着腰采摘快要成熟的草莓，并把它们放进塑料盒子里。[27] 席尔瓦属于无证移民中的一员，很多年前从墨西哥进入美国之后，再也没有回过家乡。几星期前，席尔瓦的雇主交给她一封信，是一份来自国土安全部的声明，认可席尔瓦在农场的工作并指出这对目前美国的食品供应链"非常必要"。席尔瓦一直将这封信带在身上，以免外出工作时被警察抓住，扣上"违反居家隔离禁令"的罪名而被遣返。

她来美国的这些年，没有一天不担心四处巡逻的警察。然而还有大量和她一样提心吊胆的无证移民，正在加州采摘草莓、在密歇根为苹果施肥、在宾夕法尼亚和爱达荷的牧场为奶牛准备饲料。早在疫情发生以前，美国农场的劳动力就已经严重短缺。很多农场主都依靠雇用这些没有合法身份的临时工，来缓解繁忙季节人手的问题。然而，在特朗普政权加大对无证移民的驱逐之后，不少美国人自己经营的农场因为雇不到工人而相继倒闭。席尔瓦手中的签证来自一个叫 H-2A 的项目，这是专门发给作为季节性临时工来美国的移民。2019 年，超过 25 万人通过这个项目拿到了签证。但疫情发生以后，国土安全部不再发放这种签证——恰恰在草莓与蜜桃将要成熟之际，将负责采摘它们的临时工人挡在了边境之外。哪怕席尔瓦已经踏入了美国的土地，她仍然在为自己的处境担忧：短缺的人手意味着她将要延长工作时间，季节性临时工没有病假福利，没有医疗保险，政府两万亿美元的疫情纾困金里，也没有留给他们一分钱。

2013 年，我在亚利桑那访学时，曾借宿在一位教授家里。她家的墨裔保姆罗拉（化名）也是一位无证移民。那位教授的女儿患有先天疾病，需要有人 24 小时陪护。从她很小的时候，罗拉就陪在她身边，几乎是看着这位小女孩儿长大成人。除了出门买菜或送小女孩去医院检查，罗拉几乎从不出门。我记得有一个晚上，我在学校工作晚了，天黑才坐公交车回家。想到第二天的饭还没有准备，我下了公交车又直奔超市。刚出超市，我发现罗拉那辆老旧的白色丰田车停在十字路口，她从车窗探出头向我招手，让我赶快进车子。原来她看天黑了我还没有回家，担心我的安全。她没有我的电话，所以自己开着车子在附近绕来绕去找我。罗拉那晚将我接回了家，但她自己却早已"丢失"了回家的路。自从她来到美国以后，她再也没有见过住在墨西哥城的女儿，也从未亲眼见过自己的外孙——将她与墨西哥联结在一起的，只有一张张银行汇款的收据和她手机里外孙的照片。

与大多数人对疾病的直觉不同，新冠病毒并没有跟随那些在边境挣扎的无证移民来到美国；相反，欧美国家最初的输入病例大都源自跨国旅行或频繁的商务活动。这时，流动性呈现出它讽刺的一面：一直依靠流动性生存的墨裔无证移民，从未想过由"公务舱"的流动性带来的病毒，使他们暂时获得了美国社会的某种认可——曼哈顿和硅谷的富人居家避疫、足不出户，墨裔无证移民怀揣一纸国土安全部的声明，在农场上为他们采摘水果。这些无证移民的流动性是"必要"的，但他们的流动性仍然是"非法"的。也许，那双能够掩盖足迹的胶鞋，正是美国劳工市场与边境政策"合谋"的产物——鞋子的主人挥别了雄鹰与仙人掌，在星空下没有"证件"，失去"姓名"，他们的"必要性"随时可以被沙漠里的一阵风卷走，不留痕迹。

在边境茫茫的人流中，还有一群特殊的人——他们便是和德·里昂一样的人类学家。毕竟，人类学家本质上都是边境的"穿越者"，这个学科植根于"异域"，目光一直凝视着"他者"。但在美墨边境工作的这些年，德·里昂始终对自己拥有在边境两端自由穿行的"特权"感到不适。虽然人类学的核心方法论是"参与观察"，尽管德·里昂熟识的墨西哥朋友曾邀请他一起穿越边境以得到宝贵的"第一手资料"，尽管不少研究边境问题的人类学家、社会学家和调查记者也的确是这样做的，[28]但德·里昂从未和他的"哥们儿"一起走入那片令人生畏的沙漠。恐惧当然是一个重要的因素——哪怕是最有经验的无证穿越者或四处游荡的人贩子也不敢轻视沙漠的变幻莫测。Pobrecito（可怜的），一个从学院走出来、从未在水泥和砖头中摸爬滚打过的笨拙书生，多半还会变成同行穿越者的累赘。更重要的是，德·里昂知道，只要他怀揣一本美国护照，只要他头顶有美国学院光环的护佑，他就不用担心自己会像同伴一样被人贩子半途抛弃或被边境巡警驱逐，他永远不可能真正体会无证穿越者所经历的暴力与恐惧。

德·里昂不是第一个对人类学"特权"质疑的人。在撰写民族志《被转述的女性》（*Translated Woman*，1993）时，古巴裔人类学家露丝·贝哈（Ruth Behar）[29]不断质问自己，为什么她可以随意在美国与墨西哥之间往返穿行，但她的研究对象、也是至交（compadre）——墨西哥社会底层的小商贩埃斯佩兰萨（Esperanza，化名），却根本不敢幻想踏足边境的另一端？谁赋予贝哈特殊的权力，可以坐在埃斯佩兰萨薄荷绿色的厨房里，用铅笔和录音机记下这位墨西哥女性的故事，然后像带着木刻工艺品一样，把"他者"的人生史"出口"给不会讲西班牙语的美国读者？坐在密歇根宽敞的书桌前，这位尽职尽责的人类学家试图寻找埃斯佩兰萨的人生史与韦伯、列维－斯特劳斯或格尔茨之间的联系，直到她无助地感到自己这是在"出卖"埃斯佩兰萨——因为贝哈很清楚，埃斯佩兰萨和她在厨房里聊天时放肆地大笑，拒绝服从于任何由白人学者（尤其是男性学者）搭建的理论框架。

我刚到加州大学洛杉矶分校（UCLA）读人类学博士时，系主任曾和我们每一个新生聊天，询问我们为什么要做人类学。那时我天真地引用高更的一幅油画，《我们从哪里来？我们是谁？我们到哪里去？》[30]向他解释。我说，人类学研究就是通过了解"他者"来解决这些元问题。但随着时间的推移，我愈发感到这些问题的方向可能错了——无论是特罗布里恩群岛的"航海者"[31]还是墨西哥的小商贩，应该反过头来问人类学家："你从哪里来？你是谁？你会把我们的故事带到哪里去？"虽然我们已经告别了那个"我，博厄斯先生，在跟你们说话"的远征人类学时代，但举着"客观"与"科学"的旗帜去阐释他者的人类学"权威"，却常常自欺欺人地实践着这个学科殖民主义的根基。贝哈指出，是墨裔知识分子而非努尔人翻转了人类学之镜。[32]以人类学家罗萨尔多（Renato Rosaldo）[33]为代表的墨裔学者——这些不断跨越边界的人，不仅勇敢地将"自我"代入民族志作品，还对西方社会科学的知识生产进行了反思与解构。这并不是说，只有墨裔学者可以阐释墨西哥文化，或出生在伊斯兰教家庭的人就不能研究佛教。反身性（reflexivity）的思维是为了提醒研究者，书写民族志不是为了树立权威或重申边界，人类学是一段在认识"他者"和自我局限之间不断往返的漫长历程。

贝哈为自己民族志的最后一章取名叫"阴影中的传记"（The Biography in the Shadow），因为我们刻画的任何一幅人物肖像背后，都藏匿着一个"影子"——那是研究者本人的影子，是为研究对象的肖像显影时无法摆脱的负片。暴露"自我"并不代表矫情，保持"客观"也不一定更接近真实。当贝哈坐在埃斯佩兰萨的厨房里，她会想起自己的母亲，她人生里的第一个"他者"，一个靠积攒零钱将女儿的命运引领至藤校而非厨房的普通女性——母亲在厨房中劳作的影子，正好落在人类学教授与墨西哥街头小贩的中间。

贝哈坦言，其实是埃斯佩兰萨这位从不把自己称为"女性主义者"的女性帮助了她这个给自己贴了太多标签的女性摘掉学术权威的面具。当贝哈拒绝在自我命运与研究对象的命运之间做出残酷的分割后，她的作品得到了新生。贝哈在书中回顾自己作为古巴移民的成长史、作为少数族裔女性在学院中遭受的歧视甚至侵犯。书写"自我"，是贝哈对埃斯佩兰萨的承诺——她不会像人贩子一样把埃斯佩兰萨的故事半途丢进沙漠，更不会在边境另一端如同艺术品经销商一样出卖至交的人生。"我们跨越边境，但我们从未将边境抹去。"贝哈这样写道。[34]

当墨裔作家桑德拉·西斯内罗斯（Sandra Cisneros）[35] 走进波士顿的伊莎贝拉·斯图尔特·加德纳博物馆（Isabella Stewart Gardner Museum）时，[36] 吸引她的不是女主人收藏的波提切利或维米尔的画作，而是一张张精致的缎面沙发与脚凳。西斯内罗斯想到了自己的父亲，一位二战时期从墨西哥移民到美国，靠给沙发装潢布面赚钱养大了 7 个孩子的工匠。西斯内罗斯带着父亲挑剔的眼光，仔细检查加德纳夫人的座椅背面那些手工缝线。如果可能的话，她甚至想把手伸到沙发靠垫底下，就像小时候父亲接下有钱人的订单为他们的沙发蒙布时，她都会把手探到坐垫的缝隙里，期待找到一颗珍珠、一枚硬币，或一团狗毛。父亲会用客户剩余的边角料翻新自己从街上淘来的破旧二手家具，母亲会用父亲剩余的边角料为西斯内罗斯的洋娃娃做新衣。

西斯内罗斯爷爷那一辈人，一直把墨西哥看作"宇宙的中心"——还记得劳弗在苏州买下寇先生的铜鼓时支付的可是墨西哥银圆？父亲自然也遗传了作为 un chilango（俚语，指来自墨西哥城的人）的自豪感。这些记忆——一个生活在芝加哥贫穷社区的墨裔移民家庭的辛酸与骄傲，一直渗透在西斯内罗斯的字里行间。1995 年，西斯内罗斯接受了加德纳博物馆的邀请，就其馆藏做了一次公共演讲。在演讲中，西斯内罗斯将自己的成长经历、墨裔移民的故事，与加德纳夫人的收藏并置在一起。她将听众引领到这间金碧辉煌的私宅"背面"，仔细检查美国社会的裂痕与一道道粗糙的"缝线"——西斯内罗斯为自己的演讲取名叫"布艺师的女儿"（Tapicero's daughter）。[37]

德·里昂在德州埃尔帕索（El Paso）和亚利桑那图森（Tucson）的边境线徜徉的时候，他会想起自己在边境旁度过的童年：他总能看到仓皇穿越边境线的人——他们的长相与自己相似（德·里昂拥有墨西哥和菲律宾血统），他们的面孔难以辨识，但也无法从记忆中抹去。当他一次次返回美墨边境进行研究的时候，德·里昂追问，考古学和人类学究竟是为了什么？

他知道，自己顶着烈日在沙漠中搜寻遇难者的遗骸或穿梭于边防站与无证移民彻夜长谈，并非完全是为了获得国家科学基金的青睐，更不是为了给政客拉选票，或为猎奇的读者提供"沙漠生

展览"凶险的疆域，94" ｜图片由 Michael Wells/Undocumented Migration Project 提供

死录"一类的重口味畅销书。2020 年，德·里昂和他的团队在宾州一间大学的博物馆做了一个展览，"凶险的疆域，94"（Hostile Terrain 94）。[38] 他们将 3200 多个手写的标签安插在美墨边境的地图上。这些标签代表着过去 20 年间，在索诺拉沙漠发现的无证穿越者的尸体，地图上标签的位置还原了边境巡警及志愿者发现尸体时的 GPS 定位。白色的标签是已辨识出身份的死者，剩下的 1000 多张黄色标签背后的死者，也许我们永远也无法知晓他们的来历。疫情过后，这个展览又陆续在美国几十间大学校园和博物馆中巡回展出。每到一处，来自当地的志愿者会重新抄写标

签；有的展览现场，还会摆放无证穿越者留在沙漠中的背包、鞋子和随身物品，展厅里播放着由志愿者念诵的遇难者的姓名。

无疑，在这样一间展厅里，气氛是压抑而凝重的。这样的人类学展览无法为观众提供"异域一日游"，观众也绝不会面对钉满标签的地图"慢下来"或"学会专注"。[39] 虽然这里没有金盏菊和糖头骨，但"凶险的疆域，94"本身就是 ofrenda，一座祭坛。搭建它，是为了对抗"遗忘"——为沙漠中消失的足迹，也为在夜深人静时才出现在博物馆、电影院、餐厅和购物中心等地方的人，为他们在星空下留下姓名与痕迹。

脆 弱 的 纪 念 碑

贝哈在自己非虚构集的开篇写道："如果你不介意不带地图去一些地方，就请跟我来吧。"[40] 人类学家是不是都喜欢四处游荡？或者，哪怕制定了计划，一路上的奇遇也总会分散人类学家的注意力？这一章是从纽约上西区的亡灵节祭坛开始的，然而读到这里，我们已经站在了美墨的边境线上。如果你也不介意我的"四处游荡"，那请把这一章当作一份特殊的指南——它引领你将视线转向博物馆里"看不见"的东西和"看不见"的人。因为他们不仅维持着这间博物馆的生态，他们的故事也和我们每一个人息息相关。

1891 年，纽约的一本杂志刊登了一张题为"在沙漠中渴死"的漫画。漫画描绘了一位非法移民试图穿越索诺拉沙漠偷渡到美国，结果因为恶劣的环境干渴而亡。这幅漫画和目前边境线上发生的一切几乎没什么差别——除了漫画中的这位非法移民不是墨西哥人，而是中国人。[41] 这幅漫画，也代表着 1882 年美国颁布《排华法案》（*Chinese Exclusion Act*）后很长一段时间歧视与排斥华人的后遗症。虽然《排华法案》将华工苦力挡在了边境外面，但这并不意味着美国不再需要廉价劳动力——继华工之后，来自墨西哥和拉丁美洲的移民逐渐填补了美国劳动力市场的空白。也是在《排华法案》生效之后，越来越多被称为"郊狼"（coyote）的人贩子在美墨边境线上发起了带人偷渡的横财。[42]

　　美国在经济状况良好的时候对"湿背人"（wetback，指偷渡入境的劳工）视而不见，尽可能享受他们价廉物美的服务；当经济或国家安全出现问题时，无论是"合法"还是"非法"的移民都有可能成为被攻击的稻草人。新冠疫情期间，当许多白人指着亚裔或墨裔的鼻子要把他们"赶出美国"的时候，这些人可能完全忘记——或用德·里昂的话说，患上了"历史性失忆症"[43]——当年许多欧洲移民也曾是被美国扫地出门的对象。

　　一战期间，博厄斯在给儿子恩斯特·博厄斯（Ernst P. Boas，1891—1955）的一封信里感叹，那是他人生中最失望的时刻。[44]那时，博厄斯发现自己和周围的德裔移民因为战争突然变成了美国人仇视的对象。《纽约先驱报》甚至不时刊登看起来像是德裔或奥匈裔移民的姓名与住址，给读者提供"人肉搜索"。当博厄斯站出来反对美国的民族主义与对"异己"的歧视时，他非但没有得到同行的支持，反而被学界孤立。时任哥伦比亚大学校长的巴特勒（Nicholas M. Butler, 1862—1947）忙不迭表态，博厄斯是美国的"叛徒"，哥大要跟他划清界限。

也正是那时，一位自诩为人类学家的美国律师麦迪逊·格兰特（Madison Grant, 1865—1937）出版了《伟大种族的消逝》（1916）一书，旨在通过"白人种族灭绝"的阴谋论煽动美国对移民的限制，并反对跨种族通婚等。这本毫无科学依据的书在美国大受欢迎，不仅普通大众对格兰特贩卖的恐惧与仇恨纷纷买账，就连自然历史博物馆时任馆长奥斯本也捧着格兰特的书兴致勃勃地搞起了"优生学"展览与学术会议。[45] 步入晚年的博厄斯，一面在美国激烈地抨击"优生学"，一面却不得不目睹自己出生的国家一步步在种族主义的泥沼中沦陷——希特勒对格兰特的书同样爱不释手，他和自己的幕僚参考格兰特的书制定了一系列"净化"种族的政策。用国际事务教授查理斯·金（Charles King）的话说，正是美国的种族主义为德国的纳粹主义提供了蓝本。[46] 虽然纳粹德国成为了历史，但这么多年过去，种族主义的幽灵仍在我们身边游荡。"滚回你的国家！"——一百多年前，博厄斯耳边响起的咒骂，今天仍震颤着它的回声——在亚裔经营的美甲店门口，在中东裔开设的手机维修铺里，在墨裔割草工人停靠在路边的卡车旁……

博物馆的前身，大概可以追溯到 16 世纪甚至更早的"珍奇柜"（Cabinet of curiosities，或德语里的 Wunderkammer）——

这只小柜子里装满了主人从四处搜罗来的自然历史、地理、民族、考古、宗教、艺术等领域的物件。然而，博物馆从一开始便诞生于悖论中：它既是一种分享，又是一种占有；它既支持理解，也滋养误解；真理也许被写在了博物馆的标签中，但荒谬与偏见同样也可以在射灯的照耀下熠熠发光。在现代的人类学博物馆或艺术博物馆里，很多展品都是按照地区或文化族群分门别类地摆放。但每种文化或每个族裔之间并没有根深蒂固的区别；在遭遇危机的时候，不同的族裔也无法相互免疫。如果博物馆真的要为今天的观众提供一份指南，那么这应该是一种观看之道——在阅读物的传记时保持谨慎，在发掘人的故事时怀有自省与谦卑。

这一章是从亡灵节的祭坛开始的，那让我们再回到那里结束。很多观众——包括中国的，也包括美国的观众，大概是从电影《寻梦环游记》（Coco，2017）开始熟悉墨西哥亡灵节的传统。在电影中，那个唯利是图、连自己最好的朋友都能下手谋杀的"歌王"，最后得到了应有的惩罚——不是酷刑，不是死亡——而是被遗忘。在墨西哥，无论生者还是亡灵，最害怕的恐怕也是去世后没有人在祭坛上摆放自己的照片，或者，自己的名字不再被人提起。

记忆，是亡灵跨越生死边境唯一的签证。

虽然我不知道如何搭建亡灵节的祭坛，也不知道如何摆放金盏菊或制作糖头骨，但我知道写下这些故事，是为了让记忆延续。这些记忆，不曾被写在博物馆白色的墙壁上，没有被印在艺术品经销商五颜六色的宣传册上，更不会成为出版社看中的畅销传记。我们的身边，虽然有太多大理石或青铜铸的塑像，但最沉重的纪念碑，是"看不见"的物，"看不见"的人，是被风沙裹挟在一起、不分彼此的尘埃。[47]

第五章

空中行船

Canoeing
in the Air

"当晨曦刚刚爬上灰褐色的柔软的棕榈叶屋顶，面对苍茫无垠的大海，悄然而立的棕榈树刚刚出现婆娑身姿时，刚才还在棕榈树下或海边独木舟阴影下温存耳语的情人已悄悄回到了各自的屋里。太阳出来了，用它温柔的手抚摸着每一个熟睡的人……"[01]

一定是哪里出了问题。

1971年，玛格丽特·米德（1901—1978）站在刚开放不久的太平洋民族学展厅（Hall of Pacific Peoples）里，也许她不止一次回想过自己在40多年前的民族志《萨摩亚人的成年》（下简称《成年》）中写下的这些文字。对于米德来说，塔乌岛（Ta'ū）上的记忆仍然鲜活——海风咸腥，浪花拍打在身上，树叶沙沙作响。在为美国自然历史博物馆策划太平洋展厅时，米德竭力想向观众呈现她脑海中的田野：

"我希望这个展馆的每一个细节都能反映太平洋上的岛屿——蓝色的海洋，明亮的天空，远方的景观与日光熠熠的海岸，其中点缀着岛屿深处幽暗的密林与澳洲大陆浅色的沙漠。"[02]

然而，当太平洋展厅正式向观众开放后，批评的声音接踵而至。仅六年后，太平洋馆便关闭重修。[03]在讨论展厅的重建时，米德和博物馆的同事们不断思考，究竟是哪里出了问题？

其实，今天的人类学博物馆仍无法摆脱米德的"困境"：人类学家头脑中生动的记忆，以及他们笔下已成为经典的文字，能否在博物馆的器物、展柜、天花板、灯光与墙纸的组合中找到另一个生命？博物馆策展人应该如何把人类学知识"翻译"成引人入胜的公众展览，而又不会堕入博厄斯深恶痛绝的"马戏团"式误区？今天，观众走入人类学博物馆想要看到什么？或者，更激进的问题是：我们现在还需要人类学博物馆吗？

米德在美国自然历史博物馆的办公室里（拍摄时间不详）｜美国自然历史博物馆图书馆藏#338667

米 德 的 展 厅

无疑，米德是 20 世纪公众知名度最高的人类学家之一，她的头像还印上了美国邮票。[04] 一提到米德，人们便会联想到在茅屋前与儿童嬉戏、和少女们亲密攀谈的田野工作者，或是在电视节目里讨论有关家庭、教育、两性、人格等话题的人类学家。然而很少有人注意到，米德的博士论文其实关注的是波利尼西亚的物质文化。[05] 米德在完成了哥大的学业后，便一直供职于美国自然历史博物馆，直到去世。米德在博物馆的半个多世纪，负责收藏、策展、教学和日常维护等工作。所以说，在米德众所周知的诸多身份与成就之外，她还是一个不折不扣的博物馆人类学家。[06]

米德的博物馆职业生涯始于 1926 年。那年秋天，她从美属萨摩亚回到纽约，到自然历史博物馆就任助理策展人（assistant curator）一职。[07] 不知道博物馆的哪一轮"光晕"打动了米德——也许是馆内外截然不同的氛围，也许是仓库中"时间胶囊"般的器物收藏，也许是身边上了年纪却仍在伏案工作的老策展人——米德在博物馆里感到十分踏实。在入职博物馆几个月后，米德就希望自己能一辈子待在这里。[08] 当时，米德给自己选的办公室在五层半的一间小阁楼里。她办公室的地理位置有如一座小岛，将米德和其他策展人在五层的主办公区隔开。这间原本空荡荡的办公室很快就被她用地图、书籍、文件、从萨摩亚带回来的地毯和窗帘给填满了。

因为米德是入职博物馆前去的萨摩亚，那一次田野考察

米德与博物馆的复活节岛石像复制品（1969）| 美国自然历史博物馆图书馆藏#334029

（1925—1926）她只为博物馆带回来了两块塔帕布（tapa cloth，一种用树皮做的织物）。不过两年后（1928—1929），米德在马努斯岛上（Manus）更富经验。她一边继续研究童年、成长等自己感兴趣的话题，[09]一面四处搜罗，为博物馆找来了 800 多件原住民的器物。当时，米德的丈夫雷奥·福群（Reo Fortune，1903—1979）同样在为悉尼博物馆做收藏。所以，每当两位人类学家需要购置或邮寄货物时，村民们都异常兴奋，大家围在这两位"买主"周围，七嘴八舌地讨论哪件物品应该归属哪间博物馆。在这 800 多件收藏中，有 65 件被米德挑选出来放到后来的太平洋馆，直到今天仍在展出。米德和福群接下来在新几内亚岛（New Guinea）的考察（1933—1934）收获也颇丰——自然历史博物馆因此增添了 2500 多件来自阿拉佩什（Arapesh）、蒙杜古马（Mundugumor）、塞皮克（Sepik）和昌恩布利（Tchambuli）等族群的器物。

不过战争过后，米德重返马努斯，她发现"马努斯用 25 年就跨越了几千年的历史"。[10]由于二战时期马努斯一度被日本占领，后来又成为美国在太平洋重要的军事落脚点，进入 20 世纪后半叶的马努斯人早就将自己祖辈的黑曜石尖矛、狗牙饰品、贝壳做的阴茎套统统丢进海里，迫不及待地拥抱全新的社会与经济秩序。

在某种程度上，米德策划太平洋展馆时带着和博厄斯相似的"抢救"心理：哪怕她无法还原未受西方文明影响的原住民样貌，她也希望向观众呈现自己初涉太平洋地区时亲眼目睹过的萨摩亚、马努斯、阿拉佩什等族群的安宁生活。修建太平洋展厅这个想法，米德在刚到博物馆时就已经开始酝酿。[11]现在我们能找到的有关展馆设计的最早档案资料是 1945 年，里面记录了米德对展厅的一些粗线条构想。但同时，米德自己带着深深的"纽约客"气质。米德在上大学时就不愿循规蹈矩，成为人类学家之后，她更是喜欢走在文化思想和科学技术的前沿。[12] 筹划展馆时，米德的"野心"是让纽约的观众既对太平洋原住民的多样性有一个整体了解，又能够产生身临其境的感觉。要实现这些，米德相当依赖现代技术——她希望声光电与最新型的建筑材料能够像她手中令人信赖的拐杖一样，[13] 帮她撑起这个 850 平方米的梦想。

1960 年，当太平洋展厅的工程被博物馆提上议程，米德特意聘请了设计师普雷斯顿·麦克拉纳汉（Preston McClanahan）和她一起负责展厅的修建。麦克拉纳汉是一位耐心的倾听者，他认真听取米德的意见，在设计上也相当忠于米德的想法——当然，我们不难想象，如果一个设计师太固执己见，可能早就被更为强势的米德炒了鱿鱼。此外，麦克拉纳汉的设计风格深受 20 世纪六七十年代风靡纽约的极简主义风潮影响。[14] 这种建筑形式不仅去掉了以往室内装潢的繁复雕饰以突显展品本身，而且还喜欢实验性地将最新型的建材和技术运用到设计中。

在自然历史博物馆的太平洋馆里，米德和麦克拉纳汉为展厅铺上了绿松石蓝色的水磨石地板——米德想让纽约的观众感觉太平洋的海水就在他们脚下。天花板上悬挂着千余盏日光灯，灯管下面有一层透亮的金属光栅，加上零星分布在展厅中的霓虹灯与聚光灯，设计师用它们在水磨石地板上投射出"热带阳光般"的幻影。[15] 米德为太平洋馆精心挑选了展品——从巨型的复活节岛石像复制品（Rapa Nui Moai Cast），到波利尼西亚的面具、巴厘岛的皮影、苏门答腊岛的织染、毛利酋长的木雕仓库，再到数个微缩模型（diorama）——马努斯的村庄、巴厘岛神舞、萨摩亚文身仪式等等。这些微缩模型让米德情有独钟。她致力于将屋舍、独木舟、人物的穿着和手中的器物都做得精准无误——除了用于展览，米德还给这些缩微模型底下装了轮子，有需要的时候可以随时推出去用于电影拍摄。米德对马努斯村落的模型尤为满意，不仅她的马努斯朋友看到后大力称赞，米德还将自己与模型的合影放在了自传的封面上。[16]

为了让观众完全"沉浸"在太平洋岛屿的氛围中，米德摒弃了自然历史博物馆一贯使用的木质展柜，取而代之的是完全透明的玻璃展柜。铝合金的支架将玻璃展柜抬高，那些面具、皮影和木雕看起来如同"悬浮"在半空。[17] "让观众和展品之间没有障碍"——这不仅是米德的实践，纽约的艺术博物馆那时也纷纷更换或干脆去掉展柜，追随这一流行的理念。与此同时，米德非常注意展厅的声音环境——声音，大概是视觉材料之外最容易让观众产生"身临其境"之感的手段。以我们现有的技术，录制萨摩亚海岸的涛声或巴厘岛的竹笛演奏根本不算什么难事，但对于当时的米德来说，这是一项极大的挑战。甚至，音效工程变成建造太平洋馆时耗费精力最多的一个项目。[18]

虽然在 60 年代的纽约，各大博物馆与大学里都有民间乐器的收藏，但大家很少有演奏的录音，更没有音质完好、可以在博物馆展厅里播放的现成音像制品。为此，米德聘来了数位研究助理。

他们按照展厅中不同族群的乐器，四处去搜罗会使用这些乐器的人，然后录制艺人的演奏。这些录音被灌成磁带，由安插在展柜旁的音响循环播放。这样，观众踏入展馆后，除了始终伴随在耳边的海浪背景声，还会在游览过程中陆续听到来自不同族群、风格迥异的音乐。

这一切听起来似乎十分完美，但是，事与愿违。1971 年 5 月 18 日，自然历史博物馆的太平洋展厅向观众敞开大门后，米德和她的团队迎来了海浪般的批评。

首先是来自博物馆内部的。米德从同事们口中听到最多的是对灯光的不满——光线太冷、太单薄，抛光水磨石地板将白色的日光灯衬得愈发苍白。现在博物馆档案库里保留的一张 1971 年展厅的照片，那色调看上去更像是社区的公共游泳池，而不是生机勃勃的太平洋岛屿。也就是说，米德脑中那阳光跳跃的热带海岸，并没有在她的观众脑中摇曳生辉。此外，展厅里的器物虽然丰富多样，但观展效果并不理想。米德那个年代还没有所谓的低反射玻璃。她订制的 163 只玻璃展柜之间反光严重——你不可能在端详新几内亚岛的木雕面具时避开澳洲图腾的倩影，苏门答腊深色织毯的倒影几乎完全挡住了巴厘岛皮影偶人的细节。观众不仅看得"眼花缭乱"，玻璃柜里一个个悬空的器物也给人带来某种怪异之感——米德的一位同事毫不客气地讽刺道，这些展柜就像"踩着高跷的棺材"。[19]

米德和麦克拉纳汉对新型建材的大胆使用不但没有得到观众的认可，艺术博物馆里颇为成功的极简设计在人类学展馆里反

米德负责修建的太平洋展厅局部（1978）|
美国自然历史博物馆图书馆藏 #ptc-3348

而弄巧成拙。大家普遍认为展厅使用的材料和太平洋岛屿的本土环境差异过大，观众根本不可能"沉浸"到当地的生活氛围中。今天，自然历史博物馆的策展总监哈维教授看到1971年的太平洋展厅照片时，他的第一反应是："噢，这看起来非常摩登，像个当代艺术博物馆！"除去冷光源、玻璃展柜和水磨石地面营造出的现代主义格调，米德的展厅更接近艺术博物馆的另一个原因是这里几乎没有什么标签。米德常说，图书馆是阅读的地方，博物馆是人们和器物产生联系的地方。她刻意缩减了太平洋馆里的标

翻修后的太平洋馆挪到了博物馆的三层，各个文化族群以不同的颜色加以区分｜作者摄（2023）

签，只提供诸如族群、器物名称等"必要"信息。人类学部老系主任弗里德对此总是大摇其头："我不知道如果人们连某件东西的基本信息都不了解的话，他们要如何与器物产生联系?!"[20]

在博物馆的时候，米德喜欢将太平洋馆称作"我的展厅"——那语气像青年热情地呼唤挚友，像母亲宠溺地谈及孩子。所以，当这间倾注了几十年心血筹划、十年时间修筑的展厅被批评得体无完肤时，米德彻底心碎了。"天花板和地面跟我想的不一样，其他很多东西也都交错在一起。展厅现在看起来令人沮丧，光线僵硬，一切都乱七八糟……"米德在 1978 年 1 月的一次博物馆内部会议上曾这样说。[21] 1978 年对米德来说是艰难的一年。前一年太平洋馆正式关闭，虽然博物馆计划要重建展厅，但有关翻修的冗长讨论始终没有实质性的结果。新的设计师尤金·伯格曼（Eugene Burgmann）对米德十分尊重，在设计上他尽量沿袭米德最初的设想。但伯格曼也很清楚自己的职责，他明确地就此前展厅的纰漏做了彻底修改。米德最后一次看到展厅的修改方案可能是 1978 年 7 月，但没有人知道她对此作何评价。当年 11 月，米德因患胰腺癌在纽约去世。

六年过去后，翻修好的太平洋展厅向观众开放。新馆不仅移到了此前展厅的下一层，一切也和以前大不相同。天花板矮了许多（从 7 米降到 4 米左右），地面被设计师铺上了不同颜色的地毯，以区分来自不同族群的收藏。整个展厅仍然以海水的颜色为基调，但室内的光线暗了下来。天花板上的弱光源色调更加柔和，玻璃展柜的侧面与底部被刷成了和地毯一致的颜色，里面还添加

太平洋展厅入口陈列着米德曾用过的斗篷与手杖 | 作者摄（2023）

了射灯以突出展品与标签。除此以外，新馆特意增设了一个展览。在进入三层的太平洋展厅前，观众会经过一个长长的走廊——走廊的墙上挂着米德在萨摩亚做田野的照片，玻璃柜里摆着美国总统在米德去世后为她追加的自由勋章以及马努斯老友为悼念米德而送来的硬币颈环，[22] 嵌在墙壁里的电视循环播放着米德接受记者采访的录像。她最有标志性的个人物品——一件红色的斗篷和那支购于伦敦的手杖，静静地立于展柜中。

现在，太平洋馆是自然历史博物馆里唯一一个以人类学家命名的永久展厅（Margaret Mead Hall of Pacific Peoples）。[23] 不知米德在天之灵是否会感到稍许安慰——五十多年过去，这里仍然是"她的展厅"。

人类学的困境

米德在太平洋展厅遇到的困境——如何将人类学知识"翻译"成公共展览，从更广泛的意义上说，其实也是人类学的困境。人类学家漂洋过海，或在深山密林中跋涉千里搜集来的知识，该怎样与大众产生有效的沟通？就像我的街坊邻居时不时会对我进行"灵魂拷问"：你们人类学家忙活了半天，究竟在干什么？

不可否认的是，一些学者并不认为人类学的知识生产是为了与大众沟通。他们推衍的数据模型或构建的理论框架恰恰是为了推动人类学朝着精英文化的方向发展，成为指导其他学科的思想基础。但米德信奉的人类学，则是通过了解"他者"，从而影响"自我"的社会与文化——这个听上去乌托邦式的概念，米德执着地坚持了一生。[24]

米德在写作上的投入，便是对这一理念最好的诠释。和同时期的其他人类学家不同，米德认为好的人类学家首先应该是好的作家。出生在费城的一个知识分子家庭，米德从小就热爱阅读与写作。虽然后来在纽约的巴纳德学院（Barnard College），米德因为其他同学更耀眼的才华而小受打击，放弃了当诗人的理想，但写作始终伴随着她。[25] 在哥伦比亚大学读博士时，米德就有意识地将文学性融入自己的人类学写作，尽量摆脱当时主宰人类学界那单调呆板的德式论文风[26]（米德的恩师博厄斯显然是她攻击的主要对象）。然而，这并不是说在撰写民族志时给句子加上漂亮的形容词或适当的时候抒一下情就大功告成。米德认为，写作的敏感度是人类学田野考察不可分割的一部分。

"在场性"是贯穿米德人类学文字的一个重要特点，或者用她自己的话说，就是"从我坐着的地方讲起"（from where I sit）。[27]"在场性"这个词有其哲学渊源，这里我们不去深究。简单地说，米德的"在场性"，或她作品中"接地气"的一面，来自她敏感细致的观察与孜孜不倦的书写。米德用"萨摩亚一日"小说般的章节开启了《成年》这本民族志。在不到四页纸的篇幅里，米德邀请读者一起登上塔乌岛，跟她共同目睹"曙光初照"，聆听"面包果树上传来一阵又一阵尖声的鸟啼"，她还会轻轻推你一下，让你注意从海上归来的年轻渔夫不情愿地为酋长献上最大的"禁忌鱼"但却"心满意足地往棕榈叶编成的小筐里装鱼"准备送给自己的情人。[28] 与之相比，同时期的其他人类学家很少想过引领读者走入自己的田野。学院风的人类学写作总是站在"对岸"，以上帝般的视角去概括、抽提、归纳和演绎；作者不会在文字中暴露自己的痕迹，这样学术作品才能保持理性与权威。难怪米德的作品越是受到普通读者的欢迎，她愈发被学术界孤立。当时批评

美国自然历史博物馆太平洋展厅里马努斯村庄的缩微模型｜作者摄（2023）

她的学者（几乎都是男性人类学家）觉得米德简直就是一个跳梁小丑，不仅为了追名逐利向大众"贩卖"人类学，而且还"贱卖"了人类学作为一门科学的尊严。[29] 英国人类学家埃文斯 - 普里查德（E. E. Evans-Pritchard, 1902—1973）甚至将米德的写作讥讽为"风掠过棕榈树沙沙作响派"文体。[30]

米德不是不会写学院体论文——在《成年》出版前一年，米德向美国国家研究委员会（National Research Council）提交的研究考察报告（*The Adolescent Girl in Samoa*, 1927）以及后来有关萨摩亚社会结构与亲属关系的论文（*Social Organization of Manu'a*, 1930）都是中规中矩的学术作品。但米德不像劳弗那样清高自负，她愿意了解自己的读者，也十分了解自己的读者——无论是在纽约格林尼治村（Greenwich Village）或晨边高地（Morningside Heights）徜徉的年轻人，还是在第五大道或42街书店里闲逛的过路客，绝不会对深奥枯燥、带"德国腔"的论文感兴趣。米德坚信，要让普通读者了解人类学，要让人类学发挥更大的公众效应，就必须用最平实的语言书写。[31] 在《成年》及《新几内亚人的成长》（1930）中，我们几乎读不到拗口的人类学术语或其他人类学家喜欢挂在嘴边的各种"主义"（-ism）。早在格尔茨（Clifford Geertz, 1926—2006）提出"深描"（thick description）这个概念之前，[32] 米德就已经是深描式人类学的先锋实践者。米德力图用文字展现远方族群真实生动的生活图景，并让美国读者接受自己的成长路径并非唯一，也非最优越的文化形式。她将自己田野笔记、信件和考察报告中的细节一次次提炼，最终以质朴的语言将它们呈现在大众读物中。[33]

　　"从我坐着的地方讲起"不仅是对读者礼貌的邀约，也是中肯地承认人类学家的局限。米德曾写道："没有人能够看到全部的真实。一个性别、一种文化，或者一个学科，哪怕超越了自身的边界，它的贡献仍然是有限的，仍然需要等待其他人一起还原一个更丰满的真实。"[34] 可惜米德对人类学立场与局限的认识并没有得到当时学界的重视，她的实践反而被当作女性化、无足轻重的碎碎念，和"烟夹在指缝间滔滔不绝派"的男性人类学家形成了鲜明对比。哪怕是在后现代人类学代表作《写文化》(1986)里，克利福德和马库斯也只援引了男性人类学家的自省，反而忘记了这位 20 世纪后期公众知名度最高的人类学家。[35] 这也是为什么我在上一章谈过贝哈、西斯内罗斯、德·里昂之后，现在还要回过头来谈米德——人类学的知识生产并不是什么新颖热门的话题，米德的战役到现在仍在进行。

　　如果我们把米德文字中的"在场性"带回博物馆的展厅，我们也许能看到灯光、地板砖、展柜材质等技术性以外的关键问题。"在场性"在博物馆里被米德翻译成"沉浸式"的展览体验——米德想让观众也"到场"，跟随她体验太平洋海岛的文化与自然环境。然而，这一切对于米德来说是切实的回忆，对于大部分观众来说却只能依靠想象。更糟的是，文字为读者提供的想象空间相对广阔，但展厅反而会成为思维的牢笼——灯光的颜色、展柜的材质、收藏的样貌很可能与观看者自发带入的意境相去甚远。打个比方，由经典小说改拍成的影视作品也很难讨好观众不是？

人类学家黛安·洛什（Diane Losche）指出，在展厅的设计中往往隐藏着两种互不相容的动机：既想要观众"身临其境"抵达某个特定文化的内部，又希望他们站远一些、对展厅的总体呈现有一个全景式的理解。[36] 米德的女儿玛丽·凯瑟琳·贝特森（Mary Catherine Bateson，1939—2021）总结得很恰当："（米德的）展厅背后的逻辑很美好，但现实的落差恐怕是因为这些奇异的材料无法整合成一个统一的叙事。"[37]

从另一个角度我们可以问，博物馆的展览在多大程度上需要呈现优秀民族志作品中的"在场性"？米德撰写"萨摩亚一日"，不是为了怀旧而堆砌辞藻，也不为吸引读者而贩卖异域风情。米德构筑意境的目的是给后面的民族志服务——为了告诉美国读者，萨摩亚青春期的少女在个人选择和社会期待之间不存在必然的紧张和冲突，她们的行为举止在萨摩亚这个与美国同样复杂的文化语境下是自然且融洽的。但在博物馆的展厅里，米德走到萨摩亚的海岸便"止了步"，她没有走更远以便告诉观众，展厅里摆放在一起的文身仪式模型和独木舟船桨讲了一个什么样的故事。

我们可以更进一步思考：哪怕目前的技术更加先进，展厅里可以随意安装 LED 射灯、360 度投影仪，由电脑生成令人眼花缭乱的特效，甚至整合进虚拟现实（VR）技术，[38] 我们真的会更了解一件展品、一个艺术家，或一种文化吗？此时，博厄斯的幽灵恐怕在博物馆的展柜旁偷笑：小心感官上的愉悦变成"马戏团"式的陷阱——在多巴胺分泌过后，我们的智识可有任何长进？

另外，米德的展厅——其实不只是太平洋馆，自然历史博

美国自然历史博物馆太平洋展厅里新几内亚塞皮克(Sepik)河流域的艺术 | 作者摄(2023)

物馆所有的"永久展厅"(permanent hall)都存在一个时间性
的悖论。博物馆的策展人都知道，筹划一个持续几个月的特展
(special exhibition)可能比筹划一个"永久展厅"更简单。因
为特展一般有一条清晰明确的叙事线索——我们要讲一个什么故
事，这个故事里最吸引人的东西是什么，叙事的线索如何用物质
文化和建筑语言串联起来。但搭建一个"永久展厅"从定义上就
是一个注定要失败的工程——我们的知识在不断更新，我们的思

耶鲁大学美术馆（Yale University Art Gallery）的太平洋收藏展厅｜作者摄（2023）

纽约大都会博物馆陈列北美原住民收藏的展厅（Art of Native America: The Charles and Valerie Diker Collection）｜作者摄（2023）

想也会跟着前行，没有什么是"永久"不变的。

　　米德在书写《成年》时，有非常明确的"时间性"意识——这是写给当时美国读者的一本书，描述的是20世纪二三十年代美属萨摩亚人的生活。1973年，当《成年》再版并请米德为书加序的时候，她反复强调，她从未期待来北美生活的年轻萨摩亚人会读这本书，也没有想过要把这本书写给50年后的美国社会。然而，太平洋馆和自然历史博物馆的其他展厅却是"永久"的。哪怕太平洋馆经过了1984年那一番大修，今天的观众能看到最为清晰的线索恐怕是对米德作为人类学家的一生的回顾，而来自不同岛屿、不同族群的器物收藏，仍然没能"合奏"出更为震撼的乐章。

　　就像任何会老去的事物——树木、屋舍、人——这些"永久展厅"在时光的雕琢中注定也会慢慢衰老，愈发显得不合时宜。如果我们将博物馆看作一个人，那么她／他应该"坐在"哪里去讲述一个故事？什么样的故事，是我们这个时代希望讲述的？又是什么样的故事，不得不在博物馆里讲述？

谁 还 需 要 博 物 馆 ？

"人类学博物馆已经死了。"

　　在讨论人类学博物馆的前景时，英国牛津大学皮特·里弗斯博物馆（Pitt Rivers Museum）的时任馆长迈克尔·奥汉隆（Michael O'Hanlon）与策展人克莱尔·哈里斯（Clare Harris）用这样一句充满挑衅语气的话打开了他们的论述。[39] 当然，作为这座始建于 1884 年，坐拥超过 50 万件收藏的博物馆的负责人，奥汉隆和哈里斯显然不会希望人类学博物馆就此"死去"。然而，他们和所有人类学博物馆的工作人员一样，不得不回应一些来自学术圈内部、原住民群体，以及社会活动家越来越强烈地要求"取消"人类学博物馆的声音。我们可以肯定的是，带着猎奇或自负的眼光傲视"野蛮"文明的博物馆早就应该从历史舞台上退出——让它们带着羞愧"死去"。[40] 但同时，有相当多的原住民、博物馆策展人、学者，以及前来人类学博物馆参观的普通观众，却并不赞同完全"取消"人类学博物馆的激进主张。[41]

今天，我们身边的数字化资源相当丰富，坐在电脑前抬一抬手指便可搜索到一件器物的图片或了解一段遥远的历史，但亲身站在一件器物前的观看体验仍然难以被网络取代。更重要的是，博物馆的展厅不仅仅是摆放器物的空间，它还是人类学家弗莱德·迈尔斯（Fred Myers）说的"文化碰撞的场域"（intercultural field）——来自不同文化背景的观众走入展厅，由展品或展览叙事引发讨论，哪怕有时是沉默，有时是激烈的争论。这恰恰是展览，甚至也是博物馆存在的最关键的意义之一。如果人类学博物馆不想再扮演"历史残留品"的角色，那么博物馆应该如何重新审视自己的收藏？策划展览的人类学家与设计师又应当如何解决之前提到的"在场性"与"时间性"问题？带着这些思考，让我们去看一个最近的案例——美国自然历史博物馆于 2022 年翻新的北美西北海岸馆（Northwest Coast Hall）。

正对 77 街南门入口的西北海岸馆是博物馆里历史最悠久的人类学展馆。这个展馆最初由博厄斯负责，于 1899 年 11 月 30 日向公众开放。当时的展品包括博物馆在 19 世纪末从各地购得的器物，以及博厄斯他们从北太平洋远征带回来的收藏。[42] 就像第一章讲的，在那个"社会进化论"盛行的年代，博厄斯在布置西北海岸馆时相当有前瞻性——他坚持按照原住民族群的地域分布而不是按照他们的"进化顺序"布置展厅，他拒绝将白人的文化看作演化的终点，他在策展、教学和写作时开始频繁使用"文化"这个词的复数形式（cultures）。然而，昨日的荣光到了今天难免会黯淡，更何况博厄斯的展厅如今已伫立了 100 多年。博物馆资历较高的工作人员说，从他们几十年前进入博物馆工作时，大家就已经觉得西北海岸馆显得过于陈旧，很多标签和展品都令人不安。[43]

到了 21 世纪，这间灯光昏暗、弥漫着防腐药水味道的展厅更是逐渐被人遗忘。在博物馆工作过的沈辛成教授曾嘘唏，大多数游客径直从西北海岸馆穿过只是为了去 IMAX 剧场，他们不知道自己错过了自然历史博物馆最荣耀的收藏。[44] 但翻修这间展厅绝非刷一刷墙壁或更换灯管那么简单。从 2017 年起，博物馆给这间展厅做了一次为期 5 年，耗资 1900 万美元的"大手术"。

2022 年 5 月 13 日，西北海岸馆重新向观众敞开大门。占地近 900 平方米的展厅呈现了来自西北海岸 10 个族群的 1000 多件器物：⁴⁵大到由一整根雪松制成的长达 19 米的独木舟（the Great Canoe）、走廊两侧直指天花板的图腾柱，小到手掌般大小的口哨、手镯与骨针。也许最让观众耳目一新的，是展厅的配色与玻璃展柜。此前薄荷绿的墙壁全部改刷成了湖蓝色——饱和度有细微差别的几层蓝色，不仅巧妙呼应了图腾柱与木刻面具上蓝色的染料，⁴⁶而且在深灰色天花板与暖白光源营造的气氛里显得格外沉静、庄重。笨拙的木质展柜被移走了，换上的玻璃展柜增加了展馆视觉上的通透性——当然，我们现在可供选择的材料足以避免米德当年反光严重的问题。

虽然展厅给人的第一印象焕然一新，但仔细观察之后，观众会发现设计师以诸多细节在向这间展厅的历史致敬。展厅中央虽然配合天花板的色调更换了地板砖，但两侧的地面保留了当年土黄色的纹样瓷砖。博厄斯最初布置西北海岸馆的时候，展厅旁边都是透光的大窗户（后来的策展人没少心疼过那些畏光的图腾柱）。随着博物馆的扩建，这些窗户逐渐被封死变成了隔开其他展厅的墙壁。2022 年，设计师特地"还原"了展厅两侧的窗户——他们将打了背光的壁画安装在以前窗户的位置，这些壁画呈现的是西北海岸广阔的自然风貌。

建筑设计的语言虽然引人入胜，但新展馆里的另一个声音如汹涌的波涛盖过了所有审美上的细节——这是来自西北海岸原住民族群的声音：

"我们出生在这里，这是我们的土地。"

"这些山都有名字。我们的歌，我们的名字，也是从这些地方来的。"

"他们曾禁止我们举办夸富宴，然而，我们仍然在举办夸富宴，我们仍然在舞蹈。"

"西北海岸的原住民不只有独木舟或图腾柱，我们的文化相当丰富多元。"

"我们的文化没有死去，我们仍在这里……"

穿过 77 街入口的大厅，观众一推开西北海岸馆的玻璃门就能够听到东侧墙上循环播放的纪录片《西北海岸原住民的声音》里的独白。[47] 这些声音在图腾柱与玻璃展柜之间回荡，迫使观众沉默，并放慢脚步。虽然西北海岸馆的一些设计理念看似与米德的太平洋馆相近，但新的展厅根本不打算为观众提供"沉浸式"体验，也不像一百多年前那般野心勃勃地给出"全景式"概括，甚至，呈现原住民族群的多元性也不是展览的唯一目的。

新的展厅是一份措辞激烈的宣言——一场对殖民者叙事的回击，一场对人类学及博物馆的尖锐审视，一场"我们仍在这里"的庄严声明。

在这样的声音与目光中，观众无法从容放松地游览展厅——这也许恰恰是策展人希望传达的讯息。负责此次展馆翻修的策展人，除了自然历史博物馆的北美民族学策展人彼得·怀特利(Peter Whiteley)，还有来自努查努阿特的酋长哈尤普斯(Haa'yuups)，以及另外 9 位来自不同原住民族群的策展顾问。[48] 哈尤普斯在接受记者采访时说，他十分尊重博厄斯，也欣赏他对抗种族主义的勇气与贡献，但博厄斯不是完人，他在为博物馆进行收藏的时候

美国自然历史博物馆 2022 年翻修的
西北海岸展厅｜作者摄（2023）

做了很多错事，我们今天应该用更尖刻的眼光去看待这段历史。

自 1998 年起，自然历史博物馆根据《美国原住民墓穴保护及归还法案》(*The Native American Graves Protection and Repatriation Act*，简称 NAGPRA) 向原住民族群陆续返还了 1850 件器物。[49] 但除了继续要求博物馆返还原住民的物件外，来自西北海岸的酋长与学者也不断要求博物馆在展示留在这里的器物时，增加更多的背景——不仅仅是器物的名称、材料、仪式功能，还有这件器物是如何来到博物馆的，它在原住民过去、现在以及未来的生活中扮演了什么样的角色。更重要的是，博物馆能否让观众听到更多原住民自己的声音？

"从我坐着的地方讲起"对于今天的人类学博物馆来说，恐怕不是一个很舒适的位置。这种不适恰恰是思想更替的开端。如果我们在阐释某个文化时，不再依赖"人类学家"的滤镜及其权威的口吻，而是在展厅中诚实地呈现人类学知识生产的过程，那么这个文化是否会得到更丰满的呈现？就像在新的西北海岸馆里，观众可以从草编篮筐展柜旁的辅助视频中，看到萨利什老艺人艾德·卡里埃 (Ed Carriere) 指导博物馆的工作人员如何处理草叶、编织并设计篮筐上的纹样。此外，奥汉隆和哈里斯在探讨人类学博物馆的命运时指出，认识到"物的生命史"恐怕是物质文化研究的重要分水岭。[50] 一件器物，可以"拒绝"博物馆或人类学家强加在它身上的阐释——就像第一章里萨满神衣的故事。物的生命，也是可以流动的，博物馆的展厅也许只是它暂时驻足的场所。

在展厅的西北角特林吉特展区，摆放着一只红色的海狸船首像（beaver prow）。这其实是一件复制品，原件已于 1999 年归还给了阿拉斯加的特林吉特部落。1882 年 10 月，当阿拉斯加安贡（Angoon）的原住民水手按照传统习俗为意外去世的部落医师停工哀悼时，当地的白人官员以为原住民要罢工或发起攻击，于是他们找来了美国海军。在一连串的误解和冲突中，海军粗暴地轰炸了安贡的整个村庄，岸上所有的房屋、独木舟与食物都毁于一旦。只有一艘船幸免于难——当时那只独木舟正在海上捕鱼。安贡的特林吉特人依靠这艘仅存的独木舟捕捞食物，运输木料重建房屋，熬过了寒冷的冬天。为了感谢这只独木舟，原住民为船安上了海狸的木雕艏像——德伊士坦氏族（Deisheetaan）的"象征"（crest）。

当这艘独木舟船体破损断裂，不能再用时，村民像为亲人举行葬礼一样火化了它。但谁也没有注意船首海狸去了哪里。直到 20 世纪末，来纽约自然历史博物馆参观的德伊士坦头人在博物馆的收藏中认出了它。现在，回到安贡的船首海狸被小心保存起来，举办夸富宴时会被插在最醒目的地方。"我们的船首海狸会保佑你的航程平稳，无论你正经历着什么。"德伊士坦氏族的头人这样说。

真正的海狸回到了自己的家乡，留在博物馆的复制品[51]不仅是为了展示特林吉特人的文化与艺术造诣，更是为了讲述那段与展品交织在一起、难以抹去的悲伤历史。为了将更多原住民的声音带入展馆，每个族群的展区都立着多媒体小站。不少原住民在视频短片中讲述着与船首海狸相似的故事，同时，他们也骄傲地展示自己族群逐渐复兴的传统——不仅用英语，也用他们自己的语言。为了让纽约的观众看到文化"活"的一面，新馆开放后还陆续举办过不同规模的夸富宴。[52] 这不是自然历史博物馆头一次办夸富宴。1991 年，博物馆的策展人和夸夸嘉夸（Kwakwaka'wakw）的酋长请来了博厄斯与亨特的后人，以及来自夸夸嘉夸的原住民学者，以一场夸富宴开启了人类学研讨会与博物馆的特展（Chiefly Feasts: The Enduring Kwakiutl Potlatch）。[53] 但在2022 年新馆正式开幕前，博物馆举行了一次史无前例的"净化"仪式。来自西北海岸 10 个族群的代表身着传统服饰，以歌声与吟诵为这间展厅净化、祈福。

　　然而，这不是一个欢腾的庆祝场合。无论是原住民代表，还是博物馆策展人，心情都十分复杂。"净化"仪式（consecration）在某种程度上，是承认或确立展厅中的器物具有了"生命"，它们从此带有"灵力"，既可以保护我们，也能够摧毁我们。从参与策划这个展厅开始，原住民代表就带着坚定的信念，要在新的展馆中留下自己的声音，让它成为一份见证。但他们也很清楚，历史没有那么容易被改写，过去留下的误解与偏见仍在我们周围滋长、传播。自己族群的历史会被怎样解读，他们今天的行动有什么意义，原住民的未来将走向何方，以及，这个展馆的生命会如何发展。为崭新的西北海岸馆"净化"的原住民代表没有答案。

　　当然，人类学博物馆的"生命"也并不仅仅局限在展厅里。[54] 在米德自己意识到以前，她和第三任丈夫格雷戈里·贝特森（Gregory Bateson，1904—1980）在巴厘岛对影像材料的收集与使用，

德伊士坦艺术家 Yéilnaawú 专门为翻新的西北海岸展厅制作的海狸船首木雕复制品 | 作者摄（2023）

便发掘了人类学博物馆的另一层诗意。米德曾批评人类学是"一门文字的学科"（a discipline of words）——人类学过度依赖文字作品，很可能会遗漏重要的文化层面，也排斥了多元的对话空间。[55] 米德在工作中不仅收集了大量民族志影像素材，她还致力于影视人类学学科的构建。她认识到，影像的意义远远超过学术的价值。1977 年，米德在自然历史博物馆工作的第 50 个年头，博物馆为纪念她在影视人类学方面的贡献，开始举办玛格丽特·米德电影节（Margaret Mead Film Festival）。尽管米德没能参与后来的电影节，但从 1977 年至今，米德电影节已经展映过来自全世界的近 2000 部影像作品。每逢电影节，从世界各地来的电影人、原住民艺术家、学者和社会活动家都会聚在自然历史博物馆 77 街的门口，等待进入剧场，在大荧幕前分享各自的故事。

　　我印象最深刻的，是米德电影节 40 周年时的一次活动。在太平洋原住民的纪录片单元里，展映了一部叫《歌之壁画》（Mele Murals）的长片。[56] 故事的主角是两位颇有名气的美国涂鸦艺术家，埃斯特拉（Estria）与普莱姆（Prime）。他们虽然都有夏威夷原住民的血统，但两人一直在旧金山生活工作。一个偶然的机会，他们被请到夏威夷威美亚岛（Waimea），为当地一所原住民小学的教室外墙绘制壁画。埃斯特拉和普莱姆绘制的第一张壁画是岛上最高的山峰（Pu'u o Mahuka Heiau）的主神。两人挥毫泼墨，轻轻松松地涂满了整面墙壁。然而，当地的精神领袖普阿·凯斯（Pua Case）看到埃斯特拉将山神画成穿着吊带连衣裙的女孩时，她说："这不是我们的神。"

凯斯带着埃斯特拉和普莱姆以及学校的孩子们，爬上神山的主峰，在山顶静坐、祈祷。凯斯开始讲述自己族人如何乘着独木舟到达威美亚岛，并受到自然的馈赠得以安顿下来。之后，她带着艺术家和孩子们去看圣湖、祖先狩猎的树林，最后在雨神栖居的巨石旁停了下来。她让每个人靠近巨石，去聆听雨神的声音。有个女孩伏在石头上哭泣，她说她听见了雨神如同母亲那样呼唤她的名字。晚上，埃斯特拉与普莱姆到一个学生家里吃饭。学生的父母坐在车库门口，唱起古老的歌谣，家里的孩子们围着餐桌慢慢地跳舞。一向爱开玩笑的普莱姆拿着一瓶啤酒，一言不发。后来，普莱姆对着纪录片导演的镜头哭得像个孩子，他说："我多么希望在我小的时候，有人能给我讲这些故事，唱这些歌，告诉我，我是夏威夷后裔。"

　　次日，埃斯特拉和普莱姆开始画最后一面墙——他们要在墙壁上绘制雨神和山神。在起笔之后，埃斯特拉每天晚上都会独自回到壁画前，反复修改雨神的面孔。他说，他第一次在创作时感到紧张，因为这不再只是关乎"埃斯特拉"，而是关乎整个族群，他不能让大家失望。经过一个多星期的工作，埃斯特拉和普莱姆的壁画完工了。凯斯看到雨神像之后，她走到埃斯特拉的面前说："谢谢你！"在离开威美亚前，埃斯特拉和普莱姆回到穿吊带裙的山神壁画前，用石灰将它抹平。埃斯特拉说，这是一次由"埃斯特拉"到"我"的旅程。

　　我坐在剧场里流泪，我身边的观众也都在流泪。我以前并不了解威美亚的原住民文化，看过电影之后，我感觉自己像普莱姆一样，将聆听这样的故事当作生命中最珍贵的馈赠。电影导演没有到现场，但普阿·凯斯来了。她站在舞台上，唱起了电影里她唱过的那支歌。她说，下星期一她将与族群的其他成员走进法庭，为了阻止一项在神山的主峰修建 18 层豪华酒店的计划。放映结束后，我走到凯斯面前，表达我的敬意。她捧起我的脸，将她的额头抵在我的额头上，缓慢而有力地说："愿我的神保佑你。"

在纽约上州，波特瓦托米（Potawatomi Nation）的植物学教授罗宾·沃·基默尔（Robin Wall Kimmerer）[57] 站在讲台上，她手中拿着学生们刚刚填好的问卷。这是一堂植物生态学课程，选修的是打算日后投身环保事业的大学三年级本科生。当问卷问到人与自然的冲突与矛盾时，学生们洋洋洒洒地罗列出一大串案例：污水排放、过度捕捞、砍伐森林、滥采矿藏等等——这不奇怪，这是学生们过去 20 多年所受的教育。可当问到人与自然之间的良性互动时，她收回的 200 多张问卷的答案是"零"。她惊愕。选择生态专业的学生，算得上是"未来的希望"，可如果连他们都看不到"希望"，一切努力又是为了什么？

基默尔突然意识到，在这些学生中，很多人从小是听着夏娃的故事长大的——受了诱骗的女人偷食了禁果，她背负着沉重的罪责，只有靠自己的双手征服荒野才有可能重归天堂。但基默尔自己是听着另一个女人的故事长大的——许多原住民族群中流传的"天女"（Skywoman）的故事。这位勇敢的女性从天而降，在大雁、乌龟、海狸等等动物的帮助下，将手中的种子播撒，建立了自己的家园。

甜草（sweetgrass，拉丁名 *Hierochloe odorata*），或珀特瓦塔米语言中的 *wiingaashk*，在原住民的传说中是由天女的头发变成的——她将自己的身体奉献给大地，作为对其他生灵的回报。用甜草编织毯子与篮筐的原住民都知道，适当的采摘会帮助野生甜草长得更健康，反之，无人搭理的甜草地会逐渐枯萎退化。基默尔和自己的研究生在实验室中也重现了这一结果。[58] 当然，这篇论文是写给穿白大褂的科学家看的，日日与甜草相伴的原住民不需要 p 值来重申自己的传统。[59] 甜草，在基默尔的部落中是神圣之物——它教会人们如何馈赠，如何回报。

在撰写《编织甜草》（*Braiding Sweetgrass*，2013）这本书时，基默尔感到自己手中就像捧着天女的发丝——一缕是原住民的传统智慧，一缕是现代科学知识，一缕是她在自己生命旅程中得到的故事的馈赠。将它们编织在一起的过程并不轻松，那好比是将几个互相隔阂的世界打通。可是，如果我们连世界存在的可能性都无法看到，我们将如何修复裂痕，如何拯救危机？如果我们没有机会聆听别人的故事，我们将如何归还船首海狸，如何将穿吊带裙的山神壁画用石灰抹平，如何学会真正尊重甜草的生命？

无论是翻新后的西北海岸馆，还是人类学博物馆的生命，也将是一个耐心编织的过程——将展厅中盛放的器物、原住民的声音、建筑设计的语言、人类学家学习和聆听的经验，还有保存在这里的歌咏、故事与记忆编织成未来世界的轮廓。聆听需要时间，观看需要时间，理解也需要时间。坐在五层半阁楼的办公室里，米德将这座博物馆看作是整个社会的"阁楼"。她说："我们仍需要阁楼来盛放那些难以丢弃的过往。某一天，我们的子孙会找到它们，带着疑惑发掘埋藏的宝藏。"[60]

空 中 行 船

当我第一次站在自然历史博物馆 77 街的入口，我盯着天花板上悬下的 19 米长的独木舟（Great Canoe 16.1/2633）看了很久。它让我想到人类学——我们在田野中获得的知识与故事，离开了生成它们的土壤与滋润它们的河流，来到一个陌生的地方，如同空中行船。

从 1899 年博厄斯的展馆，到 2022 年翻新的西北海岸馆，人类学与人类学博物馆都经历了天翻地覆的变化——我们有智识上的进步，但这中间也经历了巨大的波折，甚至倒退，然后重蹈覆辙。在新的西北海岸馆即将开放前，博物馆东门外的罗斯福骑马像（Equestrian Statue）被移走。这尊青铜像是 1925 年纽约州为了纪念西奥多·罗斯福（Theodore Roosevelt, 1858—1919）在自然保护和教育方面作出的贡献而制作的。[61] 但骑在高头大马上的罗斯福与站在马两侧的非洲男子和北美原住民形成了强烈的对比——即使设计师的初衷是为了表现这位前总统团结各个族群的雄心壮志，但今天的观众不可能忽略这尊雕像透露出的强烈种族歧视意味。[62]

移走罗斯福的塑像也许是对历史的一次修正，翻新的西北海岸馆则在设计理念和实践过程上为人类学博物馆提供了一种可能性。然而，这间博物馆还远远没有"脱胎换骨"。在博物馆内，崭新的西北海岸馆与其他人类学展厅之间的落差愈发强烈——太平洋馆、亚洲馆、墨西哥与中美洲馆、非洲馆等展厅也亟待重新审视与全面翻修。只是博物馆的策展人和设计师也不确定，这一天何时会到来。[63]

哪怕观众对 2022 年的西北海岸馆给予了积极的肯定，但人类学博物馆里仍然有太多的东西需要我们挖掘、翻译、修补，并再次更新。有一次，我和北美民族学策展人怀特利教授谈起那只巨大的独木舟。我好奇地问他，在策展时他们是如何决定船头的方向的。怀特利教授说，如此巨大的展品在博物馆内显然没有太多摆放的自由，但至于船头的方向，似乎从未成为策展人、原住民代表和展览设计师讨论的话题。

也许因为我的亚洲文化背景，从连床头朝向都有讲究的地方出来的人，自然会好奇称得上"镇馆之宝"的独木舟，其船头方向所蕴含的寓意。即使前来自然历史博物馆工作的原住民策展人与顾问团队不曾深究过这个话题，这并不代表北美原住民对方位毫不在意。恰恰相反，大部分原住民对方位有着十分敏感的体验，他们有关东南西北四个方向的诗歌与传说也数不胜数。在查阅这艘独木舟的资料时，[64] 我不断回想起马斯科吉诗人乔伊·哈乔（Joy Harjo）的文字，[65] 她捕捉到了被博物馆遗漏的诗意：

东方

东方是起始的方向。它是日出。当心爱的太阳升起时，它是一个入口，一扇通往崭新知识的门。呼吸阳光。寻求这一天你需要的指引。懂得感谢。

我第一次在 77 街的大厅里见到这只独木舟的时候，它从天花板上悬挂下来，船头的狼图腾张着嘴，露出尖牙，眺望东方。这艘独木舟最初是海达原住民（Haida）用一整根雪松树干制作出来的（ca.1878）——这应该是现存 19 世纪的独木舟里最大的一艘，船身的木料到今天都保持得出奇完好。海达人给船首与船尾分别绘制了逆戟鲸和老鹰的纹饰。后来，这艘船作为嫁妆被送给了海尔楚克的部落。海尔楚克人给船首安上了象征他们部落的狼图腾木雕，并为船身添加了雕刻精美的座凳。1881 年，美国自然历史博物馆从不列颠哥伦比亚负责原住民事务的总长伊斯雷尔·鲍威尔（Israel W. Powell）手中买下了这条船。两年后，这艘独木舟被运抵纽约。

1883 年，博物馆还没有专门的人类学展厅，当时独木舟被悬挂在三层的天花板上。那是极其有趣的一幕——船正对着同样悬挂在半空的长须鲸骨架，船下方的玻璃柜里装满了鸟类标本。

北方

北方是严酷的老师居住的方向。它是寒风的方向。它的颜色苍白、刺眼、赤裸。那是满月的方向，月亮在雪中指明了道路。它是预言。

1899 年，当博厄斯主持的人类学展厅开幕时，独木舟已经被挪入了一楼的西北海岸馆——它仍然悬挂在天花板上，船头向北。那是博厄斯在博物馆兴致最高昂的时期：他正组织两支考察团队在北太平洋两岸进行研究与收藏；他从教会手中买下了第一批中国收藏，并雄心勃勃地计划着未来的亚洲远征；同时，他还在负责和协调爱斯基摩、墨西哥与美拉尼西亚的收藏，为多个人类学展馆的布置做准备工作。那时的美国人类学刚刚起步，忙碌的博厄斯没有时间，也没有兴趣在展览设计上花太多心思——这成为他和馆长杰瑟普矛盾的导火索。最终博厄斯愤然辞职，去了哥伦比亚大学。

博厄斯的离去也改变了美国早期人类学的走向：物质文化的重要性逐渐减弱，人类学家感兴趣的"文化"，逐渐变成埋藏在人们语言与大脑中的抽象概念。此外，那时以博厄斯为代表的人类学家正在忙着进行一场重要的战役——和"社会进化论"与种族歧视的斗争。老馆长杰瑟普去世后，继任的馆长奥斯本是社会进化论忠实的拥护者，博物馆的展览与一场又一场国际"优生学"会议，不可避免地带上了那个时代的思想烙印。1910 年，西北海岸馆里的独木舟被移到了地上。设计师特地为独木舟添加了数个人偶模型（mannequin）——也许是为了让船看起来更生动，这些穿着传统服饰的人偶撑着船桨，手捧祭品去参加夸富宴。

可惜，这些人偶全部搞错了。人偶身上的服饰与头戴的面具

1883 年，独木舟刚进入博物馆时被悬挂在三层天花板上，船身下方是鸟类展厅丨美国自然历史博物馆图书馆藏 #483

独木舟在一层西北海岸展厅的地面，上面加上了人偶模型（ca. 1910）｜美国自然历史博物馆图书馆藏 #33003

既非来自海达，也非来自海尔楚克。很长一段时间，博物馆的工作人员与观众似乎对此都毫无异议。甚至到了 20 世纪 60 年代，独木舟接受修复并移至 77 街的大厅时，上面的人偶仍然保持着 50 年前的样子。但是，当此前被"屏蔽"的原住民的声音随着人类学家的"反思"逐渐回到博物馆后，这些混合了不同部落特征的人偶愈发让人不安。2007 年，人偶终于被移走。这艘超过一吨重的独木舟被再次悬空吊起——这也是我第一次走进博物馆 77 街的大厅见到它的样子。

南方

南方是释放的方向。鸟类迁徙到南方过冬。那里生长着鲜花与粮食。那里有火种与创造力。那里有两条蛇将尾巴缠绕在一起，形成一个又一个螺旋，一场永恒的转变。

2020 年 1 月，来自海达与海尔楚克的原住民代表站在美国自然历史博物馆 77 街的大厅里。他们一面歌咏、祈福（Eagle-down），一面目睹博物馆的工作人员将独木舟缓缓从天花板上摘下来，然后用轮子将船推入正在进行翻修的西北海岸馆。次日，原住民代表再次对着独木舟吟诵、歌唱。他们的歌声伴随独木舟安全平稳地上升到西北海岸馆的半空。2022 年，新馆敞开大门。观众一进来就能远远看到独木舟上的狼图腾昂扬着头——独木舟与它 1883 年第一次在博物馆展出时一样，安静地望向南方。

1960年代独木舟被移到了77街入口的大厅，这张照片拍摄于1990年 | 美国自然历史博物馆藏 #2A17808

一个多世纪以前，太平洋东岸上立着一棵高耸的雪松。它生命中的某一刻被定格下来，塑成了独木舟的形状。这艘船承载着复杂的记忆，一路由不列颠哥伦比亚驶向纽约。它既铭刻了北美西北海岸原住民的勇气、团结与智慧，也时刻提醒我们不要执着于自己的恐惧与偏见。将它们释放，学会聆听。树的生命静止了，船的生命仍在继续。独木舟与博物馆里其他器物的故事一直在生长。这些故事往往无需文字。它们是歌声，是舞蹈，是珊瑚石研磨出的红色，是松木的纹路。与故事的轮廓相比，我们的生命渺小而短暂，如尘埃。保持谦卑，懂得感谢。未来是一场永恒的转变，如波涛翻滚的大海——我们所有人都在同一条船上。

　　2023 年夏天，肯德尔教授和我聊起我手中正在进行的书稿。我跟她说最后一章想讲讲人类学知识如何翻译成公众展览。肯德尔教授狡黠地笑着说："你找到答案之后，一定要告诉我啊！"

　　我知道，我永远不会有答案。我们永远在寻找答案。

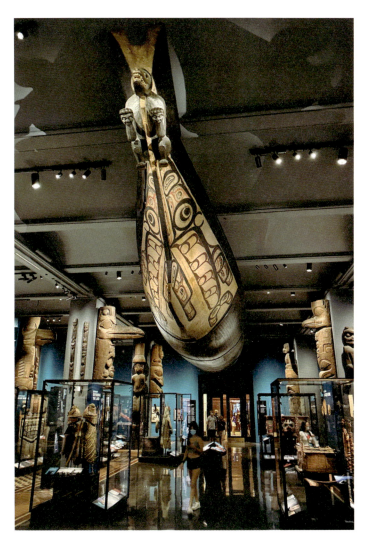

现在独木舟悬挂在西北海岸馆的天花板上，独木舟前部绘有海达部落逆戟鲸的图案，海尔楚克人为船首添加的狼图腾望向南方 | 作者摄（2022）

致 谢 与 结 语
Acknowledgments

　　书写需要宁静与独处，但写一本书却不是单独一个人可以完成的征途。

　　首先我要感谢美国自然历史博物馆人类学部的同事们：亚洲民族学策展人 Laurel Kendall 教授与北美民族学策展人 Peter Whiteley 教授一直为我的书写提供灵感与慷慨的学术支持。尤其是 Kendall 教授，以她的智慧、谨慎与源源不断的鼓励，陪伴我书写的航程。我办公室的同事 Laila Williamson 是第一个得知我书稿计划的人——她饶有兴致地和我分享她在这间博物馆五十余年的工作经历与故事。人类学部档案负责人 Kristen Mable 每次都会细心地找来我需要的档案资料，甚至会特意标记出我提到的某一页文献记录。北美考古研究室的 Anna Semon 与 Diana Rosenthal 为我展示米德曾经的办公室——虽然这间办公室目前由其他策展人使用，但从窗口向外望去，沿哥伦布大道（Columbus Ave.）往北的天际线仍然是米德当年照片里的样子。

　　美国自然历史博物馆展览设计部的前任总监 David Harvey 与现任总监 Michael Meister 将我引领至展厅的"幕后"——他们带着设计师追求完美的挑剔眼光和不失幽默地向人类学家耐心翻译建筑与设计的语言。博物馆图书馆的 Mai Reitmeyer，Gregory Raml 和

Thomas Baione 为我查阅古籍与特别收藏提供了巨大的帮助——我尤其珍视那些偶遇问题的下午，我们如侦探般聚在图书室里试图破译百年前远征者的动机或疏漏。感谢 Mai Reitmeyer 和人类学部的 Barry Landua 为本书援引的档案照片和馆藏器物提供高清图片。

这些"引路人"逐渐为我打开了更多的门。在为书稿进行研究时，我还被带到其他"火种守护者"（fire keeper）的营地：感谢普林斯顿大学的 Soren Edgren 教授与我分享他多年对劳弗古籍收藏的研究。纽约大都会博物馆负责洛克菲勒翼翻修及其它项目的资深设计师 Daniel Kershaw 耐心解答我有关"博物馆定位"的问题。哥伦比亚大学人类学系的 Brian Boyd 教授与 2021 年选修 AMNH–Columbia 联合课程"博物馆人类学"的研究生们为伦措唐卡（AMNH 70.3/8090）的生命添加了另一篇章——他们在策展过程中提出的问题与建议为观看带来新的视角。清华大学的雷建军教授、梁君健教授以及清影工作室为我提供的书籍和影像资料让我深切体会到民间文化如野草般蓬勃与倔强的生命力。2019 年，我随爱人曾有幸采访了原中央美术学院民间美术系主任杨先让教授。他的《黄河十四走》为本书讨论民间文化的收藏与展示带来了巨大启发。此外，我感恩 Ni Wayan Pasek Ariati，Jason de León，Michael Wells，Angela Orlando，包慧怡与蒋晟允许我在书中使用他们的图片。尽管这些照片中多处是我未曾涉足的地域，但我仍然记得第一次看到这些图片时得到的启迪与震撼——我希望将这些体会也传达给本书的读者。

本书的诸多研究与思考源于我在热贡的田野调查。在那里，我遇到了许多宝贵的老师，我的 ཅ་མཁན（藏语里"师父"的意思）：感谢伦措和她的家人一直以来对我研究、纪录片拍摄及策展等工作的支持。伦措一直以平常心过着"果敢"的人生（这是腾讯《谷雨》编辑对她的美誉），从她身上我学到很多东西。感谢伦措给我这个机会，以书稿的形式将她的故事分享给更多的读者。吾屯上下庄、尕沙日、郭麻日、年都乎等村子的唐卡艺人不仅在我田野考察期间慷慨地为我提供食宿，他们还引领我走入一个更为广阔的世界——他们手中的画笔将久远的佛教造像艺术传统与现代社会的信仰与艺术实践联结起来。每次回到热贡，我既因为获得新鲜的知识兴奋不已，同时也因自己此前的无知而学会对面前的世界保持谦卑。热贡的师父们还教会我，一个学者的职责是将自己获得的启迪与知识传递下去、造福他人，就像一位画师需要以自己的技艺为请唐卡的施主积累功德。对此，我心存感激。同时我也希望自己的工作，包括这本书，能够达到 ཅ་མཁན 对我的期望。

　　本书每一章的开头都有一张木刻版画。制作这个版画系列，是我希望在文字、照片和影像以外，以另一种媒介和方式介入有"灵"造像这一话题。比如，在制作萨满的神衣这张版画时，我会通过思考如何刻画铜镜、兽皮、飘带等细部来理解萨满作法时那种上天入地的轻盈与神通。雕刻特林吉特织毯那张版画，则让我又查阅了一次西北海岸原住民有关海獭、逆戟鲸、老鹰和渡鸦的传说——当我再次端详展厅中陈列的织毯实物时，我感到它不仅需要我们注视的目光，它还迫切需要"听见"我们一次次讲述故事的声音。能够实现这些版画，我由衷地感谢康涅狄格学院

（Connecticut College）艺术系的 Timothy McDowell 教授。2023 年秋季，我旁听了他的木刻版画课程。McDowell 教授以他的耐心与极其丰富的经验，引领我穿行于木板、刻刀、油墨及压印机之间。能够在他的版画教室与文字间往返，是一段非常充实的旅程。

虽然这本书不像期刊论文或学术专著那样经过"同行评审"，但我身边的同行与好友——彭李菁、许晶、吴迪、沈阳、杨曦和张湛——认真阅读了部分章节或全部书稿，并诚恳地为我提出修改建议。此外，年逾八旬的艺术家张宏图在阅读了部分章节后，慷慨地与我分享他在艺术、宗教与物质文化等方面的见地；有时，标点符号和遣词造句上的纰漏也逃不过他的眼睛。他们如此用心，我感激不尽。感恩《十年寻羌》作者高屯子的引荐，我有幸与上海三联书店合作出版这本书，感谢上海三联书店的编辑与出版人员的辛勤付出。书中仍存在的错误与纰漏均是我一人的责任。

当然，我最需要感谢的是我的家人。每完成一章，我的母亲和爱人都是最早的读者。他们对我研究与写作给予毫无保留的支持是成就本书最重要的因素。为书稿收集资料时，我的两个女儿陪我一同参观了很多博物馆。也可以说，是我在陪她们逛博物馆的过程中又获得了灵感与新鲜的知识。他们都是我的作品不可分割的部分——如同河流，带有源头的沉淀，纵横交汇，奔流向前。

就像版画本质上是一种"印象"，书中的叙述与故事是我对这间博物馆人与物的"印象"——它必定带有我个人的边界与局限。如我之前所说，我无意撰写一本"博物馆指南"，书中的叙述也绝非权威的论断。我感恩翻开这本书的读者，感谢你们愿意与我分享这段独特的旅程。无论是人类学还是博物馆，一直激发着我探索未知的欲望。我希望将我获得的知识与灵感传达给更多的"火种守护者"。如果这本书还能提醒读者，未来在阅读物的传记时保持谨慎与好奇，在聆听人的故事时怀有自省与谦卑，那我就不算辜负这一路上曾给予我善意与帮助的人们。

薛茗

于美国康涅狄格州

2024 年 6 月

尾注
Endnotes

第一章

01 Waldemar Jochelson 是约赫森发表杰瑟普远征报告和其他学术著作时用的英文拼写；以下对神衣交易的记录，见 Jochelson (1926: 171)。

02 见 Kendall (2021: 162)。

03 见 Kendall (2021: 195)。

04 见曲风 (2017: 105)。

05 见 Bell and Hasinoff (2015)。

06 见 Freed (2012: 55-59)。

07 见 King (2019: 47)。

08 博厄斯于 1896 年 1 月 1 日到美国自然历史博物馆正式就职 (Freed, et al., 1988: 9)。据《纽约时报》称，杰瑟普应允了至少每年 4 万美元的考察经费，见 Freed (2012: 165)。

09 见 Freed, et al. (1988: 9)。

10 泰勒的社会进化论和其他人稍有不同，他认为不同文化都是沿"蒙昧—野蛮—文明"这样三个阶段进化的，而我们观察到的不同社会文化的差异是因为他们代表着不同的进化阶段。

11 许多读者容易将社会达尔文主义和达尔文的自然选择学说混为一谈。我们需要注意的是，博厄斯虽然反对社会进化论，但他是支持达尔文自然选择学说的。博厄斯于 1909 年还在哥伦比亚大学为纪念达尔文《物种起源》出版 50 周年做过一次演讲，见 Lewis (2018)。20 世纪末至今，基于达尔文自然选择学说的文化演化研究，综合了进化心理学、行为生态学和经济学等诸多领域，力图寻找新的理论模型与实践证据，代表作品包括 Axelrod and Hamilton (1981)，Barkow, Cosmides and Tooby (1992)，Boyd and Richerson (2005) 和 Henrich (2017) 等。

12 用当时《纽约时报》的话说，就是 "man in his earlier stages"，报道引文见 Freed (2012: 167)。

13 "The human mirror"，是乔治城大学 (Georgetown University) 教授查理斯·金 (Charles King) 在他的畅销著作 *Gods of the Upper Air* 中使用的比喻，见 King (2019: 29)。

14 见 King (2019: 28-29)。

15 见 Freed (2012: 66)。

16 博厄斯可能是受到了《纽约先驱报》记者斯坦利 (Henry M. Stanley) 探险报道的启发，试图用同样的思路说服《柏林日报》支持自己的巴芬岛考察，见 King (2019: 21)。

17 亚历山大·冯·洪堡不仅在地理学和博物学上建树颇丰，他对人种不平等的观念和农奴制等社会现象深恶痛绝；博厄斯对"心学"这个概念产生兴趣，见 King (2019: 30)。

18 见 Collier (1969: 5)。

19 见 Cole (1999: 156) 和 Fagin (1984: 249)。

20 见 Jantz (1995) 和 King (2019: 69)。

21 见 King (2019: 72)。

22 见 Freed (2012: 136)。

23 见 Cole (1985:166-169) 和 Jonaitis (1988)。

24 多尔西在哈佛念书时，曾是普特南的学生，但这丝毫没有妨碍多尔西和美国自然历史博物馆之间的竞争，见 Freed (2012: 139)。

25 多尔西的引文，见 Cole（1985: 288）。

26 北美西北海岸的考察团队包括博厄斯本人，以及他招募的一批人类学家、考古学家和动物学家，包括 George Hunt, James Teit, Harlan Smith, Livingston Farrand, John Swanton, Gerard Fowke（1898 年后前往西伯利亚）和 Charles Newcombe 等人。

27 见奈吉尔·巴利（2011）。

28 有关人类学家和田野报道人的故事，见 Rosyada（2022）。

29 见 Cole（1985: 157）。

30 见 Freed（2012: 190）。

31 见 Freed（2012: 191）。

32 见 Rohner（1969: 139）。

33 泰特的著作包括汤普逊原住民的民族志（1900）和有关他们神话传说（1912）等。

34 Livingston Farrand（1867—1939）其实是一位建树颇丰的医学家、心理学家和人类学家。远征结束后，他到哥伦比亚大学任教，此后又先后担任过科罗拉多大学和康奈尔大学的校长。

35 加拿大政府对夸富宴的禁令（Potlatch Ban）直到 1951 年才取消，见 Cole and Chaikin（1990）。

36 博厄斯在这封信中用的拼写是 Heiltsaqoalis，有时也拼作 Heiltsakuls；这是博厄斯的夸扣特尔名字，可以译为"沉默的人"，见 Freed（2012: 572）。

37 Guetela, Qomoyue, Qoakutis 和 Walas Kwakiutl 均是参加此次夸富宴部落的名称。

38 1897 年 4 月 14 日，博厄斯给亨雷的去信，见美国自然历史博物馆人类学部档案（1897-43），中文由笔者译。

39 我们现在知道，哪怕科学家安静地在野外观察动植物也不存在完全的"不干涉"，这也是近期兴起的多物种民族志（multispecies ethnography）所关心的话题之一。但对于博厄斯那个时代的人类学家来说，他们希望看到原住民没有受到干扰、"纯粹"的生活方式，这样的研究才算是"科学"和"客观"的——我们也可以从中看到早期人类学的局限。

40 有关人类学核心方法论"参与观察"（participant observation）的反思，见露丝·贝哈（2012）。

41 报道引文，见 Freed（2012: 183）。

42 1900 年 3 月 29 日，博厄斯给纽康（Charles Newcombe）的去信，见美国自然历史博物馆人类学部通信档案（1894—1907, Box 13, Folder 5）。

43 见 Freed（2012: 198）。

44 见 Cole（1985: 120-121）。

45 《原住民墓地保护及返还法案》（*Native American Graves Protection and Repatriation Act*, NAGPRA）于 1990 年生效，包括美国自然历史博物馆在内的许多博物馆如今都依照 NAGPRA 的章程不断向原住民族群返还人类遗骸与重要的民族学收藏。有关 AMNH 每年返还的记录，见 https://www.amnh.org/about/repatriation。

46 见 Freed（2012: 202）。

47 见 Freed（2012: 203）。

48 扬茨认为，以我们现在的眼光来看，博厄斯收集来的数据如此庞大，仅靠手算进行统计学处理显得过于粗糙，但今天的学者重新分析博厄斯的原始数据之后，认为他得出的基本结论还是立得住脚的，见 Jantz, et al.（1992）和 Jantz（1995）。

49 肤色和眼睛颜色这种描述性特征很容易带入研究者的主观误差，博厄斯曾经找纽约的一个眼科医生专门制作了一张比色卡片，以便不同的研究者在田野中收集数据时能够尽量客观。

50 见 Cole（1985: 174）和 Freed et al.（1988: 9）。

51 Laufer 还译作"劳费尔"或"劳佛"；他留在自然历史博物馆的一本田野笔记的扉页上，能看到他曾在中国刻过一枚印章，把名字写作"羅佛"。

52 见 Laufer（1897）。

53 见 Freed et al.（1988: 12）。

54 和博厄斯一样，虽然劳弗拥有犹太血统，但他们都不信奉犹太教，且更倾向于以国籍而非血统或民族划分来定义自己。但沙俄政府看到劳弗的犹太血统之后，立刻拒绝了他的签证申请，因为沙皇尤其仇视犹太人，忙不迭地把犹太人从自己的国家赶出去或把他们彻底同化。最后，博厄斯通过俄国科学院长和俄国民族学博物馆的同行从中协调，以"科学研究"的名义以及与美国修好关系为由，最终从沙皇那里为劳弗拿到了签证，见 Freed et al. (1988: 12-13) 和 Freed (2012: 290-298)。

55 西伯利亚原住民部落的中文译名参考侯育成编著的《西伯利亚民族简史》(1987)。

56 见 Freed (2012: 305)。

57 1898 年 9 月 15 日，福克给博厄斯的去信，见美国自然历史博物馆人类学部档案 (1900-17)。

58 福克给博厄斯的信件引文，见 Freed (2012: 313)。

59 1899 年 3 月 4 日，劳弗给博厄斯的去信是用德文写的；后来博厄斯把劳弗的话翻译成英文引述给杰瑟普，见 1899 年 5 月 4 日，博厄斯给杰瑟普的去信，美国自然历史博物馆杰瑟普北太平洋远征档案 (.J478, Box 1, Folder 7)。

60 劳弗于 1899 年 10 月 19 日从符拉迪沃斯托克出发，途经日本，一直在日本待到来年的 1 月才启程回纽约。劳弗跟博厄斯说，自己在西伯利亚可能因为糟糕的卫生条件引发了严重的皮疹，哪怕博厄斯从他的工资里把日本的花销扣掉，他也要"好好在日本泡泡温泉"。见 1899 年 12 月 28 日，劳弗给博厄斯的去信，美国自然历史博物馆人类学部档案 (1900-12)。

61 除了劳弗、福克、约赫森夫妇和博戈拉兹夫妇，西伯利亚一侧远征的主要成员还包括博戈拉兹的田野助手 Alexander Axelrod，美国动物学家 Norman Buxton，以及后来加入考察团队并撰写了吉利亚克民族志的 Lev Shternberg，见 Freed (2012:336-350) 和 Krupnik (2017: 32-36)。

62 他们被流放的地方包括北极圈以北的科雷马 (Kolyma)，博戈拉兹曾在一封信中描述这里简直是"另一个星球，……完全远离地球，像一块冰被抛入了太空……"见 Vakhtin (2001)。

63 约赫森和博戈拉兹其实从 1899 年就开始为杰瑟普远征作准备，并与博厄斯保持频繁的通信，但从博物馆保留的资料来看，一直到 1900 年 3 月杰瑟普才正式下发聘书。见 1900 年 3 月 24 日，杰瑟普给约赫森的去信，美国自然历史博物馆人类学部档案 (1901-70)。

64 见 Freed et al. (1988: 17)。

65 1900 年 7 月 25、26 日，博戈拉兹给博厄斯的去信，信件引文见 Freed (2012: 353)。

66 见 Freed (2012: 383)。

67 见 Shentalinskaia (2012) 和 Krupnik (2017: 33)；另外，索菲亚出生和去世的年份也是参考的以上文献。

68 这是老部主任弗里德对他们的评价。博戈拉兹尤其善于驾驭狗拉雪橇，根据博戈拉兹自己的记录，仅 1900 至 1901 年一个冬季，他就驾雪橇在西伯利亚北部穿行了 4000 至 5000 英里的距离，见 Bogoras (1904:113) 和 Freed (2012: 357)。

69 约赫森与博厄斯的通信引文，见 Freed (2012: 371)。

70 之所以称其"简短"，是对比约赫森和助手们从吉日加出发后他们更加惊险的旅程：原本计划 7 天的行程，因为山区突如其来的暴风雪，糟糕的路况和病死的马匹，一直持续了 16 天。当约赫森的助手把吉日加的马送还回去的时候，有 12 匹马都因过劳而死，约赫森不得不抽出额外的研究经费来赔偿马匹，见 Freed (2012:372-375)。

71 见 1900 年 12 月 3 日，约赫森给博厄斯的去信，美国自然历史博物馆人类学部档案 (1901-70)。

72 约赫森夫妇当时做了 21 尊科里亚克人的塑像，见 Mathé and Miller (1997: 27) 及 Freed (2012: 376)。

73 见 1899 年 5 月 10 日，劳弗给博厄斯的去信，美国自然历史博物馆杰瑟普北太平洋远征档案 (J478, Box 1, Folder 7)。

74 对"抢救人类学"的批评和现代博物馆对自己收藏的反思，见 Clifford (1988), Cairns (2018), Hicks (2020) 和加州大学伯克利分校人类学博物馆于 2021 年做的展览 "Pushing Back against Salvage Anthropology"。

75 见 Jesup North Pacific Expedition Volume 7, *The Chukchee: Material Culture* (1904), *Religion* (1907), Social Organization (1909), 及 Volume 8, *Chukchee Mythology* (1910)。

76 见 Bogoras (1904: 36)，引文由笔者翻译。

77　将民族志书写作为关注对象的反思人类学直到20世纪70年代左右才兴起，代表作品包括 Rabinow (1977), Rosaldo (1980), Clifford and Marcus (1986, 中译本《写文化》) 等。

78　1905年4月6日，博戈拉斯给博厄斯的去信，美国自然历史博物馆人类学部通信档案 (1894—1907, Box 2, Folder 15)。

79　1905年4月22日，博厄斯给博戈拉兹的去信，美国自然历史博物馆人类学部通信档案 (1894—1907, Box 2, Folder 15)。

80　博厄斯营救博戈拉兹的细节，以及杰瑟普和自然历史博物馆其他人员在此次事件中的态度，见 Freed (2012: 365-370)。

81　见博厄斯在人类学旗舰期刊《美国人类学家》上为博戈拉兹撰写的讣告 (1937)。

82　见《美国人类学家》发布的约赫森的讣告 (1938)。

83　见 Sontag (1977: 3)。

84　见 Mathé and Miller (1997: 25)。

85　这些照片后来由博物馆的工作人员进行编目和整理，现保存于博物馆图书馆的特别收藏中。但在远征途中，摄影师或人类学家往往很难为它们排序，许多照片甚至难以查证具体的拍摄年份或摄影师。

86　"决定性瞬间"是法国摄影师卡蒂埃 - 布列松 (Henri Cartier-Bresson, 1908—2004) 在1952年著作 *Images à la Sauvette* 里提出的摄影美学观念。

87　一个更显著的例子是1904年荣赫鹏 (Francis Younghusband, 1863—1942) 的摄影师哈多 (Arthur Hadow) 在日喀则拍摄的一张照片：照片里，哈多直接把相机架在了一杆步枪上，镜头与枪口都对着远方的藏式堡垒，实践一种双重暴力——荣赫鹏和他的军队随后长驱直入，屠杀村民以及前来抵抗的藏军，很快就攻陷了江孜。包括哈多在内的随军摄影师向英国公众炫耀，他们是首批深入西藏腹地拍摄照片的欧洲人，见 Harris (2016: 59)。

88　见 Kendall (1997: 7)。

89　对摄影术和权力的反思，还可以参考艺术家张大力的作品《第二历史》。

90　见 Mathé and Miller (1997), plate 28。

91　见美国自然历史博物馆图书馆藏 #411810。

92　见美国自然历史博物馆图书馆藏 #11074, #11100, #22247; 除此以外，博戈拉兹夫妇和约赫森夫妇还特意用摄影记录下生活在原住民聚居地的传教士的日常生活，以及和他们一样被政府流放到西伯利亚的革命家。

93　见美国自然历史博物馆图书馆藏 #11608，博厄斯这样做也是为了后人能够分辨哪些是"原始"的民族志摄影，哪些是为了博物馆制作模型或展览"摆拍"出来的照片，见 Mathé and Miller (1997: 29)。

94　见美国自然历史博物馆图书馆藏 #11549, ca. 1894—1895。

95　见美国自然历史博物馆图书馆藏 #42840, ca. 1898—1902。

96　见美国自然历史博物馆图书馆藏 #1542, #1559, #2723。

97　如 Boas (1902, 1909)。

98　见 Freed (2012:249)。博厄斯的学生、加州大学伯克利分校人类学系的创始人克鲁伯 (Alfred Kroeber, 1876—1960) 甚至评论说，博厄斯在处理民族志时的粗糙可能是因为他对"文化"一直缺乏一个清晰的定义，见 Kroeber and Kluckhohn (1952)。

99　杰瑟普给博厄斯的去信，以及奥斯本和韦斯勒之间的通信引文，见 Freed, et al. (1988:21-22)。

100　见 Freed (2012: 280)。

101　见 Kendall, et al. (1997: 103)。

102　库里洛夫在纪念北太平洋远征百周年时来到纽约，并不仅仅是为了看他爷爷的神衣，他还有更重要的任务——和同事一起把约赫森撰写的尤卡吉尔民族志 (1926) 翻译成尤卡吉尔文和俄文，并利用自然历史博物馆的资料为原住民学校编写课本和读物。他们对照书中的插图，仔细查看了博物馆的尤卡吉尔收藏。库里洛夫在翻阅远征摄影集时，他说好像是在看自己的家庭相册，见 Kendall (1997: 104)。

01 1902 年 3 月 1 日，劳弗给博厄斯的去信，见美国自然历史博物馆人类学部档案（1902-4）。

02 The Ecumenical Conference on Foreign Missions (1900) and the Missionary Exhibit (1899—1900)，见 Hasinoff（2010）。

03 见 Haddad（2006: 128）。

04 尽管当时这批藏品不入博厄斯的"法眼"，但一个世纪过去，教会留在自然历史博物馆的这批收藏的体量与内容，为来自中国和其他地区的学者提供了宝贵的物质文化材料；在美国自然历史博物馆人类学部数字档案库搜索"Missionary Exhibit"即能看到这批收藏。

05 见 Cole（1999: 208）及 Kendall（2014: 8）。

06 1902 年 12 月 27 日，博厄斯给杰瑟普的去信，信件原文如下，"...(the collections) would bring out the complexity of Chinese culture, the high degree of technical development achieved by the people, the love of art, which pervades their whole life, and the strong social ties that bind the people together... We also wish to imbue the public with greater respect for the achievements of Chinese civilizations"，见美国自然历史博物馆人类学部档案（EAC 1894—1907 Correspondence）。

07 比如，劳弗本科就读的柏林大学教授东方语言课程，他获得博士学位的莱比锡大学设有远东研究；另外，哥伦比亚大学于 1902 年请来的第一任丁龙讲席教授、汉学家夏德（Friedrich Hirth, 1845—1927）曾任教于慕尼黑大学。

08 见 Haddad（2006: 129）。

09 见 Kendall（2014: 9）。

10 1901 年 8 月 30 日，劳弗给博厄斯的去信，见美国自然历史博物馆人类学部档案（1901-69）；下一句引文出处同上。

11 亚洲民族学策展人肯德尔教授援引另一位探险家安德鲁斯（Roy Chapman Andrews, 1884—1960）的例子和劳弗对比，安德鲁斯在上世纪 20、30 年代从戈壁为自然历史博物馆带回珍贵的恐龙化石，他英雄般的事迹和张扬的探险风格也符合美国流行文化里探险家的经典形象，见 Kendall（2015: 61-62）。

12 劳弗在信中称其为"Mr. Kou"，但没有对应的中文注释，笔者暂且将此姓译作"寇"；见 1901 年 10 月 12 日及 1901 年 10 月 15 日，劳弗给博厄斯的去信，美国自然历史博物馆人类学部档案（1901-69）。

13 墨西哥银圆（Mexican silver dollar），也叫"墨银""墨西哥鹰洋"，19 世纪中叶传入中国，一度成为中国流通市场中主要的货币。

14 见美国自然历史博物馆人类学部馆藏 #70/4782, #70/4783, #70/4784, #70/4785。

15 比如，上世纪 20、30 年代在云南做植物学考察的洛克（Joseph Rock）的考察日记是更加谨慎和私密的记录，见 Mueggler（2015）。

16 这些手写笔记已经被数字化，在 AMNH 人类学收藏的检索系统中和每件藏品相对应，见：https://anthro.amnh.org/collections。

17 更多有关慈禧回銮的照片与记录，见杨红林（2017）。

18 1902 年 1 月 4 日，劳弗给博厄斯的去信，美国自然历史博物馆人类学部档案（1902-4）。

19 如 1902 年 1 月 21 日，博厄斯给劳弗的去信，美国自然历史博物馆人类学部档案（1902-4）。

20 比如，劳弗本来通过美国前驻华大使的引荐，打算去北京拜访李鸿章，可惜劳弗还没来得及从上海出发，李鸿章就已经去世了；见沈辛成（2017: 292）。

21 见 Laufer（1912: 138）。

22 1902 年 8 月 2 日，劳弗给博厄斯的去信，美国自然历史博物馆人类学部档案（1902-4）。

23 1902 年 3 月 1 日，劳弗给博厄斯的去信，美国自然历史博物馆人类学部档案（1902-4）。

24 见美国自然历史博物馆人类学部馆藏 #70/10666, #70/10667, #70/10668 等。

25 1903 年 10 月 23 日，劳弗给博厄斯的去信，美国自然历史博物馆人类学部档案（1903-13）。

26 1902 年 1 月 21 日，博厄斯给劳弗的去信，美国自然历史博物馆人类学部档案（1902-4）。

27 1903 年 4 月 24 日，博厄斯给劳弗的去信，美国自然历史博物馆人类学部档案（1903-13）。

28 如 Haddad（2006: 133）。

29 1901 年 2 月 5 日，美国自然历史博物馆人类学部档案（EAC 1894—1907 Correspondence）。

30 见 Kendall（2014: 13-15）。

31 1902 年 2 月 28 日，劳弗给博厄斯的去信，美国自然历史博物馆人类学部档案（1902-4）。

32 见老舍 1951 年所撰散文《北京的春节》。

33 1903 年 6 月 3 日，劳弗给博厄斯的去信，美国自然历史博物馆人类学部档案（1903-13）。

34 见 Cole（1999:240-241）和 Kendall（2014: 22）。

35 劳弗从上海搭船先回到了德国，在德国停留几个月后，于 1904 秋天回到纽约。

36 这些录音在运输途中有部分损毁，损毁的部分在博物馆入库时都有记录；目前有将近 400 只蜡桶保存于印第安纳大学的"传统音乐资料库"（Archives of Traditional Music），剩下的一部分录音在德国。

37 见 Laufer（1912: 136-137）。

38 聘任通知见 1904 年 3 月 4 日，邦普斯给劳弗的去信，美国自然历史博物馆人类学部档案（1904-2）。

39 见 Laufer（1912: 137）。

40 见 Haddad（2006: 139）。

41 有关秦思源的故事，见纪录片《茉莉花开：若谷京声》（2021）；他与合伙人创立的声音博物馆位于北京宋庄。

42 如美国自然历史博物馆人类学部馆藏 #70/10965 等。

43 现在这个导览已经被数字化，见 AMNH 人类学电子档案：https://anthro.amnh.org/anthropology/databases/archives/LauferGuide.cfm。

44 见董增刚（2000）。

45 见屈春海（2022）。

46 见 Haddad（2006: 136）。

47 见 Kendall（2014: 19）。

48 见 Freed（2012: 449）。

49 "百科全书"式的人物是法国人类学家列维 - 斯特劳斯（Claude Levi-Strauss）对博厄斯的评价。

50 见 Freed（2012: 456）。

51 1905 年 5 月 23 日，博厄斯给杰瑟普的去信，见美国自然历史博物馆档案（1894—1907 Correspondence）。

52 Kendall（2014）的研究是一个例外。

53 见 Cole（1999: 1）。

54 见 Laufer（1912: 135）。

55 见 Bronson（2003: 121）。

56 美国国家科学院发表过一篇纪念劳弗的文章，文章最后包括长达 12 页的劳弗学术著作目录，见 Latourette（1936）；中西书局于 2023 年翻译出版了一套劳弗的著作，见《劳费尔著作集》。

57 见 Haddad（2006: 142）。

58 见美国自然历史博物馆档案（1906—1912），Special Collections No. 499。

59 这些碑拓后来由中国学者整理并出版，见《芝加哥菲尔德博物馆藏秦汉碑拓撷英》（2015）。

60 1899 年 3 月 4 日，劳弗给博厄斯的去信，美国自然历史博物馆人类学部档案（1900-12）。

61 1903 年 6 月 3 日，劳弗给博厄斯的去信，美国自然历史博物馆人类学部档案（1903-13）。

62 1903 年 8 月 12 日，劳弗给博厄斯的去信，美国自然历史博物馆人类学部档案（1903-13），信件原文如下："...that I shall conquer China to the anthropologist."此处的译文不是直译，为了避免歧义，译文是笔者与肯德尔教授讨论后进行的意译。

63 有关劳弗在中国收集来的文本和古籍，见 Edgren（1991）。

64 1903 年 3 月 7 日，劳弗给博厄斯的去信，美国自然历史博物馆人类学部档案（1903-13）。

65 1902 年 3 月 1 日，劳弗给博厄斯的去信，美国自然历史博物馆人类学部档案（1902-4）。

66 见 Kendall（2014: 10）。

67 比如，费孝通的《江村经济》（1938）。

68 比如，Appadurai（1986）、Marcus（1995）。

69 见 Haddad（2006: 125）。

70 这个想象的实验是基于前人大量的工作，比如中央美术学院杨先让教授在 80 年代进行的民间美术考察和后来出版的《黄河十四走》(2003)、清华大学清影工作室收集和拍摄的皮影艺人资料，以及近期针对皮影进行的非物质文化遗产研究和保护工作等等。

71 见王伟 (2022: 32)，感谢清华大学梁君健教授提供参考文献。

72 见雷建军、梁君健和焦瑞青 (2013: 2)。

73 有关印第安纳大学的劳弗收藏和研究项目，见 https://libraries.indiana.edu/laufer-schiff-expedition。

74 见魏小石 (2019)。

75 中国皮影在美国传播的故事，见李明洁和 O'Donnell (2018)；感谢我在自然历史博物馆的同事 Laila Williamson 提供有关汉弗瑞的信息。

第三章

01 藏语是 ཐུགས་རས་གཟིགས་སེམས་ཉིད་ངལ་གསོ，在汉语里有时也称作《观音冥想像》，在自然历史博物馆登记入库时使用的英文为 Avalokiteśvara with Mind at Rest。

02 2020 年 6 月，经国务院批准，黄南州撤销同仁县，改设县级同仁市，其隶属关系、管辖范围和政府驻地均不变。现在"热贡"和"同仁"这两个名称经常交替使用。

03 当然，和寺院或教堂中的圣物一样，博物馆中的器物也有可能因为偷盗、地下交易等种种原因重新流回市场，见 Paine (2013)。

04 见 Mathur and Singh (2015)。

05 夏日仓活佛是热贡最大寺院隆务寺的活佛，自明代至今已传八代；这里阿卡 (ཨ་ཁ) 指僧人。

06 拉如，也就是藏语里的 ལྷ་བཟོ，指为佛造像的艺人，包括唐卡画师和雕塑艺人。

07 见智观巴·贡却乎丹巴绕吉 (1989: 292-311)。

08 见察仓·尕藏才旦 (2011: 190)。

09 这些村子主要包括年都乎、吾屯上庄、吾屯下庄、郭麻日、尕沙日和保安等。

10 《造像量度如意宝》的藏语为 བདེ་བར་གཤེགས་པའི་སྐུ་གཟུགས་ཀྱི་ཚད་ཀྱི་རྒྱུ་བ་ཡིད་བཞིན་ནོར་བུ。

11 《佛说造像量度经》的汉文本由清代番学总管工布查布整理并翻译，见先巴 (2019)。

12 六月会，是每年农历六月在热贡地区的一些村落举办的娱神祭祀仪式，祈祷丰收和平安。2006 年，热贡六月会被收入第一批《国家级非物质文化遗产名录》。

13 对于"热贡"一词的翻译及由来，见尕藏才旦 (2011) 和仁增 (2015)。翻译上的谬误也许是因为一些藏语文本曾以"赛穆尔雄" (གསེར་མོ་ལྗོངས，直译为"金色谷地")来赞颂热贡是一块风水宝地，四处洋溢着金光紫气。

14 在私家车普及之前，大部分热贡居民经常几个人拼凑起来挤进一辆"钓鱼车"(我在热贡的时候经常坐的是藏族人或回族人开的捷达或桑塔纳)往返于省会西宁和黄南之间。

15 往生唐卡 (ཚེ་འཕོས་ཐང་ཀ) 一般绘制于中阴阶段，即从人去世到转世的 49 天内。唐卡的主佛一般是往生者的本命佛，画面的具体内容由活佛算卦之后确定。往生卡完成后会在为逝者举办的千供法会 (དགོས་ལ་འབུལ，直译为"圆满")上使用。

16 对于佛教徒来说，说到唐卡一类的圣物一般不用"买"，而用更为恭敬的词"请"，藏语叫 ཞུ。

17 "内部市场""外部市场"和"中间市场"的称谓，我参考 Bentor (1993) 在研究尼泊尔唐卡市场时使用的名称。

18 藏语里，会算卦的人叫"莫巴" (མོ་པ)。莫巴既可以是僧人也可以是俗人；活佛也会在重要的场合帮人算卦，比如算去世的人什么时候火化，或者往生唐卡上应该画哪些佛像帮亡者超度。

19 见 Weber (1981)。

20 见 Benjamin (1969)；本雅明在讨论基督教艺术的时候，用"aura"来描述神像背光般神圣的气质，有时也译为"光晕"或"灵光"。

21 见 Kieschnick (2003), Gernet (1995) 以及胡素馨 (2003)。

22 见 Appadurai ed. (1986)，目前这本书还没有中文翻译，书名我参考已发表的有关中文书评。

23 见 Kopytoff (1986)。

24　对物的能动性的讨论，见 Gell (1998)。

25　有关西瓦西普拉姆湿婆铜像的故事，见 Davis (2015)，这也是我和肯德尔教授在学期一开始安排学生阅读的材料。有关印度神像更多的讨论和背景知识，见 Davis (1997)。

26　湿婆林伽是一根立在圆形基座上的石柱，柱子象征男性生殖器，代表湿婆的化身，地下的基座象征女性生殖器，是湿婆妻子的化身。林伽柱一般占据神庙中间最重要的位置。神庙里摆放的舞王与苏摩室犍陀这样的人形化身，则是为了更方便信徒想象湿婆的样貌，以观瞻朝拜。

27　海勒不仅从事亚洲艺术品交易，他最擅长的是抽象表现主义的作品，包括波洛克（Jackson Pollock）的作品；他在纽约的住所常常让美国富豪和艺术品藏家趋之若鹜，见 Smith (2019)。

28　1973 年，西蒙在接受《纽约时报》记者采访时曾承认这些艺术品大部分都是"走私"来的，但第二天他马上改口，对《洛杉矶时报》记者宣称他手中的艺术品都是通过合法渠道收来的，见 Davis (2015: 21-22)。

29　见 Sontheimer (1964) 和 Davis (1997)。

30　见晏礼中 (2016)；《流浪的神明》（蒋晟等，2012—2015）摄影系列曾入选三影堂摄影艺术中心"无量：2016 年第八届三影堂摄影奖"。

31　见 Palmer, Tse, and Colwell (2019)。

32　见 Kendall (2017: 870)。

33　见高电子 (2022: 232)。

34　如果不同萨满侍奉的神明合不来，把他们的萨满画挂在一起，神像就会"打架"——不是从墙上掉下来，就是让萨满噩梦连连，见 Kendall, Yang, and Yoon (2015) 和 Kendall (2021:50-57)。

35　见 Palmer, Tse, and Colwell(2019:904-905)。

36　见 Kendall (2009: xxvi)。

37　见高电子 (2022: 317-319)。

38　见 Causey (2003: 143)。

39　见 Kendall and Ariati (2020)。

40　见 Kendall (2021: 149)。

41　见 Geertz (2004) 和 Kendall (2021:98-99; 148-150)。

42　见 Brox (2019)。

43　居士们常常互相以"师兄"相称，无论年龄资历，哪怕是女性居士，也会被称为"师兄"。

44　当我在亚洲研究学会（Association for Asian Studies）的年会上讨论到"心诚则灵"这个藏传佛教信徒都普遍接受的理念时，研究西方宗教物质文化的大卫·摩根教授（David Morgan）半开玩笑说"诚意"（faith）在基督教或天主教物质文化研究里是个讳莫如深的词——这也是西方宗教和亚洲宗教（民间信仰）在物质文化上的巨大分歧，更多讨论见 Kendall (2021: 7-8)。

45　见 Myers (2002)。

46　见陈乃华 (2013)。

47　有关佛教造像及艺术创新的讨论，见 Ledderose (2000) 和 Linrothe (2001)。

48　纪录片《画唐卡的女子》(A Woman Who Paints Thangkas, 2019)。

49　这是一位吾屯的画师给我讲述的他在 2011 年的经历。

50　小唐卡，藏语里叫ཚ་ཀ་ཆུང་ཆུང་，一般如手掌般大小，由信徒们放在嘎乌盒里或出行用的佛龛里。小唐卡在旅游市场上格外受到青睐，可能因为其相对便宜的价格以及方便游客随身携带。

51　见 Freed (2012: 438-439)。

52　见 https://archaeology.columbia.edu/woman-who-paints/。

53　写在唐卡背后的文字或咒一般叫"唐卡背文"(ཐང་ཀའི་རྒྱབ་ཡིག)，在佛像背后写三字明也是净化、开光仪轨的一部分，更多讨论见 Quintman(2013)。纽约的鲁宾艺术博物馆曾为唐卡背文专门举办过一个展览"Flip Side: The Unseen in Tibetan Art"(2013)。

54　比如，纽瓦克艺术博物馆（Newark Museum of Art）、鲁宾艺术博物馆和史密森学会的国家亚洲艺术博物馆(National Museum of Asian Art)。

55　这些器物一般都是博物馆的永久馆藏，可能来自不同的时期、不同的地区或不同的教派。

56　一般沉浸式展览为了更好的观赏效果，通常会省略标签或把器物的标签放到展厅外面（比如鲁宾艺术博物馆在佛龛外提供了一个触摸屏）或博物馆的网站上。

01 不同地区对于亡灵节的讲究不太相同，一般来说，11 月 1 日是来纪念死去的孩子，11 月 2 日是纪念去世的成人。2008 年，联合国教科文组织（UNESCO）将墨西哥亡灵节列入《人类非物质文化遗产代表作名录》。

02 早在殖民者到来之前，奥尔梅克文明（Olmec）就有纪念亡灵的传统，后来的托尔台克（Toltec）、玛雅（Maya）、萨波台克（Zapotec）、米斯台克（Mixtec）和阿兹台克（Aztec）文化也都保持着这个传统。

03 见 Florescano（2012: 230）。

04 太阳石常被阐释为"太阳历"或"日历石"，但这块石头不是当作日历来用的。虽然我们无法确定阿兹台克的统治者制作这块巨型石刻的具体动机，但考古学家认为，除了用来纪念君王、记录阿兹台克的历史、历法和信仰体系等，太阳石还在祭祀仪式中被用作盛放祭品的祭坛（西班牙语叫 cuauhxicalli 或 quauhxicalli），见 MacCurdy（1910）和 Boone & Collins（2013）。

05 见 van Wagenen（2012: 25-26）。

06 拉姆霍兹在 1890－1898 年间一共在墨西哥进行过四次远征，为博物馆带回了鸟类和哺乳动物标本，以及 Huichol、Cora、Tepeciano 和 Tarasco 等原住民部落的考古学与民族学收藏。他还出版了颇受大众喜爱的流行读物《未知的墨西哥》（*Unknown Mexico*，1903），结果被博厄斯批评"不务正业"，一封信写到馆长杰瑟普那里投诉拉姆霍兹，见 Freed（2012: 795）。

07 1914 年，大都会博物馆将自己的一大批中美洲与南美洲收藏转手给了美国自然历史博物馆，因为那时大都会在集中精力发展欧洲和亚洲的经典艺术收藏，美国以南的"原始文明"不属于大都会的关注范围，见 Pillsbury（2021）。

08 见 Freed（2012: 799）。

09 见 Cisneros（2016: 209）。加莱亚诺（1940－2015）是出生在乌拉圭的记者兼作家，著有《拉丁美洲被切开的血管》（1971）和《战争与爱情的日日夜夜》（1978）等作品。

10 利纳雷斯的纸雕作品被许多墨西哥艺术家、博物馆和艺术学院收藏，他的藏品包括艺术家弗里达·卡洛（Frida Kahlo）和迪亚哥·里维拉（Diego Rivera）。

11 有关瓦哈卡神兽木雕和木刻艺人的故事，我参考 Barbash（1993）和 Chibnik（2003, 2011）。其中 Barbash 的这本书流传甚广，现在很多网站对瓦哈卡木刻的介绍都是照搬书里的原话。

12 1987 年，联合国教科文组织（UNESCO）将瓦哈卡老城与阿尔班山遗址列为"世界遗产"（World Heritage）。

13 比索的贬值让欧美批发商可以以极低的价格收购瓦哈卡木刻，而且早在"北美自由贸易协定"（NAFTA）生效前，美墨之间达成的贸易协定就确保诸如瓦哈卡木刻一类的商品出口到美国不收取关税，这其实也给代理墨西哥手工艺品的美国经销商带来了巨大的利润，见 Chibnik（2003: 237）。

14 其实瓦哈卡木刻艺人所面对的这些抉择，对其他地区的艺人（包括热贡的唐卡画师）来说也很普遍。尽管热贡唐卡和瓦哈卡木刻在本质上是十分不同的艺术——热贡唐卡仍具有宗教功能，而瓦哈卡木刻不会被用于任何宗教或祭祀仪式——但现在热贡的年轻人同样需要决定何时开始学习唐卡、何时出师自己经营画室、在市场中主打什么样的客户等等问题。

15 希布尼克指出，许多进化人类学家和经济人类学家脱离现实生活复杂的情境，以行为经济学实验（如 ultimatum game 和 dictator game）或问卷等量化研究的方式去探究人们如何在"困境"（dilemma）中做出抉择，这样的研究结果其实解释力十分有限，见 Chibnik（2011）。

16 见 Barbash（1991）。

17 1970 年代，博登将这些作品送到一个艺术比赛并荣获大奖，从此"澳洲土著点彩画"声名鹊起，见 Myers（2002: 124-125）。

18 这里面还包括"借用"原住民艺人的灵感和创意进行创作的白人艺术家，见 Myers（2004: 7-8）。

19 有关非洲面具及其市场的讨论，见 Steiner（1994）。

20 见 Errington (1998: 119)。

21 中国观众对这批收藏更加熟悉，可能是大都会洛克菲勒翼翻修期间（2022—2025），把大洋洲的藏品借给上海浦东美术馆展览，见"时间的轮廓：大都会艺术博物馆的大洋洲艺术与传承"（2023）。

22 见 NPR 对班克斯的报道，"Hang-and-Run Artist Strikes NYC Museums"（March 24, 2005）。

23 威尔逊 70 年代在纽约攻读艺术学位的时候，也曾在博物馆里当过保安和讲解员。他 1990 年的作品 "Colonial Collection"，现藏于杜克大学艺术博物馆（Nasher Museum of Art）；《端果盘的弗雷德里克》是他的系列作品 "Mining the Museum" 中的一件，这个项目曾于 1992 年在马里兰文化历史学会（Maryland Center for History and Culture）展出。感谢华盛顿大学的郝瑞教授（Stevan Harrell）向我介绍威尔逊的工作。

24 有关艺术博物馆疫情期间裁员，见《艺术论坛》（Artforum）的报道，"MoMA and New Museum among NY Institutions Cutting Jobs to Curb Deficits"（April 03, 2020）。

25 以研究"遗物"或"垃圾"来重构当代社会政治生活并不是德·里昂的发明。1970 年代，由亚利桑那州的考古学家发起的"图森市垃圾计划"（Tucson Garbage Project）就是将考古学应用于消费行为研究的一次方法论突破，见 Rathje and Murphy（1992）。

26 仅 2000 至 2013 年，边境巡警就逮捕了将近 1200 万试图从墨西哥穿越到美国的无证移民，如果算上没有被发现的穿越者，这个数字会更大，见 de León（2015: 6）。

27 席尔瓦的故事，见《纽约时报》记者 Miriam Jordan 的报道，"Farmworkers, mostly undocumented, become 'essential' during pandemic"（April 2, 2020）。

28 比如，人类学家霍姆斯（Seth Holmes）（2013）在自己的民族志里就描述了他和无证穿越者一起跨越边境的经历。不过霍姆斯在叙述穿越经历

时过于关注自己的感受，几乎完全"屏蔽"了同行的墨裔穿越者，这样的立场与写作方式也遭到同行的批评。

29 贝哈（b. 1956）出生在古巴哈瓦那，4 岁随父母移民到美国，著有《被转述的女性》（1993）、《动情的观察者：伤心人类学》（1996）、《古巴的来信》（2020）等作品。她是第一位获得麦克阿瑟奖（MacArthur Fellowship, 俗称"天才奖"）的拉丁裔女性，现任教于密歇根大学人类学系。

30 D'où venons-nous? Que sommes-nous? Où allons-nous?（1897-898）是法国艺术家高更（Paul Gauguin, 1848—1903）创作于塔希提岛的作品，现藏于波士顿美术馆。

31 英国人类学家马林诺夫斯基（Bronislaw Malinowski, 1884—1942）曾在特罗布里恩群岛（Trobriand）进行考察，并确立了一套包括民族志书写在内的田野研究方法论。马林诺夫斯基著有《西太平洋的航海者》（1922）、《文化论》（1944）和《一本严格意义上的日记》（1967）等作品。

32 努埃尔人（Nuer）是非洲苏丹南部的一个族群，因为英国人类学家埃文斯 - 普里查德（Edward Evan Evans-Pritchard, 1902—1973）撰写的民族志而闻名于世。贝哈的引言，我参考韩成艳和向星的中译本《动情的观察者：伤心人类学》（2012: 150）。

33 罗萨尔多（b. 1941）曾在菲律宾研究伊隆戈特人（Ilongot），其作品《悲伤与猎头的愤怒》（Grief and a Headhunter's Rage）写于妻子米歇尔·罗萨尔多（Michelle Rosaldo, 1944—1981）在田野考察时失足坠入悬崖身亡之后。这部作品不仅将他个人的悲伤与伊隆戈特人猎头的文化联结在一起，也成为人类学家反思如何理解和书写"情感"最重要的作品之一。罗萨尔多任教于纽约大学人类学系，曾任美国民族学会（American Ethnological Society）会长，1997 年当选美国艺术与科学院院士。

34 见 Behar（1993: 320）。

35 西斯内罗斯（b. 1954）出生在芝加哥，父亲来自墨西哥，母亲是墨裔美国人。她著有小说 The House

on *Mango Street*（1983）*Caramelo*（2002），诗集 *My Wicked, Wicked Ways*（1987）、*Loose Woman*（1994）、*Woman without Shame*（2022），非虚构集 *A House of My Own*（2015）等。她曾获得麦克阿瑟奖（"天才奖"）和国家艺术基金（NEA），并于 2016 年接受由总统奥巴马颁发的"美国国家艺术勋章"（National Medal of Arts）。

36　伊莎贝拉·斯图尔特·加德纳（1840—1924）出生在纽约一个富有的家庭，婚后随丈夫移居波士顿，此后开启了她在欧洲的旅行和艺术收藏生涯。因为加德纳夫人独特的品位，她常被人称作"波希米亚百万富翁"。加德纳博物馆建于 1903 年，里面陈列着加德纳夫人的私人收藏。

37　Tapicero 在西班牙语里是"布艺师"的意思；西斯内罗斯说，这个题目是受到歌手 Loretta Lynn（1932—2022）的作品《矿工的女儿》（*Coal Miner's Daughter*，1970）的启发。

38　"94"既指代美国开始实施"威慑预防"边境政策的年份，也代表北美自由贸易协定（NAFTA）生效的年份。因为这个贸易协定，墨西哥大量农民和小型企业遭受了亏损或失业，这也刺激了更多的墨西哥人偷渡到美国另寻生路，见 de León（2015: 6）。

39　第三章里，我曾提到这是观众在参观"沉浸式佛龛"后的留言。

40　见贝哈（2012: 30）。

41　见 de León（2015: 283）。

42　在风沙中目睹这一切的，除了边境的巡警、志愿者、人类学家以外，还有一直在此居住的沙漠原住民奥哈姆人（O'odham）。这片对外人来说"凶险的疆域"，是奥哈姆人赖以为生的家园。然而在过去的几个世纪里，奥哈姆人被迫接受过传教士的同化和边境线粗暴的划分。现在，原住民的生活则被无证移民以及跟随他们一起出没在沙漠中的巡警、毒贩和劫匪不断打扰。

43　"Historical amnesia"，见 de León（2015: 198）。

44　见 King（2019: 115）。

45　因为涉及种族歧视，2021 年，加州州立公园将格兰特的塑像从草原溪红木州立公园（Prairie Creek Redwoods State Park）移除。

46　见 King（2019: 306-308）。

47　启发我有关"尘埃"和"纪念碑"的思考，是艺术家徐冰的一件作品，叫《何处惹尘埃》。"9·11"事件发生的时候，徐冰正在纽约布鲁克林的工作室，与曼哈顿隔河相望。他亲眼目睹了第二架飞机撞向双子塔，之后双塔相继倒塌的过程。当时眼前发生的一切实在太突然，让他来不及有任何反应，甚至没有感受到应有的惊恐。第二天早晨，他走出工作室大门的一刻，他感觉视线中缺失了什么。那天，徐冰来到曼哈顿下城，收集了一包911的灰尘。当时他并不清楚自己要拿这包灰尘做什么，但觉得这其中包含着关于生命与整个事件的信息。两年后，一个偶然的机会，徐冰重读了慧能禅师的一首诗："菩提本无树，明镜亦非台。本来无一物，何处惹尘埃？"这首诗让徐冰想起了自己在"9·11"事件发生之后收集的那包灰尘。他有了创作的灵感，并在英国威尔士国家博物馆实现了这个装置艺术项目——他在地板上用胶带贴出诗句，之后将"9·11"事件中收集的尘埃吹散到展厅中，经过一天的沉淀，他小心翼翼撕去胶带，在展厅的地面上，由这些灰白色的粉尘显示出两行翻译成英文的禅语：As there is nothing from the first, where does the dust itself collect？（本来无一物，何处惹尘埃？）徐冰回忆说，整个展厅弥漫着宁静肃穆的气息。粉尘文字的脆弱性给观众带来了紧张感和切肤之痛。他说，双子楼可以在顷刻间被夷为平地，这本身就隐喻着世间万物的无常。徐冰强调，《何处惹尘埃》这件作品探讨的并非"9·11"事件本身，他更想追问的是：到底什么是更永恒、更强大的？不同教义或族群共存和相互尊重的原点在哪儿？今天的人类，离这些元命题似乎越来越远。这件作品，2004 年第一次在英国展出之后，又陆续在世界各地的美术馆进行展览。2018 年的夏天，我在北京尤伦斯当代艺术中心举办的徐冰回顾展上看到了它。在作品的标签上，写着这样一句话：这是《何处惹尘埃》在世界各地展出后收集的样本，它夹杂着展出所在地的灰尘。

"9·11"事件过去十年后，美国作家 Andrew Solomon 曾评论道，当人们还陷在修筑纪念碑、博物馆等冗长的讨论中时，没有人注意到，其实这座纪念碑早已在那里——就是那些尘埃本身。

第五章

01 摘自米德 1928 年的民族志《萨摩亚人的成年》的中译本（2008: 27）。

02 米德对展馆设计概念的陈述多次出现在会议笔记、通信及新闻采访中；其最早的记录在 1940 年代，见美国自然历史博物馆人类学部档案（Hall of Pacific Peoples, Box 1, Folder 1）。

03 自然历史博物馆里的永久展馆（permanent hall）一般不会在短时间内做重大调整。比如，博厄斯主持修建的西北海岸展厅自 1899 年开馆之后，基本都是局部的调整，直到 120 年后才迎来第一次大修。另外，20 世纪 80 年代初修好的亚洲民族学馆到现在也没有动过。

04 米德和本尼迪克特（Ruth F. Benedict, 1887—1948）是仅有的两位头像出现在美国邮票上的人类学家，她们的邮票分别发行于 1998 年和 1995 年。

05 在撰写博士论文时，米德还没有开始田野考察，她的论文 "An Inquiry into the Question of Cultural Stability in Polynesia"（1928）使用的是美国自然历史博物馆的收藏与文献资料。

06 有关米德的传记和评论文章中，只有 Thomas（1980）详细追溯了米德作为博物馆人类学家的职业生涯。

07 米德于 1942 年被提升为副策展人（associate curator），1964 年成为策展人（curator）。她于 1969 年从博物馆退休，但仍然保留着博物馆的办公室，并以荣休策展人（curator emeritus）的身份继续着博物馆的工作。

08 见米德的自传 Blackberry Winter: My Earlier Years（1972）。

09 马努斯的研究成就了米德的另一本畅销书 Growing up in New Guinea（1930）。

10 见 Mead（1956）；马努斯的变迁让米德很伤感，她那次只从马努斯带回了 79 件器物。

11 米德的太平洋馆合并了以前的菲律宾与南太平洋馆（Philippine and South Sea Island Halls）并在其基础上扩大。如第二章所说，自然历史博物馆未进行过菲律宾的远征考察，菲律宾的收藏主要是从 1904 年的圣路易斯世界博览会上购得。

12 见 King（2019: 129）。

13 一次意外受伤后，米德的脚踝就一直不好，田野工作更加重了她的疾患，所以她在博物馆常常拄着拐杖走来走去。

14 纽约的现代艺术博物馆（MoMA）和新当代艺术博物馆（New Museum）都是极简主义建筑形式的例子。

15 米德对展厅灯光的评述，见 Losche（2006:237）。

16 见 Thomas（1980: 357）。

17 见美国自然历史博物馆人类学部档案（Hall of Pacific Peoples, Box 1, Folder 6）。

18 见美国自然历史博物馆人类学部档案（Hall of Pacific Peoples, Box 1, Folder 5）。

19 这是博物馆另一位策展人 Bella Weitzner（1891—1988）的评论，见 Freed（2012:446）。玻璃展柜反光的问题，其实在展厅开幕前设计师们就已经注意到，不过最后似乎没有找到合适的解决方案，见美国自然历史博物馆人类学部档案（Hall of Pacific Peoples, Box 1, Folder 8）。

20 见 Freed（2012: 914）。

21 会议笔录的引文，见 Losche（2006: 239）。

22 1928 年就认识了米德的马努斯人 John Kilipak 在米德去世后，按照他们丧葬家人的习俗在佩里村（Peri）组织大家默哀一周，此后 Kilipak 来到纽约，参加了第三届米德国际纪录片电影节并把大家特意制作的硬币颈环送给自然历史博物馆——米德在美国的"家"，见 Thomas（1980: 356）。

23 因为人类学部需要扩建藏品仓库，受到施工影响，从 1997 年到 2001 年太平洋馆暂时关闭。这期间，太平洋馆也进行了进一步的翻修，包括调整展品、藏品修复、优化太平洋馆入口的展览等。人类学部收藏与档案负责人 Paul Beelitz 于

2002 年为太平洋馆整理过一份备忘录，见美国自然历史博物馆人类学部档案（Hall of Pacific Peoples, Box 7, Folder 14）。

24　2010 年，考古学家兼人类学家 Jeremy Sabloff 在美国人类学学会年会上以"你去哪里了，玛格丽特·米德？"为题，发表了大会主题演讲。Sabloff 剖析了为什么在现有的学术评审制度及学科固有观念的桎梏下，很难再出现像米德一样具有极大大公众影响力的人类学家，见 Sabloff（2011）。在过去十几年里，美国人类学界逐渐重视人类学知识的公众影响力，从研究基金、书籍出版、社区活动、教育教学等方面都在做"接地气"的努力。

25　米德写作的高效是大家的共识，她在巴纳德读书的时候，甚至可以在上课的时候一只手记笔记，另一只手给别人写信，见 Shankman（2021:11）。

26　见 Lutkehaus（1995: 188）。

27　见 Mead（1949: 22）。

28　见中文版《萨摩亚人的成年》（2008: 27-29）。

29　如果非要说米德"追名逐利"的话，那也是因为她非常懂得如何利用自己的名声并把图书销售的利润用到合适的地方——她让当时博物馆年轻的策展人 David Hurst Thomas 以她的名义建立基金会，专门为人类学部藏品的维护与研究工作筹集资金。因为米德知道很多"金主"对远征或野外考察更感兴趣，而平凡单调却又至关重要的博物馆日常工作往往很难申请到钱。除此以外，在修建太平洋展厅时，她自己掏腰包聘任了一批年轻的研究助理，将他们培养成为博物馆人类学家，见 Thomas（1980）和 Losche（2006）。

30　见 Evans-Pritchard（1954:96）。另外，对米德学术质量的质疑从未中断过，以新西兰人类学家弗里曼（Derek Freeman）在 80 年代对米德的攻讦（1983）最有代表性。后来人类学家尚克曼（Paul Shankman）对弗里曼的证据和米德的田野资料进行了详细的调查，基本全盘驳斥了弗里曼的观点，见 Shankman（2009; 2013）。

31　除了人类学界，非虚构写作领域也不断地在事实性与文学性之间进行探索和尝试，比如，20 世纪六七十年代发展出的新新闻主义（New Jour-nalism），其代表人物 Gay Talese 与 Joan Didion 的作品对我自己的写作也有相当大的影响。

32　见 Geertz（1973: 26）。

33　米德不仅靠出版畅销书将人类学推广到公共领域，她还花费了大量时间给读者回信，在电视节目或新闻报刊中接受采访或参与辩论，在博物馆或大学里进行公共演讲，并为一个名为 Redbook 的女性月刊写了 17 年的专栏。

34　见 Mead（1949: 22）。

35　见 Lutkehaus（1995:192）。克利福德和马库斯编辑的《写文化》里，女性声音的缺失是一大遗憾；后来，由贝哈（Ruth Behar）和戈登（Deborah Gordon）编纂的《女性写文化》（Women Writing Culture, 1995）便是针对《写文化》做出的有力回应。

36　见 Losche（2006: 227）。洛什用拉图尔的"纠葛"（imbroglio）这个概念来讨论各种知识互不相容却又有着千丝万缕联系的困境，见 Latour（1993: 1-2）。

37　见 Bateson（1984: 69）。

38　比如，自然历史博物馆 2022 年新馆 Richard Gilder Center for Science, Education, and Innovation 在 3 层特别推出了沉浸式展览 Invisible Worlds；自然历史博物馆 2018—2019 年的特展 Unseen Oceans 在入口处由投影仪和射灯模拟出海洋深处的光影成为观众走进展馆的第一印象。此外，风靡一时的沉浸式展览 Van Gogh Immersive Experience 更是把技术推到了极致——展览里哪怕没有一幅真实的艺术品，也不妨碍观众走进梵高的世界。然而，许多艺术史学者对沉浸式梵高展嗤之以鼻，就连大都会为其 2022 年的特展"梵高的柏树"（Van Gogh's Cypresses）撰写宣传词时，还不忘反击道："请沉浸到真正的作品中（Immerse yourself in the real thing）"。

39　见 Harris and O'Hanlon（2013: 8）。

40　史密森学会北美民族学策展人斯图尔特万特（William Sturtevant）在 20 世纪 60 年代末认为人类学博物馆早就"石化"了，在现代社会没有存在的必要，见 Sturtevant（1969）。

41 见 Silverman(2015)和 Martin and Harding (2017)。

42 那时西北海岸馆叫作"Ethnological Collections from the North Pacific Coast of America",具体展品的来源,见 Whiteley(2019:8)。

43 博物馆的标签和收藏的历史资料不可避免地会留下过去时代的烙印,但把它们统统扔进垃圾桶也不是明智的做法。牛津大学的皮特·里弗斯博物馆保留了部分历史性标签并仔细为它们加注,向今天的观众交代当时撰写标签和藏品资料时的社会背景,以史为鉴,见皮特·里弗斯博物馆的项目"Labelling Matters"网站: https://www.prm.ox.ac.uk/labelling-matters。

44 见沈辛成(2017: 289)。

45 这些族群包括: Ɫingít (Tlingit)、Haida、Nisga'a、Gitxsan、Tsimshian、Haíɫzaqv、Nuxalk、Kwakwa̲ka'wakw、Nuu-chah-nulth,以及 Coast Salish。这些族群在展厅中的位置大致是按照他们的自然地理位置与历史关系安排的。但与目前的太平洋展厅不同,西北海岸展厅没有在建筑设计上特意区分不同的族群,见自然历史博物馆西北海岸馆的网站: https://www.amnh.org/exhibitions/permanent/northwest-coast。

46 西北海岸的原住民族群一般使用维维安石(Vivianite)来制作蓝色染料,用以绘制面具、木刻和图腾柱上蓝色的部分,有关西北海岸矿石颜料的讨论,见 Ancheta(2019)。据博物馆现任策展总监 Michael Meister 说,展厅墙面主色用的是 Varsity Blue(RGB: 31,109,117)。

47 《西北海岸原住民的声音》(Voices of the Native Northwest Coast)是由来自 Tahltan/Gitxsan 的导演 Michael Borquin 制作的 11 分钟的纪录短片。

48 有意思的是,大都会博物馆正在翻修的洛克菲勒翼(The Michael C. Rockefeller Wing)也聘请了负责自然历史博物馆西北海岸展厅的建筑事务所 WHY 来操刀新馆的设计,他们的原住民顾问团队同样包括了努查努阿特的酋长哈尤普斯。洛克菲勒翼预计将于 2025 年开放,届时我们可

以好奇地对比中央公园两侧的这两间博物馆在展览呈现方式上有何不同。

49 见 Lubow(2022)。

50 见 Harris and O'Hanlon(2013: 8);人类学家 Appadurai 编纂的文集 The Social Life of Things(1986)是物质文化研究中里程碑式的著作,它也为现代博物馆实践提供了启发。

51 这件复制品是由德伊士坦艺术家 Yéilnaawú (Joseph Zuboff)于 2020 年专门为西北海岸新的展馆雕刻制作的。

52 除举办夸富宴和其他祭祀仪式以外,展馆北面两侧墙上分别是原住民的当代艺术画廊(Contemporary Gallery)以及以"Generation to Generation"为主题的展览,包括印有部落符号的篮球和滑板、以传统编织纹样为灵感设计出的披肩等。

53 见 Jonaitis and Cole(1991)和 Harding and Martin(2016: 9)。

54 有关人类学博物馆的现代实践,还可参考 Kendall and Krupnik(2003)、Harris and O'Hanlon(2013)、Ingold(2013) 和 Silverman (2015)等作品中的讨论。

55 见 Mead(1995)。

56 Mele Murals(2016)是导演 Tadashi Nakamura 的作品,mele 在夏威夷原住民语言中是"歌"或"歌咏"的意思。

57 基默尔目前在纽约州立大学(SUNY)的环境生物学系任教,同时也是原住民与环境中心(Center for Native Peoples and the Environment)的负责人。她的著作《编织甜草》(2013)屡次获奖,并一直是各大榜单上的畅销书。基默尔于 2022 年获得麦克阿瑟"天才奖"。

58 见 Reid(2005)。

59 p 值是统计学里判断假设真伪的一个参数。

60 见 Mead(1972: 17)。

61 纽约政府于 1925 年订制了这尊雕像,由著名的雕塑家 James Earle Fraser(1876—1953)设计制作,1940 年在自然历史博物馆东门外向公众揭幕。

62 在这尊雕像下面的抗议活动一直就没有中断过。

2017 年，纽约市政府曾对市内有争议的塑像进行过一次评估。2019 年，自然历史博物馆就罗斯福骑马像还举办过一次特别展览（Addressing the Statue, 2019—2022），以批判的眼光重新审视这座雕像。但疫情期间，抗议的声音越来越强烈，最后纽约市政府决定将这座塑像移走。

63　对美国自然历史博物馆人类学展厅翻修的讨论，见 Martin and Harding (2017)；另外，博物馆的自然科学展厅也无法免疫人类学展厅在展览呈现 (representation) 上的问题，见 Haraway (1984)。

64　有关海达/海尔楚克独木舟（16.1/2633）的资料，参见美国自然历史博物馆人类学部档案 #1869-90-94、Freed (2012)、Whiteley (2019)，以及自然历史博物馆图书馆的数字收藏：http://digitalcollections.amnh.org。

65　乔伊·哈乔（b.1951）出生在俄克拉何马州的塔尔萨（Tulsa），是美国著名的诗人、音乐家、剧作家和作家。她曾是美国第 23 任桂冠诗人（United State Poet Laureate, 2019—2022），也是头一位获此殊荣的原住民诗人。本章"东方""北方"和"南方"的片段摘自她的自传 *Crazy Brave: A Memoir* (2012)，中文由笔者翻译。

- Ancheta, Melonie. 2019. "Revealing blue on the Northern Northwest Coast." *American Indian Culture and Research Journal* 43(1): 1-30.
- Appadurai, Arjun, ed. 1986. *The Social Life of Things: Commodities in Cultural Perspective.* Cambridge: Cambridge University Press.
- Axelrod, Robert, and William Hamilton. 1981. "The evolution of cooperation." *Science* 211(4489): 1390-1396.
- Barbash, Shepard. 1991. "These magicians carve dreams with their own machetes." *Smithsonian* (May): 119-129.
- Barbash, Shepard. 1993. *Oaxacan Woodcarving: Magic in the Trees.* Vancouver: Raincoat Books.
- Barkow, Jerome, Leda Cosmides, and John Tooby, ed. 1992. *The Adapted Mind: Evolutionary Psychology and The Generation of Culture.* Oxford: Oxford University Press.
- Bateson, Mary Catherine. 1984. *With a Daughter's Eye: A Memoir of Margaret Mead and Gregory Bateson.* New York: William Morrow.
- Behar, Ruth, and Deborah Gordon. 1995. *Women Writing Culture.* Berkeley: University of California Press.
- Behar, Ruth. 1993. *Translated Woman: Crossing the Border with Esperanza's Story.* Boston: Beacon Press.
- Behar, Ruth. 1996. *The Vulnerable Observer: Anthropology that Breaks Yours Heart.* Boston: Beacon Press.
- Bell, Joshua, and Erin Hasinoff. 2015. *The Anthropology of Expeditions: Travel, Visualities, Afterlives.* New York: Bard Graduate Center.
- Benjamin, Walter. 1969. "The work of art in the age of mechanical reproduction." In *Illuminations*, edited by Hannah Arendt, translated by Harry Zohn, 217-52. New York: Schocken Books.
- Bentor, Yael. 1993. "Tibetan tourist thangkas in the Kathmandu valley." *Annals of Tourism Research* 20: 107-37.
- Boas, Franz. 1902. *Kwakiutl Texts (Recorded by George Hunt).* In AMNH *Memoirs* volume 5, Jesup North Pacific Expedition volume 3: 1-402.
- Boas, Franz. 1909. *The Kwakiutl of Vancouver Island.* In AMNH *Memoirs* volume 8, Jesup North Pacific Expedition volume 5: 301-522.
- Boas, Franz. 1911. *The Mind of Primitive Man.* New York: The Macmillan Company.
- Boas, Franz. 1937. "Waldemar Bogoras." *American Anthropologist* 39(2): 314-315.
- Bogoras, Waldemar. 1904. *The Chukchee: Material Culture.* In AMNH *Memoirs* volume

11, Jesup North Pacific Expedition volume 7: 1-276.

- Boone, Elizabeth Hill, and Rochelle Collins. "The petroglyphic prayers on the sun stone of Motecuhzoma Ilhuicamina." *Ancient Mesoamerica* 24(2): 225-241.

- Boyd, Robert, and Peter Richerson. 2005. *The Origin and Evolution of Cultures.* Oxford: Oxford University Press.

- Bronson, Bennet. 2003. "Berthold Laufer." In *Curators, Collections, and Contexts: Anthropology at the Field Museum, 1893-2002,* edited by Stephen Nash and Gary Feinman, 117-126. Chicago: Field Museum of Natural History.

- Brox, Trine. 2019. "The aura of Buddhist material objects in the age of mass-production." *Journal of Global Buddhism* 20: 105-25.

- Cairns, Puawai. 2018. "Decolonisation: We aren't going to save you." *American Alliance of Museum* 12/17/2018.

- Cartier-Bresson, Henri. 1952. *Images à la Sauvette: Photographies* (Images on the Run: Photographs). Éditions Verve.

- Causey, Andrew. 2003. *Hard Bargaining in Sumatra: Western Travelers and Toba Bataks in the Marketplace of Souvenirs.* Honolulu: University of Hawaii Press.

- Chibnik, Michael. *Anthropology, Economics, and Choice.* Austin: University of Texas Press.

- Chibnik, Michael. *Crafting Tradition: The Making and Marketing of Oaxacan Wood Carvings.* Austin: University of Texas Press.

- Cisneros, Sandra. 2015. *A House of My Own: Stories from My Life.* New York: Vintage Books Penguin Random House LLC.

- Clifford, James, and George Marcus, ed. 1986. *Writing Culture: The Poetics and Politics of Ethnography.* Berkeley: University of California Press.

- Clifford, James. 1988. *The Predicament of Culture: Twentieth Century Ethnography, Literature, and Art.* Cambridge: Harvard University Press.

- Cole, Douglas, and Ira Chaikin. 1990. *An Iron Hand upon the People: The Law against the Potlatch on the Northwest Coast.* Vancouver: Douglas & McIntyre.

- Cole, Douglas. 1985. *Capture Heritage: The Scramble for Northwest Coast Artifacts.* Seattle: University of Washington Press.

- Cole, Douglas. 1999. *Franz Boas: The Early Years, 1859-1906* . Seattle: University of Washington Press.

- Collier, Donald. 1969. "Chicago comes of Age: The World's Columbian Exposition and the Birth of the Field Museum." *Field Museum Bulletin* 40(5): 2-7.

- Davis, Richard. 1997. *Lives of Indian Images.* Princeton: Princeton University Press.

- Davis, Richard. 2015. "What do Indian images really want? A biographical approach." In *Sacred Objects in Secular Spaces: Exhibiting Asian Religions in Museums,* edited by Bruce Sullivan, 9-25. London: Bloomsbury.

- de León, Jason. 2015. *The Land of Open Graves: Living and Dying on the Migrant Trail.* Berkeley: University of California Press.

- Edgren, Soren. 1991. "The Laufer Library in New York." *Journal of East Asian Libraries* 93: 2-7.

- Errington, Shelly. 1998. *The Death of Authentic Primitive Art: And Other Tales of Progress.* Berkeley: University of California Press.

- Evans-Pritchard, Edward Evan. 1954. *Social Anthropology.* Glencoe: Free Press.

- Fagin, Nancy. 1984. "Closed collections and open appeals: The two anthropology exhibits at the Chicago World's Columbian Exposition of 1893." *Curator* 27(4): 249-264.

- Florescano, Enrique. 2012. *México en sus Libros*. Mexico City: Taurus.

- Freed, Stanley, Ruth Freed, and Laila Williamson. 1988. "Capitalist philanthropy and Russian revolutionaries: The Jesup North Pacific Expedition (1897-1902)." *American Anthropologist* 90(1): 7-24.

- Freed, Stanley. 2012. *Anthropology Unmasked: Museums, Science, and Politics in New York City*. Wilmington: Orange Frazer Press.

- Freeman, Derek. 1983. *Margaret Mead and Samoa: The Making and Unmaking of an Anthropological Myth*. Cambridge: Harvard University Press.

- Galeano, Eduardo. 1997 (1971). *Open Veins of Latin America: Five Centuries of the Pillage of a Continent*. New York: Monthly Review Press.

- Geertz, Clifford. 1973. *The Interpretation of Cultures*. New York: Basic Books, Inc.

- Geertz, Hildred. 2004. *The Life of a Balinese Temple: Artistry, Imagination, and History in a Peasant Village*. Honolulu: University of Hawaii Press.

- Gell, Alfred. 1998. *Art and Agency: An Anthropological Theory*. Oxford: Clarendon Press.

- Gernet, Jacques. 1995. *Buddhism in Chinese Society: An Economic History from the Fifth to the Tenth Centuries*. Translated by Franciscus Verellen. New York: Columbia University Press.

- Haddad, John. 2006. "To inculcate respect for the Chinese: Berthold Laufer, Franz Boas, and the Chinese Exhibits at the American Museum of Natural History, 1899-1912." *Anthropos* 101(1): 123-144.

- Haraway, Donna. 1984. "Teddy Bear patriarchy: Taxidermy in the Garden of Eden, New York City, 1908-1936." *Social Text* 11: 20-64.

- Harding, Susan, and Emily Martin. "Anthropology now and then in the American Museum of Natural History." *Anthropology Now* 8(3): 1-13.

- Harjo, Joy. 2012. *Crazy Brave: A Memoir*. New York: W. W. Norton & Company.

- Harris, Clare, and Michael O'Hanlon. 2013. "The future of the ethnographic museum." *Anthropology Today* 29(1): 8-12.

- Harris, Clare. 2016. *Photography and Tibet*. London: Reaktion Books.

- Hasinoff, Erin. 2010. "The Missionary Exhibit." *Museum History Journal* 3(1): 81-102.

- Henrich, Joseph. 2017. *The Secret of Our Success: How Culture is Driving Human Evolution, Domesticating Our Species, and Making Us Smarter*. Princeton: Princeton University Press.

- Herzog, Elizabeth, ed. 1938. "*American Anthropologist* current anthropological literature and memoirs of the American Anthropological Association 1929-1938." *American Anthropologist* 42(4): 1-122.

- Hicks, Dan. 2020. *The British Museum: The Benin Bronzes, Colonial Violence and Cultural Restitution*, London: Pluto Press.

- Holmes, Seth. 2013. *Fresh Fruit, Broken Bodies: Migrant Farmworkers in the United States*. Berkeley: University of California Press.

- Ingold, Tim. 2013. *Making: Anthropology, Archaeology, Art and Architecture*. New York: Routledge.

- Jantz, Richard, D. R. Hunt, A. B. Falsetti, and P. J. Key. 1992. *Human Biology* 64(3): 435-461.
- Jantz, Richard. 1995. "Franz Boas and native American biological variability." *Human Biology* 67(3): 345-353.
- Jochelson-Brodsky, Dina. 1906. *Zur Topographie des weiblichen Körpers nordsibirischer Völker*. Ph. D. dissertation, Vieweg.
- Jochelson, Waldemar. 1926. "Shamanism." In *The Yukaghir and the Yukaghirized Tungus*, 162-192. New York: G. E. Stechert and Co.
- Jonaitis, Aldona, and Douglas Cole. 1991. "Chiefly feasts: The enduring Kwakiutl potlatch." New York: American Museum of Natural History.
- Jonaitis, Aldona. 1988. *From the Land of Totem Poles: The Northwest Coast Indian Art Collection at the AMNH*. Seattle: University of Washington Press.
- Kendall, Laurel, and Igor Krupnik. 2003. *Constructing Cultures Then and Now: Celebrating Franz Boas and the Jesup North Pacific Expedition*. Washington D.C.: Smithsonian Institution.
- Kendall, Laurel, and Ni Wayan Pasek Ariati. 2020. "Scary mask/local protector: The curious history of Jero Amerika." *Anthropology and Humanism* 45(2): 279-300.
- Kendall, Laurel, Jongsung Yang, and Yul Soo Yoon. 2015. *God Pictures in Korean Contexts: The Ownership and Meaning of Shaman Paintings*. Honolulu: University of Hawaii Press.
- Kendall, Laurel. 1997. "Preface: Exotic images and early anthropological photographs." In *Drawing Shadows to Stone: The Photography of the Jesup North Pacific Expedition 1897-1902*, edited by Laurel Kendall, Barbara Mathé, and Thomas Miller, 7-9. Seattle: University of Washington Press.
- Kendall, Laurel. 2009. *Shamans, Nostalgias, and the IMF: South Korean Popular Religion in Motion*. Honolulu: University of Hawaii Press.
- Kendall, Laurel. 2014. "'China to the anthropologist': Franz Boas, Berthold Laufer, and a road not taken in early American Anthropology." In *Anthropologist and Their Traditions across National Borders*, edited by Regna Darnell and Frederic Gleach, 1-39. Lincoln: University of Nebraska Press.
- Kendall, Laurel. 2015. "A most singular and solitary expeditionist: Berthold Laufer collecting China." In *The Anthropology of Expeditions: Travel, Visualities, Afterlives*, edited by Joshua Bell and Erin Hasinoff, 61-90. New York: Bard Graduate Center.
- Kendall, Laurel. 2017. "Things fall apart: Material religion and the problem of decay." *The Journal of Asian Studies* 76(4): 861-886.
- Kendall, Laurel. 2021. *Mediums and Magical Things: Statues, Paintings, and Masks in Asian Places*. Berkeley: University of California Press.
- Kieschnick, John. 2003. *The Impact of Buddhism on Chinese Material Culture*. Princeton: Princeton University Press.
- Kimmerer, Robin Wall. 2013. *Braiding Sweetgrass: Indigenous Wisdom, Scientific Knowledge and the Teaching of Plants*. New York: Penguin Random House.
- King, Charles. 2019. *Gods of the Upper Air: How a Circle of Renegade Anthropologists Reinvented Race, Sex, and Gender in the Twentieth Century*. New York: Anchor Books Penguin Random House LLC.
- Kopytoff, Igor. 1986. "The cultural biography

of things: Commoditization as process."
In *The Social Life of Things: Commodities
in Cultural Perspective,* edited by Arjun
Appadurai, 64-91. Cambridge: Cambridge
University Press.

- Kroeber, Alfred, and Clyde Kluckhohn. 1952.
  "Culture: A critical review of concepts and
  definitions." *Papers of the Peabody Museum
  of American Archaeology and Ethnology* 47(1).
- Krupnik, Igor. 2017. "Waldemar Bogoras
  and the Chukchee: A maestro and a classical
  ethnography." In *Waldemar Bogoras "The
  Chukchee",* edited by Michael Dürr and
  Erich Kasten, 9-45, Fürstenberg/Havel:
  Kulturstiftung Sibirien.
- Latour, Bruno. 1993. *We Have Never Been
  Modern.* Cambridge: Harvard University
  Press.
- Latourette, Kenneth. 1936. "Berthold Laufer
  1874-1934: National Academy of Sciences of
  the United States of America." *Biographical
  Memoir* 18: 43-68.
- Laufer, Berthold. 1897. *Klu bum bsdus pai
  sñin po, Eine verkürzte Version des Werkes
  von den Hunderttausend Nâga's: Tibetischer
  Text mit graphischen und kritischen
  Erläuterungen.* Universität Leipzig.
- Laufer, Berthold. 1902. *The Decorative Art of
  the Amur Tribes.* In AMNH *Memoirs* volume
  7, Jesup North Pacific Expedition volume 4:
  1-86.
- Laufer, Berthold. 1912. "Modern Chinese
  collections in historical light." *American
  Museum Journal* 12: 135-138.
- Ledderose, Lothar. 2000. *Ten Thousand
  Things: Module and Mass Production in
  Chinese Art.* Princeton: Princeton University
  Press.
- Lewis, Herbert. 2018. "The relation of
  Darwin to anthropology: A previously
  unpublished lecture by Franz Boas (1909)."
  History of Anthropology Review 42: https://
  histanthro.org/clio/the-relation-of-darwin-
  to-anthropology/
- Linrothe, Robert. 2001. "Creativity, freedom,
  and control in the contemporary renaissance
  of Rebgong painting." *The Tibet Journal*
  26(3): 5-90.
- Losche, Diane. 2006. "The fate of the senses
  in ethnographic modernity: The Margaret
  Mead Hall of Pacific Peoples at the American
  Museum of Natural History." In *Sensible
  Objects: Colonialism, Museums and Material
  Culture,* edited by Elizabeth Edwards, Chris
  Gosden and Ruth B. Phillips, 223-244. New
  York: Berg.
- Lubow, Arthur. 2022. "Museum of Natural
  History's renewed hall holds treasures and
  pain." *New York Times* 05/05/2022: https://
  www.nytimes.com/2022/05/05/arts/design/
  museum-natural-history-indigenous-art.
  html?searchResultPosition=1
- Lumholtz, Carl. 1903. *Unknown Mexico: A
  Record of Five Years' Exploration among the
  Tribes of the Western Sierra Madre.* New
  York: Cambridge University Press.
- Lutkehaus, Nancy. 1995. "Margaret Mead
  and the 'Rustling-of-the-wind-in-the-palm-
  trees-school' of ethnographic writing."
  In *Women Writing Culture,* edited by
  Ruth Behar and Deborah Gordon, 186-206.
  Berkeley: University of California Press.
- MacCurdy, George Grant. 1910. "An Aztec
  'calendar stone' in Yale University Museum."
  American Anthropologist 12(4): 481-496.
- Marcus, George. 1995. "Ethnography in/
  of the world system: The emergence of
  multi-sited ethnography." *Annual Review of
  Anthropology* 24: 95-117.
- Martin, Emily, and Susan Harding. 2017.

"Anthropology now and then in the American Museum of Natural History: An alternative museum." *Anthropology Now* 9(2): 1-13.

- Mathé, Barbara, and Thomas Miller. 1997. "Drawing shadows to stone." In *Drawing Shadows to Stone: The Photography of the Jesup North Pacific Expedition 1897-1902*, edited by Laurel Kendall, Barbara Mathé, and Thomas Miller, 19-42. Seattle: University of Washington Press.

- Mathur, Saloni, and Kavita Singh, ed. 2015. *No Touching, No Spitting, No Praying: The Museum in South Asia.* India: Routledge.

- Mead, Margaret. 1928. "An inquiry into the question of cultural stability in Polynesia." New York: Columbia University Press.

- Mead, Margaret. 1928. *Coming of Age in Samoa: A Psychological Study of Primitive Youth for Western Civilisation.* New York: William Morrow.

- Mead, Margaret. 1930. *Growing up in New Guinea.* New York: William Morrow.

- Mead, Margaret. 1949. *Male and Female: A Study of the Sexes in a Changing World.* New York: William Morrow.

- Mead, Margaret. 1956. *New Lives for Old: Cultural Transformation—Manus, 1928-1953.* New York: William Morrow.

- Mead, Margaret. 1972. *Blackberry Winter: My Earlier Years.* New York: Pocket Books.

- Mead, Margaret. 1995. "Visual anthropology in a discipline of words." In *Principles of Visual Anthropology (2nd edition)*, edited by Paul Hockings, 3-12. New York: Mouton de Gruyter.

- Mueggler, Erik. 2015. "Adventurers: Race, love, and the transmutation of souls in Joseph Rock's Arnold Arboretum Expedition to Gansu." In *The Anthropology of Expeditions: Travel, Visualities, Afterlives*, edited by Joshua Bell and Erin Hasinoff, 91-116. New York: Bard Graduate Center.

- Myers, Fred. 2002. *Painting Culture: The Making of An Aboriginal High Art.* Durham: Duke University Press.

- Myers, Fred. 2004. "Ontologies of the image and economies of exchange." *American Ethnologist* 31(1): 1-16.

- Paine, Crispin. 2013. *Religious Objects in Museums: Private Lives and Public Duties.* London: Bloomsbury.

- Palmer, David, Martin Tse, and Chip Colwell. 2019. "Guanyin's limbo: Icons as demi-persons and dividuating objects." *American Anthropologist* 121(4): 897-910.

- Pillsbury, Joanne. 2021. "Aztecs in the Empire City: 'The people without history' in the Met." *Metropolitan Museum Journal*, 56: 12-31.

- Quintman, Andrew. 2013. "Life writing as literary relic: Image, inscription, and consecration in Tibetan biography." *Material Religion* 9(4): 468-505.

- Rabinow, Raul. 1977. *Reflections on Fieldwork in Morocco.* Berkeley: University of California Press.

- Rathje, William, and Cullen Murphy. 2001 (1992). *Rubbish! The Archaeology of Garbage.* Tucson: University of Arizona Press.

- Reid, Laurie Aileen. 2005. "The effects of traditional harvesting practices on restored sweetgrass populations." Ph.D. dissertation, State University of New York.

- Rohner, Ronald, ed. 1969. *The Ethnography of Franz Boas.* Chicago: University of Chicago Press.

- Rosaldo, Renato. 2013. *The Day of Shelly's Death: The Poetry and Ethnography of Grief.* Durham: Duke University Press.

- Rosaldo, Renato. 2018 (1980). "Grief and a headhunter's rage." In *Death, Mourning, and Burial*, edited by Antonius Robben, 167-178. Oxford: Wiley.
- Rosyada, Amrina. 2022. "Unsung native collaborators in anthropology." *Sapiens* 10/13/2022.
- Sabloff, Jeremy. 2011. "Where have you gone, Margaret Mead? Anthropology and public intellectuals." *American Anthropologist* 113(3): 408-416.
- Shankman, Paul. 2009. *The Trashing of Margaret Mead: Anatomy of an Anthropological Controversy*. Madison: University of Wisconsin Press.
- Shankman, Paul. 2013. "The 'fateful hoaxing' of Margaret Mead: A cautionary tale." *Current Anthropology* 54(1): 51-69.
- Shankman, Paul. 2021. *Margaret Mead*. New York: Berghahn Books.
- Shentalinskaya, Tatyana. 2012. "Sofia Bogorz: Avtor zapisey russkogo folklora na Chukotke (Sofia Bogoras: The author of Russian folklore recordings in Chukotka)." *Etnograficheskoe obozrenie* 1: 110-120.
- Shternberg, Lev. 1999. *The Social Organization of the Gilyak*. Translated by Bruce Grant. AMNH Anthropologcial Papers, Number 82.
- Silverman, Raymond, ed. 2015. *Museum as Process: Translating Local and Global Knowledges*. New York: Routledge.
- Smith, Roberta. 2019. "Ben Heller, powerhouse collector of abstract art, dies at 93." *New York Times*: May 4, 2019.
- Sontag, Susan. 1977. *On Photography*. New York: Picador.
- Sontheimer, Günther-Dietz. 1964. "Religious endowments in India: The juristic personality of Hindu deities." *Zeitschrift fur Vergleichende Rechtswissenschaft* 67: 45-100.
- Steiner, Christopher. 1994. *African Art in Transit*. Cambridge: Cambridge University Press.
- Sturtevant, William. 1969. "Does anthropology need museums?" *Proceedings of The Biological Society of Washington* 82: 619-649.
- Teit, James. 1900. "The Thompson Indians of British Columbia." In AMNH *Memoirs* volume 2, Jesup North Pacific Expedition volume 1: 163-392.
- Teit, James. 1912. "Mythology of the Thompson Indians." In AMNH *Memoirs* volume 12, Jesup North Pacific Expedition volume 8: 199-416.
- Thomas, David Hurst. 1980. "Margaret Mead as a museum anthropologist." *American Anthropologist* 82(2): 354-361.
- Vakhtin, Nikolai. 2001. "Franz Boas and the Shaping of the Jesup Expedition Siberian Research, 1895-1900." In *Gateways: Exploring the Legacy of the Jesup North Pacific Expedition 1897-1902*, edited by Igor Krupnik and William Fitzhugh, 71-90. Washington D. C.: Arctic Studies Center, National Museum of Natural History, Smithsonian Institution.
- van Wagenen, Michael. 2012. *Remembering the Forgotten War: The Enduring Legacies of the US/Mexican War*. Amherst: University of Massachusetts Press.
- Weber, Max. 1981 (1927). *General Economic History*. New York: Routledge.
- Whiteley, Peter. 2019. "Notes on the history of the NWC collection, including the great canoe." Unpublished museum report, 12/2019.

- 察仓·尕藏才旦，2011，《热贡唐卡》，青海人民出版社。
- 陈乃华，2013，《无名的造神者：热贡唐卡艺人研究》，世界图书出版公司。
- 董增刚，2000，"晚清赴美赛会述略"，《北京社会科学》2000年第2期。
- 费孝通，2001（1938），《江村经济》，商务印书馆。
- 高屯子，2022，《十年寻羌：人与神的悲欢离合》，上海三联书店。
- 侯育成编，1987，《西伯利亚民族简史》，黑龙江社会科学院西伯利亚研究所。
- 胡素馨编，2003，《佛教物质文化：寺院财富与世俗供养》，上海书画出版社。
- 黄曙辉编，2023，《劳费尔著作集》，中西书局。
- 雷建军，梁君健，焦瑞青，2013，《四个中国人》，清华大学出版社。
- 李明洁，Kilian O'Donnell，2018，"中国皮影在美国：这是一段值得铭记的百年流传奇迹"，《航空港》2018年第1期。
- 露丝·贝哈，2012，《动情的观察者：伤心人类学》，韩成艳、向星译，北京大学出版社。
- 玛格丽特·米德，2008，《萨摩亚人的成年》，周晓虹，李姚军，刘婧译，商务印书馆。
- 奈吉尔·巴利，2011，《天真的人类学家》，何颖怡译，广西师范大学出版社。
- 屈春海，2022，"一次中西文化的交流与碰撞"，《中国档案报》2022年第3921期第二版。
- 曲风，2017，"界限之内——迟子建《额尔古纳河右岸》批评"，《社会科学论坛》第二期：104-112。
- 仁增，2015，"藏语地名汉译规范化研究"，《中国藏学》2015年第4期。
- 沈辛成，2017，《纽约无人是客》，中西书局。
- 王伟，2022，"北京皮影起源考略"，《民艺史论》2022年第2期。
- 魏小石，2019，"百年前的中国音声之美：走进劳弗录音档案"，中国民俗学网2019年4月8日。
- 先巴，2019，"清代番学总管工布查布学术背景及其学术交往"，《西藏大学学报（社会科学版）》总第104期：40-47。
- 晏礼中，2016，"流浪的神明"，《生活》月刊，2016年4月18日。
- 杨红林，2017，《慈禧回銮：1901年的一次特殊旅行》，生活·读书·新知三联书店
- 杨先让，杨阳，2003，《黄河十四走》，作家出版社。
- 詹姆斯·克利福德与乔治·马库斯编，2006，《写文化：民族志的诗学与政治学》，高丙中，吴晓黎，李霞译，商务印书馆。
- 张忠炜，2015，《芝加哥菲尔德博物馆藏秦汉碑拓撷英》，文物出版社。
- 智观巴·贡却乎丹巴绕吉，1989，《安多政教史》，吴均、毛继祖、马世林译，甘肃民族出版社。

图书在版编目 (CIP) 数据

77 街的神龛：美国自然历史博物馆里物的灵韵与人的故事 /
薛茗著 . -- 上海：上海三联书店，2024. 9.（2025.5 重印）ISBN
978-7-5426-8571-1

Ⅰ. C912.4-49

中国国家版本馆 CIP 数据核字第 20247N36V4 号

77 街的神龛：美国自然历史博物馆里物的灵韵与人的故事

著　　者 / 薛茗

责任编辑 / 陈马东方月
装帧设计 / 暇岛工作室
监　　制 / 姚军
责任校对 / 王凌霄

出版发行 / 上海三联书店
　　　　　（200041）中国上海市静安区威海路 755 号 30 楼
邮　　箱 / sdxsanlian@sina.com
联系电话 / 编辑部：021-22895517
　　　　　发行部：021-22895559
印　　刷 / 上海雅昌艺术印刷有限公司

版　　次 / 2024 年 9 月第 1 版
印　　次 / 2025 年 5 月第 2 次印刷
开　　本 / 889mm×1194mm　1 / 32
字　　数 / 180 千字
印　　张 / 9.375
书　　号 / ISBN 978-7-5426-8571-1 / C·649
定　　价 / 88.00 元

敬启读者，如发现本书有印装质量问题，请与印刷厂联系 021-68798999